TRAITÉS 42-44

PLOTIN

TRAITÉS 42-44

Sur les genres de l'être, I, II et III

Présentés, traduits et annotés par
Luc Brisson

Sous la direction
de
L. Brisson et J.-F. Pradeau

Traduit avec le concours du Centre national du Livre

GF Flammarion

ISBN : 978-2-0812-1145-2

REMARQUES
SUR LA PRÉSENTE TRADUCTION

Ce septième volume poursuit la traduction collective des traités de Plotin, dans l'ordre chronologique de leur rédaction. Comme c'était le cas des précédents (Plotin, *Traités 1-6*, *Traités 7-21*, *Traités 22-26*, *Traités 27-29*, *Traités 30-37*, *Traités 38-41*), le texte de Plotin ici traduit est celui qu'ont établi et édité P. Henry et H. R. Schwyzer dans les trois volumes des *Plotini Opera* parus à Oxford, Clarendon Press, de 1964 à 1982. Il s'agit de la seconde édition (dite *minor* et que nous abrégeons H.-S.) des *Plotini Opera* : les mêmes éditeurs avaient en effet publié une édition, dite *maior*, de 1951 à 1973, à Paris et Bruxelles, Museum Lessianum. Les leçons et l'apparat critique de cette *Editio maior* font encore autorité ; nous y avons eu parfois recours, tout comme nous mentionnons en note les variantes textuelles empruntées aux travaux d'autres éditeurs ou traducteurs contemporains.

Traduisant les traités 42 à 44, nous ne nous sommes écartés du texte de la seconde édition de Henry et de Schwyzer que sur les points suivants :

Dans le traité 42 (VI, 1), au chapitre 10, ligne 47, en traduisant τὸ κάλλος qui se trouve dans tous les manuscrits, au lieu de τἀκαλλὲς qu'impriment H.-S. sur la suggestion de J. Igal.

Dans le traité 42 (VI, 1), au chapitre 16, ligne 20, nous lisons ἀναλογία comme les manuscrits et non ἀλογία, une correction de Theiler imprimée par H.-S.

Dans le traité 42 (VI, 1), au chapitre 22, ligne 2, en ne supprimant pas le τὴν ἀλλοίωσιν qui se trouve dans tous les manuscrits, comme le font H.-S. à la suite de Kirchhoff.

Dans le traité 43 (VI, 2), au chapitre 2, ligne 8, en faisant suivre συντελεῖν d'un δ᾽ comme le proposait Theiler.

Dans le traité 43 (VI, 2), au chapitre 2, ligne 29, en gardant le texte des manuscrits πρὸς ἃ qui se trouve dans tous les manuscrit, et refusons la correction proposée Theiler πόσα, qu'impriment H.-S.

Dans le traité 43 (VI, 2), au chapitre 2, ligne 35, en lisant αὐτῆς au lieu du αὐτῆς qu'ont la plupart des manuscrits et qu'impriment H.-S.

Dans le traité 43 (VI, 2), au chapitre 3, ligne 25, en retenant le πολύχνουν que l'on retrouve dans plusieurs manuscrits, et en refusant la correction πολύνουν proposée par Igal et acceptée par H.-S.

Dans le traité 43 (VI, 2), au chapitre 5, ligne 5, en ne traduisant pas ἢ ἐξ ἔτι πάντη πάντως ἑνός.

Dans le traité 43 (VI, 2), au chapitre 7, ligne 8, en lisant δυνηθῇ qui se trouve dans les manuscrits, au lieu de ἠδυνήθη, correction proposée par J. Igal et acceptée par H.-S.

Dans le traité 43 (VI, 2), au chapitre 10, ligne 9, en ne traduisant pas καθ οὗ ἀληθεύσεται τὸ ἕν ὡς γένος que nous considérons comme une glose interpolée. Et en ne transportant pas τὸ ἕν ὡς γένος aux lignes 6 et 7, comme le font H.-S.

Dans le traité 43 (VI, 2), au chapitre 10, ligne 38, en ne suivant pas H.-S. qui, refusant de départager les manuscrits, ajoutent un ἕν entre καὶ et ἐν.

Dans le traité 43 (VI, 2), au chapitre 12, ligne 10, en traduisant καὶ τὰ κερματιζόμενα qui se trouve dans la plupart des manuscrits, et non κατακερματιζόμενα qui se trouve dans un seul manuscrit et qu'impriment H.-S. à la suite d'une suggestion faite par J. Igal.

Dans le traité 43 (VI, 2), au chapitre 14, en conservant les lignes 2 à 5 et 11 à 14 que H.-S. proposent de supprimer.

Dans le traité 43 (VI, 2), au chapitre 15, ligne 7, en traduisant ἐνεργεία qui se trouve dans les manuscrits, et non ἐνεργείᾳ, une correction proposée par Harder et acceptée par H.-S.

Dans le traité 43 (VI, 2), au chapitre 18, ligne 17, en acceptant la correction de Ficin γένους au lieu du γένος des manuscrits.

Dans le traité 43 (VI, 2), au chapitre 20, ligne 12, en n'ajoutant pas un νοῦς avant ἑκάστους comme le propose J. Igal suivi par H.-S.

Dans le traité 43 (VI, 2), au chapitre 21, ligne 39, en considérant ἐν τοῖς ἀνωτέρω comme une glose interpolée ; mais nous ne transportons pas ἀνωτέρω à la ligne précédente comme le font H.-S. sur une suggestion de J. Igal.

Dans le traité 43 (VI, 2), au chapitre 21, ligne 59, en acceptant la conjecture de J. Igal ἐκεῖ νῷ au lieu du ἐκείνῳ que portent plusieurs manuscrits et qu'impriment H.-S.

Dans le traité 44 (VI, 3), au chapitre 6, ligne 16, en n'ajoutant pas un τὸ comme le font H.-S. à la suite de Creuzer.

Dans le traité 44 (VI, 3), au chapitre 7, lignes 11, nous ne supprimons pas le ἧττον comme a suggéré de le faire Kirchhoff.

Dans le traité 44 (VI, 3), au chapitre 9, lignes 6 et 7, en ajoutant, suivant en cela une suggestion de Harder-Beutler-Theiler, un δεῖ entre εἶτα et εἴδη.

Dans le traité 44 (VI, 3), au chapitre 15, ligne 26, en lisant un αὐτὴ qui se trouve dans l'ensemble des manuscrits et non le αὕτη, une correction qui se trouve dans la marge de l'un des manuscrits et qu'acceptent H.-S.

Dans le traité 44 (VI, 3), au chapitre 22, ligne 15, en conservant le τὰ des manuscrits, qui se retrouve dans un τὰ δὲ qui est le pendant du τὰ μὲν de la ligne précédente, et en refusant le τὸ imprimé par H.-S. qui suivent en cela Harder-Beutler-Theiler.

Dans le traité 44 (VI, 3), au chapitre 22, ligne 37, en lisant καθ'ὃ au lieu du καθὸ qui se trouvent dans les manuscrits et qui est imprimé par H.-S.

Dans le traité 44 (VI, 3), chapitre 23, ligne 32, en ne suivant pas H.-S. qui, sur une suggestion de J. Igal, suppriment καὶ τὴν κινήσεως ἰδιότητα aux lignes 32 et 33 et lisent τὴν κινήσεως ἰδιότητα à la ligne 33.

Dans le traité 44 (VI, 3), chapitre 25, ligne 9, en lisant σύγκρασίν comme les manuscrits et non σύγκρισίν comme l'impriment H.-S. sur une suggestion de J. Igal.

Luc Brisson, Jean-François Pradeau.

REMERCIEMENTS

Comme c'est le cas des traductions de tous les volumes de cette collection, la traduction qui suit, tout comme la Notice qui la précède et les notes qui l'accompagnent, ont été examinées collégialement, dans le cadre d'un séminaire. Parmi les membres du séminaire qui ont participé à la révision des traductions des traités 42 à 44, nous adressons nos plus vifs remerciements à Richard Dufour, Jean-Marie Flamand, Francesco Fronterotta, Matthieu Guyot, Jérôme Laurent, Laurent Lavaud et Thomas Vidart.

Luc Brisson tient à remercier tout particulièrement Arnaud Macé et Frédéric Plin qui ont relu le dernier état de l'ensemble du manuscrit.

Enfin, c'est à Michel Crubellier que Luc Brisson adresse sa gratitude : traducteur des *Catégories* d'Aristote, Michel Crubellier a relu avec une savante attention l'ensemble de cette traduction, aux notes de laquelle ses réflexions interprétatives et ses suggestions philologiques ont à de nombreuses reprises apporté de précieuses lumières.

Luc Brisson, Jean-François Pradeau.

TRAITÉS 42-44 (VI, 1-3)
Sur les genres de l'être, I, II et III

Présentation et traduction
par
Luc Brisson

NOTICE

Les traités 42, 43 et 44 forment un tout sur un plan historique et théorique. Si l'on en croit Porphyre (*Sur la vie de Plotin et la mise en ordre de ses livres* 5, 51-60), ces traités furent en effet, avec le traité 45, les derniers que Plotin composa entre 263 et 268, dates qui marquent le début et la fin de son séjour à l'École à Rome. On a même émis l'hypothèse que la dure critique de Plotin contre Aristote dans les traités 42, 43 et 44 fut la cause, en 268, du départ pour la Sicile d'un Porphyre qui, souffrant de « mélancolie », pensait au suicide. Quelques mois plus tard, Plotin, gravement malade (*op. cit.*, 2, 1-23), quitte Rome pour la Campanie où, avant de mourir, il écrira encore neuf traités (*op. cit.*, 2 et 11).

Les traités 42, 43 et 44, qui voient le jour dans ces circonstances difficiles, sont tous trois consacrés aux catégories, ou mieux aux genres de l'être. Après un examen critique de ce qu'Aristote et les stoïciens ont dit sur le sujet (traité 42), Plotin propose une description des cinq grands genres du *Sophiste* de Platon (traité 43) avant de s'interroger sur les catégories du monde sensible (traité 44). On trouve dans ces trois traités une description rigoureuse de la structure

logique et ontologique du système plotinien, ainsi
qu'une tentative pour apporter une solution à la question platonicienne majeure : comment rendre compte
de la participation du sensible à l'intelligible ?

L'importance de ces traités dans l'histoire
de la philosophie

Comment expliquer l'importance que revêtent pour
Plotin et pour Porphyre les traités « Sur les genres de
l'être » ? Ces trois traités représentent quantitative-
ment en effet le huitième de la production écrite de
Plotin et provoquent donc chez Porphyre, qui écrira
une *Introduction aux* Catégories *d'Aristote,* une crise
qui le conduira à se séparer de son maître. Pour
répondre à cette question, on peut formuler quelques
hypothèses.

Très rapidement après la mort de Platon, le vocabulaire technique d'Aristote structure le discours utilisé
par les philosophes, et notamment par les platoniciens,
pour parler de la réalité. On peut, dans ce contexte,
considérer les *Catégories* d'Aristote comme un manuel
technique pour les philosophes dans l'Antiquité
d'abord, puis au Moyen Âge. Les *Catégories* décrivent
en effet la structure linguistique et logique qui doit
être celle d'un discours philosophique rigoureux. Mais
comme le discours porte toujours sur quelque chose,
elles proposent par le fait même une analyse ontologique propre à Aristote, laquelle entre en conflit ou
en compétition avec d'autres, notamment celles que
proposent le platonisme et le stoïcisme. Là se situe le
problème auquel Plotin et Porphyre chercheront
chacun des réponses dont l'influence persistera
durant toute l'histoire du platonisme : il n'y a pas de

linguistique, pas de logique qui ne suppose un découpage irréductible de la réalité.

Porphyre, qui fut le disciple de Longin à Athènes avant de devenir celui de Plotin à Rome, adopte à l'égard de la doctrine platonicienne une position moins novatrice que celle de Plotin, et qui, à quelques exceptions près, Atticus par exemple, correspond à l'interprétation que défendaient les platoniciens antérieurs à Plotin. Cette interprétation doit beaucoup non seulement au vocabulaire d'Aristote, mais aussi à sa doctrine ; on s'en convaincra en relisant le manuel pour l'*Enseignement des doctrines de Platon* (le *Didaskalikós*) attribué à Alcinoos. On comprend mieux, dès lors, que, dans son *Introduction* (*Eisagogé*, qui deviendra en latin *Isagoge*) *aux* Catégories *d'Aristote*, Porphyre s'intéresse avant tout à la dimension formelle des *Catégories*. Les néoplatoniciens postérieurs adopteront le point de vue de Porphyre, mais en l'intégrant dans un plan d'étude déterminé, où Aristote occupe une place propédeutique (voir, *infra*, p. 69).

La position de Plotin est beaucoup plus complexe. Il donne pour sa part la priorité au découpage du réel qu'implique la structure logique de la pensée et du discours décrites par les *Catégories* d'Aristote ; voilà pourquoi il considère les catégories comme des genres de l'être. Aux critiques qu'il lance contre les catégories aristotéliciennes d'un point de vue linguistique et surtout logique, Plotin ne peut s'empêcher, en tant que platonicien, d'adjoindre l'objection philosophique suivante : les catégories d'Aristote portent exclusivement sur le monde sensible. Elles n'arrivent donc pas à décrire la réalité véritable et elles se perdent dans la complexité du sensible qui ne cesse de changer. Par suite, leur inventaire ne présente aucun caractère de nécessité qui ne s'attache qu'à l'intelligible. On comprend dès lors que Plotin considère 1) qu'il n'existe

comme genres de l'être que les cinq grands genres du
Sophiste qui, à ses yeux, permettent de décrire la réalité véritable ; et 2) que c'est à la réalité intelligible que
doivent se rapporter, par l'intermédiaire des « raisons » (*lógoi*) qui, au niveau de l'âme, interviennent
pour organiser la matière, les cinq catégories du
monde sensible, que sont la réalité, la quantité, la qualité, le mouvement et le relatif.

Dans les traités 42, 43 et 44, la critique comporte
une phase négative suivie par une phase positive. Dans
un premier temps, Plotin présente les catégories
d'Aristote et les soumet à une critique destinée à les
rendre utilisables par un platonicien. Puis il passe aux
quatre genres stoïciens. L'opposition à leur égard est
globale, dans la mesure où la position des stoïciens est
irréductible à celle que défend un platonicien. Ayant
ainsi écarté la doctrine stoïcienne, Plotin va par la
suite se servir des catégories aristotéliciennes, préala-
blement dépouillées de tout ce qui les rendait inaptes
à être reprises dans un contexte platonicien, pour proposer de l'ensemble de son système une description
rigoureuse sur le plan de la logique et du discours.

Il est bien évident que les catégories aristotéliciennes ne peuvent s'appliquer ni à l'Un qui se trouve
au-delà de l'être ni à la matière qui se trouve en deçà.
Elles ne peuvent pas non plus s'appliquer au niveau
de l'Intellect, indissociable de l'Intelligible, dont
dépend le sensible, car à ce niveau, ce ne sont pas les
catégories d'Aristote qui permettent de décrire la réalité véritable, mais les cinq genres du *Sophiste*. Dans
une analyse d'une subtilité et d'une élégance éton-
nantes, Plotin montre ainsi comment l'Être, le Même
et l'Autre, le Repos et le Mouvement constituent les
points de repère qui permettent de dresser la carte de
l'Intelligible, dont la seconde hypothèse du *Parménide*
propose une description. De surcroît, les grands genres

sont des réalités agissantes qui vivent et qui pensent, et qui, ce faisant, prolongent leur action en produisant l'âme qui par sa vie et sa pensée va permettre l'apparition du monde sensible, lequel résulte de l'information de la matière par les « raisons (*lógoi*) » qui en l'âme sont les équivalents des formes. On retrouve à ce niveau les catégories aristotéliciennes de la réalité, de la quantité, de la qualité du mouvement et du relatif, mais dépouillées de leurs scories et sans cesse ramenées à l'intelligible par le moyen des « raisons » (*lógoi*) auxquelles, de près ou de loin, elles correspondent en tant que qualités déterminant ces images des réalités véritables que sont les corps. D'instruments linguistiques et logiques qu'elles étaient chez Aristote, les catégories deviennent chez Plotin les principes organisateurs non seulement de la pensée et du discours, mais aussi des corps. À leur dimension linguistique et logique vient donc s'ajouter une dimension cosmologique : les catégories ne sont plus seulement des termes grammaticaux ou des formules logiques, ce sont des puissances qui produisent, qui organisent le monde sensible. C'est l'introduction de cette nouvelle dimension qui explique, nous semble-t-il, les réserves exprimées par les commentateurs anciens et contemporains des *Catégories* d'Aristote. Mais c'est cette dimension nouvelle qui, aux yeux d'un philosophe qui veut dépasser le niveau du discours et de la logique, et dont la visée est le réel, fait la richesse de l'analyse de Plotin, qui reste fidèle à Platon. Ce sont les formes intelligibles (*eídē*) qui par l'intermédiaire des « raisons » (*lógoi*) non seulement structurent le discours, la pensée et le monde sensible, mais qui permettent leur apparition et leur ordonnancement.

On rappellera par ailleurs plusieurs innovations remarquables. Dans le sensible où la réalité n'est que l'image de la réalité véritable, il n'y a pas de repos, car

le repos n'est qu'un arrêt du mouvement qui est principe d'altération constante, et qui donc participe plus
de l'Autre que du Mouvement. De la sorte, Plotin critique la définition du mouvement par Aristote, comme
activité inachevée. Certes, le mouvement sensible qui
s'étend dans le temps et dans l'espace peut être considéré comme une activité inachevée, mais non le Mouvement qui lui est une activité achevée et intemporelle,
une position que l'on ne peut chercher à remettre en
cause en invoquant le temps qui se situe à une position
intermédiaire entre le sensible et l'intelligible, car il
dépend de l'âme, c'est un incorporel. Par là, le traité 45
Sur l'éternité et le temps reste indissociable des trois
traités *Sur les genres de l'être.*

Bref, dans les traités 42, 43 et 44, Plotin se montre
fidèle à Platon en maintenant l'opposition entre
l'intelligible et le sensible qui n'en est qu'une image.
Mais, en dotant l'être de la vie et de la pensée, et en
faisant descendre cette pensée et cette vie au niveau
du sensible par l'intermédiaire des « raisons » (*lógoi*)
dont l'âme est dépositaire, Plotin propose au problème
de la participation du sensible à l'intelligible une solution inédite qui paradoxalement emprunte beaucoup
à la doctrine stoïcienne, à laquelle s'oppose alors
farouchement le platonisme. C'est dans ce contexte
que s'inscrivent ces trois traités où Plotin aborde de
façon critique la question des catégories aristotéliciennes tout en cherchant à les utiliser pour donner à
son discours une rigueur incontestable.

La question débattue

Le terme « catégories » doit être manié avec prudence,
car il ne va pas sans ambiguïté chez Aristote lui-même.

D'un point de vue étymologique, le substantif *katēgoría* dérive du verbe *katēgoreîn*, formé à partir du préverbe *katá + agoreúein* (parler sur la place publique, parler en public). Le préverbe *katá* peut être plein ou vide. Lorsqu'il est plein, il peut désigner l'accusation portée contre quelqu'un, mais ce n'est pas toujours le cas. Lorsqu'il est vide, il exprime l'aspect déterminé de l'activité verbale, le fait que cette activité parvient à son aboutissement. Ce second sens « vide » semble préférable ici. Suivant cette interprétation, *katēgoreîn* signifie « affirmer quelque chose », d'où son emploi technique « prédiquer », « affirmer quelque chose de quelque chose ». Considérée d'un point de vue philosophique, cette activité ne va pas de soi, car elle n'est pas simple : elle présente une face linguistique, mais aussi une face ontologique. Dès lors, on pourrait dire que le terme « catégorie » manifeste la face linguistique, tandis que l'expression « genre de l'être » désigne la face ontologique.

Voilà bien pourquoi ce qu'il appelle « catégorie » dans le premier volume de l'*Organon*, Aristote le désigne à l'aide de l'expression « genre ou forme de l'être » au livre Δ de la *Métaphysique*. Cette ambiguïté terminologique dénonce une ambivalence au niveau de la signification. Sur quoi portent les catégories : sur des mots ou sur les choses mêmes ? Simplicius se range du côté de Porphyre pour qui les catégories portent « sur les mots et les énoncés simples, en tant qu'ils désignent les êtres primitifs et simples ; [...] mais, puisqu'elles traitent des énoncés, il faut donc que s'y rattachent aussi les choses signifiées et les notions comprises dans ces désignations » (Simplicius, *Commentaire sur les* Catégories *d'Aristote* introd., p. 11, 32-34, trad. P. Hoffmann). C'est, nous le verrons, la position de Plotin qui, dans ces trois traités, insiste sur le fait que le langage et la logique ne peuvent être séparés de l'ontologie.

Les difficultés majeures rencontrées par Platon et Aristote sur ces deux plans, en ce qui concerne la prédication, sont de deux ordres. Il s'agit d'une part de passer outre à l'injonction de Parménide suivant laquelle on ne peut mélanger l'être et le non-être, et de s'opposer à la position, qui fut probablement celle d'Antisthène, suivant laquelle il ne peut y avoir de prédication que tautologique. Ces deux problèmes sont indissociables, car dire par exemple qu'une chose (la neige) est blanche c'est 1) la faire à la fois une (neige) et plusieurs (neige + blanc), et 2) être (être neige) et non-être (+ blanc qui n'est pas l'être neige), car une chose ne peut être que ce qu'elle est, neige par exemple, tout le reste étant non-être.

La réponse de Platon

Dans le *Sophiste*, Platon propose une solution que Plotin cherchera à faire sienne dans le traité 43. Il distingue le non-être absolu, ce qui n'existe pas, du non-être relatif, ce qui est autre, différent. Ainsi l'Être participe de ce non-être qu'est l'Autre, et qui est le contraire du Même. Bref, tout être (participant par là à l'Être) n'est ce qu'il est (participant par là au Même) que parce qu'il est différent (participant par là à l'Autre) de tous les autres êtres. Cette solution se complique dès lors qu'elle doit prendre en compte l'hypothèse de la doctrine des Formes, les réalités véritables auxquelles participent les choses sensibles : les choses sensibles ne sont ce qu'elles sont que par participation aux Formes, dont elles reçoivent leur nom. Alors se pose le problème de la participation, dont la première partie du *Parménide* énumère toutes les difficultés. Pour résoudre ces difficultés, Platon fait intervenir dans le *Timée* ces deux fictions philosophiques que sont le démiurge (*dēmiourgós*) et le milieu spatial (*khṓra*), qu'Aristote rejette tout autant que l'existence des Formes séparées, qui, à ses yeux, ne fait que redoubler le problème de la prédication.

La réponse d'Aristote

Aristote s'efforce, lui aussi, de résoudre ce problème, et les solutions qu'il propose se rattachent toutes au constat suivant : « L'être proprement dit peut être pris en plusieurs acceptions : nous avons vu (en *Métaphysique* Δ 7) qu'il y avait d'abord l'être par accident, ensuite l'être comme vrai, auquel le faux s'oppose comme non-être ; en outre, il y a les types de catégories, à savoir la réalité, la qualité, la quantité, le lieu, le temps, et tous les autres modes de signification analogues de l'être (voir *Métaphysique* Z et H). Enfin il y a, en dehors de toutes ces sortes d'êtres, l'être en puissance et l'être en acte (voir *Métaphysique* Θ) » (Aristote, *Métaphysique* E 2, 1026a33-b3, trad. J. Tricot légèrement modifiée ici et par la suite).

Il est impossible d'établir une hiérarchie entre ces quatre niveaux de sens, car on peut retrouver la même détermination à plusieurs niveaux. Tout dépend à quoi l'on applique des distinctions. La distinction entre « être par soi » et « être par accident » s'applique à la science qui atteint à la certitude, dès lors qu'elle parvient à la nature essentielle des choses. La distinction « être vrai » et « être faux » permet de qualifier la relation entre la connaissance et ses objets. La distinction entre « être en acte » et « être en puissance » permet de rendre compte du mouvement en physique. Pour ce qui est des catégories, elles jouent un rôle essentiel dans le domaine de l'ontologie, de la logique et du langage. Les différents sens de l'être équivalent aux différents modes de prédication. On en trouve une liste au début du chapitre 4 des *Catégories* : « Chacun des termes qui sont dits sans aucune combinaison indique soit une réalité (un homme, un cheval), soit une certaine quantité (long de deux coudées), soit une certaine qualité (blanc, savant), soit un rapport à quelque chose (double, père), soit quelque part (au Lycée, sur la place publique), soit un certain moment (hier, l'an passé), soit être dans une position (être debout, être assis), soit avoir (porter des chaussures, être en bonne santé), soit faire (il coupe), soit subir (il est coupé) » (*Catégories* 4, 1b25-27, trad. M. Crubellier, C. Dalimier et P. Pellegrin légèrement modifiée, ici et par la suite).

Dans les *Topiques* (I 9, 103b20), on trouve une liste correspondante, mais où chacune des catégories mentionnées peut être considérée respectivement comme un accident, un genre, un « propre » ou la définition du sujet.

La liste des catégories renvoie d'abord à des types de prédication, ou de formes élémentaires de discours vrais. On y discerne une première distinction, entre différentes classes de sujets et de prédicats. Cette distinction se prolonge en une nouvelle, entre réalité et accidents, qui prolonge la distinction entre substrat et attributions. Le substrat, qui est le sujet ou le support de toutes les attributions, et qui donc ne peut être attribué à rien d'autre, correspond à la matière, à la forme ou au composé de la forme et de la matière. Si l'on élimine la matière qui n'est que le lieu du possible, il reste la forme et le composé, qui peuvent être qualifiés de « réalité » (*ousía*). La réalité se voit définie par deux propriétés négatives : elle ne se trouve pas dans un substrat, et elle ne peut être dite d'un sujet. Une telle définition s'applique d'abord à des individus, par exemple Socrate ou ce cheval-ci ; ce sont les « réalités premières » auxquelles se rapportent finalement le discours : « Si les réalités premières n'existaient pas, il serait impossible que quelque chose d'autre existe » (*Catégories* 5, 2b6). Et pourtant, il faut parler de « réalités secondes » ; la réalité ainsi comprise, c'est l'objet de la définition, c'est-à-dire la forme. Bref, la réalité, c'est soit le composé, le tout concret, ou sa forme qui définit « ce qu'est » ce tout concret ; aussi, pour Aristote, l'intelligible n'est-il pas séparable du sensible auquel il procure une forme. Et puisque les réalités premières sont sensibles, elles sont soumises au changement dont il convient de donner une définition. Le changement se produit lorsqu'un substrat, tout en restant identique, perd une forme pour en recevoir une autre, lorsqu'on passe d'une forme à sa privation, c'est-à-dire lorsqu'on passe d'une forme en acte à une forme en puissance, ou l'inverse.

Si l'on reprend les choses du point de vue non plus de l'être, mais du savoir, il convient de parler de « genres » de l'être. Mais qu'est-ce qu'un genre ? Le genre permet de répondre à la question à laquelle doit répondre une définition : « qu'est-ce que c'est ? », par exemple, l'homme est un animal (genre) raisonnable. De ce fait, il présente un trait positif : c'est la possibilité de prédications multiples, et un trait négatif : aucun genre ne peut, en général, communiquer avec un autre ; un genre doit être premier ou ne pas être, comme le rappelle souvent Plotin dans ces traités. Chaque genre se divise en espèces qui en général épuisent le genre, dans la mesure où elles ne laissent place à rien d'autre dans le genre. Par exemple, le genre animal se divise en animal raisonnable

(= l'homme) et animal non raisonnable (= la bête).
Les prédicats « raisonnable » et « non raisonnable »
sont les différences spécifiques. De là découlent
quelques règles. À l'intérieur d'un genre, il ne peut y
avoir d'antérieur ni de postérieur, tout doit être sur le
même plan. Mais où cette division du genre en espèces
s'arrête-t-elle ? À l'espèce dernière ou « indivisible »,
ce qu'Aristote appelle « le ceci » (*tóde ti*). Le débat
relatif à la question du principe de cette individuation
perdure.

La réponse des stoïciens

La stratégie des stoïciens est différente. Pour la comprendre, il faut rappeler les grandes lignes de leur système. Au fondement de leur cosmologie, ils posent les
deux principes suivants. L'un n'a d'autre capacité que
de pâtir, c'est la matière (*húlē*), dépourvue de toute
détermination, de tout mouvement et de toute initia-
tive ; et l'autre a la capacité d'agir et apporte à la
matière forme, qualité et mouvement. Ce second principe, c'est la « raison » (*lógos*). Rien en cet univers
n'est ni ne peut être dit « ceci » ou « cela », sans la
présence de ce principe indépendant de la matière.
Dans un tel contexte, le *lógos* peut aussi recevoir le
nom de « dieu », car son action en fait en quelque
sorte l'artisan de l'univers, mais un artisan dont l'art
réside dans toutes les productions de la nature. En
poussant à son terme l'exigence d'indétermination de
la matière, le stoïcisme se trouve forcé de reconnaître
dans le seul *lógos* la cause des caractéristiques physiques les plus élémentaires, celles des quatre éléments
(feu, air, eau, terre) et celles du résultat de la combinaison de ces quatre éléments dans les choses

sensibles. Voilà pourquoi on peut parler de « corporalisme » ou même de « matérialisme » stoïcien : l'action
du *lógos* sur la matière et sur les corps reste une activité matérielle, corporelle.

D'ailleurs, le principe actif, que les stoïciens
appellent *lógos*, a aussi un nom physique, « feu ». Il ne
s'agit pas du feu concret, mais un feu qui réunit en lui
tous les pouvoirs du feu concret. C'est une énergie, et
les trois autres éléments (air, eau, terre) correspondent
aux trois états dans lesquels le feu est susceptible de
se trouver : gazeux, liquide, solide. Se situant dans une
tradition qu'ils font remonter à Hésiode, les stoïciens
considèrent que l'univers résulte d'une série de trans-
formations du dieu qui, en tant que feu créateur, procède à une génération du monde lequel, dans le cadre
d'une série indéfinie de cycles, sera détruit par suite
d'un embrasement total. L'univers retourne alors à
l'état d'où il était sorti, chaque séquence cosmique
n'étant que la répétition de chaque autre. En effet, ce
sont les mêmes « raisons séminales » ou « germina-
tives » (*lógoi spermatikoí*) qui s'y trouvent toujours de
nouveau réactualisées.

On peut encore concevoir ce feu qu'est le *lógos* iden-
tifié à dieu comme un souffle igné, le *pneûma* partout
présent. Dans toutes les parties du monde pénétrées
par ce *pneûma* et informées par lui, le feu qui est
chaud se trouve associé à l'expansion, et l'air qui est
froid se voit caractérisé par la contraction. Cette oscil-
lation, qui anime tous les corps et qui assure leur cohésion, s'appelle « tension » (*tónos*), une tension qui se
diversifie suivant les régions de l'univers : elle prend le
nom de « constitution », de « tenue » ou de « maintien » (*héxis*) dans les solides inanimés, de « croissance » (*phúsis*) dans les végétaux et d'« âme »
(*psukhḗ*) dans les êtres vivants (Sextus Empiricus,
Contre les savants IX 78). Mais, dans tous les cas, sa

fonction est d'unifier tous les corps, y compris et surtout celui de l'univers.

En considérant le corps comme la seule réalité, les
stoïciens se débarrassaient des intelligibles platoniciens, mais, ce faisant, ils se trouvaient confrontés à
un problème redoutable. Que faire du lieu, du vide et
du temps qui ne sont pas des corps, mais qui sont des
corrélats des corps ? Les stoïciens parlent à leur propos d'« incorporels ». Et ils ajoutent au titre d'incorporels les « exprimables » (*lektá*) qui sont des
représentations rationnelles pouvant être manifestées
par le langage. Dire par exemple « ce cheval-ci
galope », c'est parler d'un corps (le cheval) en ne retenant que sa manière d'être (galoper, par exemple). Or,
le sens de la phrase « ce cheval-ci galope » s'appelle
un « exprimable » (*lektón*) complet, tandis que le sens
du verbe « galope » peut être appelé un exprimable
incomplet. Dans cette perspective, les stoïciens se
trouvent amenés à rapporter à une catégorie commune, le « quelque chose » (*ti*) tout à la fois les corps,
les incorporels et même les entités fictives (la licorne)
ou limites (le point, la ligne). On rappellera enfin que
les corps appartiennent à ces quatre genres : le substrat
« cet homme individuel que je suis », le qualifié « je
suis savant » – qui présente deux divisions : le qualifié
de façon commune et qualifié de façon particulière –
la manière d'être (*pōs ékhon*) « je suis assis » et la
manière d'être relative (*pròs tí pōs ékhon*) « je suis le
père de mes enfants ». Pour Plotin, dans la mesure où
le sujet ou le substrat est l'être (*tò ón*) qui est une
matière, les trois autres genres ne sont que des affections (*páthē*) de la matière ; pour lui il n'y a donc, tout
compte fait, que deux genres : le substrat (= la
matière) et ses affections.

La réponse de Plotin

Face à cette doctrine d'une très grande cohérence, Plotin exprime sa fidélité au platonisme en articulant sa pensée autour de ces trois « principes » que sont l'Un, l'Intellect et l'Âme, lesquelles n'ayant rien de corporel représentent pourtant les niveaux les plus élevés de la réalité qui, de ce fait, ne peut se réduire au corporel comme l'affirment les stoïciens.

Lógos *et* lógoi *chez Plotin*

Pour situer le *lógos* tel que le conçoit Plotin dans cette structure et pour comprendre quel est son rôle, il faut évoquer l'âme. Associée à celle que pose son origine, la question de savoir ce qui distingue l'âme de l'Intelligible entraîne de redoutables difficultés. Alors que l'Intellect est « un-plusieurs », l'âme est « une et plusieurs ». Dans l'Intellect, toute connaissance est simultanée et immédiate, tandis que, dans l'âme, elle est changement (*metábasis*) d'un élément vers un autre, et donc discursivité, le raisonnement allant de la prémisse à la conclusion. L'Intellect se situe dans l'éternité, alors que l'âme se trouve associée au temps, qui est engendré en même temps que l'âme, situation paradoxale, dans la mesure où, à l'instar de l'Intellect, l'âme est une réalité éternelle. L'âme contient, dans la succession et dans la partition, tout ce qui se trouve de façon simultanée et compacte dans l'Intellect, ce que Plotin exprime en parlant de *lógoi* qui, en l'âme, équivalent aux Formes ; plus clairement, les *lógoi,* ce sont les formes au niveau de l'âme. L'âme dépend causalement de l'Intellect, car c'est par l'intermédiaire de l'Intellect que l'Un produit l'âme, l'effet étant toujours différent de la cause. De même, l'Intellect, qui en tant

que modèle est responsable de la production du
monde sensible, ne peut être tenu responsable du
contrôle qu'y exerce l'âme.

Il n'est plus question alors de l'âme considérée indépendamment de tout corps, mais des âmes qui se
trouvent dans un corps, l'âme du monde et celle des
individus. Car même si Plotin insiste sur l'unité de
l'âme, l'âme du monde et celle des individus ne sont
pas des portions d'une âme qui leur serait supérieure,
position qui s'apparenterait à celle des stoïciens ; elles
en sont plutôt des reflets. L'âme du monde diffère de
l'âme de l'individu dans la mesure où le corps qu'elle
produit et qu'elle anime est meilleur que le corps
humain, et surtout parce qu'elle ne comporte pas les
problèmes qui viennent troubler l'âme des hommes, et
même celle des animaux, bien que Plotin, qui croit en
la métempsycose, s'intéresse aussi à ces âmes.

Plus bas que les corps, dont elle est en quelque sorte
le fondement constitutif, on trouve la matière, dont on
peut penser qu'elle émane de la partie inférieure de
l'âme du monde.

Mais comment mettre en relation les différents
niveaux de ce gigantesque édifice théorique, qui,
comme c'était aussi le cas chez Platon, n'a d'autre
fonction que de rendre compte de l'apparition de la
détermination dans la matière et du maintien de
l'organisation qui, dans cet univers, permet à l'homme
en général et au philosophe en particulier de trouver
sa place et de faire usage de la pensée et du langage,
qui tous deux supposent une certaine stabilité dans le
changement ? Pour les platoniciens, la réponse n'est
pas facile, car, à la différence des stoïciens qui
expliquent l'action sur les corps par le *lógos*, un agent
corporel, assimilé à un souffle chaud, toute activité y
compris celle qui s'exerce sur les corps doit trouver

son origine dans l'incorporel, et même dans l'intelligible ; de surcroît, cette tâche se trouve compliquée,
chez Plotin, par le refus de la figure du « démiurge »
qui, dans le *Timée* de Platon, tient le rôle d'un artisan
qui fabrique le monde sensible en travaillant après
avoir délibéré.

Plotin reprend au stoïcisme non seulement les
termes *lógos* et *lógoi*, mais aussi la doctrine dans
laquelle ces notions ont une fonction essentielle ; mais
cette doctrine, il la transpose dans un contexte platonicien. Lorsque le terme *lógos* ne présente pas le sens
courant de « discours », de « doctrine », de « faculté
rationnelle », ou même de « rapport mathématique »,
il revêt, chez Plotin, un sens qui renvoie à la notion
stoïcienne et même à la notion aristotélicienne correspondante. Comme c'est le cas chez Aristote en effet,
le *lógos* fait, chez Plotin, référence à un contenu
rationnel. Mais, considéré dans une perspective platonicienne, ce contenu rationnel suppose une forme dont
il dépend, qu'il manifeste et qu'il rend présent.

Les *lógoi* représentent d'une part l'expression des
formes dans le discours rationnel, et correspondent
d'autre part à des principes actifs qui font apparaître
dans le monde sensible les images de ces modèles que
sont les formes. Dans ce contexte, le *lógos* est
l'ensemble des *lógoi* qui assurent la possibilité du raisonnement, ainsi que celle de la production et de
l'organisation du monde sensible. En fait, le *lógos* correspond au mouvement de transition de l'Intellect vers
l'âme rationnelle et productrice, et cela à tous les
plans : âme séparée, âme du monde et âmes particulières. Le passage le plus souvent cité pour faire comprendre la chose est le suivant : « Car de même que le
discours qui est dans la voix n'est qu'une imitation de
celui qui est dans l'âme, de même aussi celui qui est
dans l'âme n'est que l'imitation de celui qui est dans

une autre réalité (dans l'âme). De même donc que le
discours articulé est fragmenté par rapport à celui qui
est dans l'âme, de même aussi celui qui est dans l'âme,
puisqu'il en est l'interprète, est fragmenté par rapport
à ce qui est avant lui » (19 (I, 2), 3, 27-30). Plotin
reprend là une distinction stoïcienne entre le discours
pensé, celui qui se trouve silencieux dans l'âme, et le
discours exprimé par des sons matériels. Mais cette
distinction, il la transpose sur un plan plus général,
celui de son système. Le *lógos* exprimé par des sons
matériels est mis en rapport avec le *lógos* qui se trouve
dans l'âme en tant que telle ; et le *lógos* pensé est mis
en rapport avec le *lógos* dans l'Intellect, c'est-à-dire, à
proprement parler, à l'intelligible. Par suite, c'est suivant ce rapport, qui implique quatre termes, que le
lógos qui est dans l'âme en tant que telle peut être dit
l'interprète de celui qui se trouve dans l'Intellect.

Mais le *lógos* pourrait-il se trouver ailleurs que dans
l'âme ? Si tel était le cas, où faudrait-il le situer ? À la
lecture du texte qui vient d'être cité, force est
d'admettre qu'il y a un *lógos* dans l'Intellect ; mais ce
n'est là qu'une façon de parler, puisque dans l'Intellect
le *lógos* ne peut se retrouver que sous le mode de la
forme. Par ailleurs, à la fin du traité *Contre les gnos-
tiques* se trouve rejetée l'hypothèse d'un *lógos* intermédiaire entre l'âme en tant que telle et l'Intellect (33 (II
9), 1, 57-63). D'autres passages (42 (V, 1), 10 ; 33 (II,
9), 8) viennent conforter l'idée suivant laquelle l'âme
en tant que telle est ce *lógos*, qui est l'Interprète de
l'Intellect dans le monde sensible. Le *lógos* en question
apparaît comme l'aspect purement rationnel de l'âme
qui recèle l'Intelligible sous le mode qui est le sien.

Lorsqu'il se trouve au singulier, c'est-à-dire au
niveau de l'Intellect et même à celui de l'âme, le terme
lógos désigne l'ensemble qui embrasse tous les *lógoi*.
Au pluriel, les choses se compliquent, car, dans la

mesure où chez Plotin la production est indissociable de la contemplation, les *lógoi* sont tout à la fois des contenus rationnels et des règles, des lois, des formules qui guident la production des réalités sensibles par la partie inférieure de l'âme du monde. À la limite et de façon très lâche, on pourrait assimiler une « formule rationnelle » à un « programme » en informatique, ou mieux au code génétique chez les vivants.

Alors que, dans l'Intellect, les formes intelligibles se trouvent *homoû pánta* (« toutes ensemble ») dans la simultanéité absolue, dans l'âme en tant que telle elles se présentent sous une forme discursive, séparées les unes des autres, à la façon précisément dont elles apparaissent sur le plan de la pensée dans un raisonnement et sur le plan de la parole dans une phrase, dans un discours. On comprend dès lors que Plotin utilise le singulier *lógos* pour évoquer la même réalité quand elle est dans l'Intellect, et du pluriel *lógoi*, quand elle est dans l'âme, qui cependant peut être considérée comme ce *lógos* qui renferme l'ensemble des *lógoi*, un pluriel qui exprime les idées de divisibilité dans l'espace et dans le temps.

Cette doctrine où, pour le moment, n'intervient que l'âme, respecte deux exigences essentielles du platonisme de Plotin. 1) Le principe suivant lequel l'inférieur n'est jamais coupé de sa cause ; l'Âme n'est pas coupée de l'Intellect, car les intelligibles s'y retrouvent sous un mode propre, celui des *lógoi*. 2) La production de l'univers est le résultat d'une contemplation. À la suite d'Aristote et des stoïciens, Plotin rejette l'idée d'un démiurge qui, comme celui de Platon, organiserait un matériau pour fabriquer les choses sensibles. Chez Plotin, c'est l'Intellect qui prend la place du démiurge. Mais ce démiurge ne travaille pas. Il transmet son *lógos* à l'âme, qui utilise les *lógoi* pour fabriquer les choses sensibles en un processus qui sera

décrit plus loin, mais dont voici dès à présent les
grandes lignes : l'âme recèle les formes intelligibles
sous le mode de *lógoi* immatériels qui sont réfléchis au
niveau de la partie inférieure de l'âme du monde qui
est la Nature, laquelle intervient dans la matière pour
faire apparaître les corps et maintenir l'ordre qui les
unit. En définitive, on pourrait dire que l'âme est la
somme de tous les *lógoi*, et que ces *lógoi* sont en fait
les formes qui se trouvent sous le mode de la simultanéité dans l'Intellect et sous un mode discursif dans
l'âme.

Même si, par définition en quelque sorte, elle
n'entretient aucun lien avec les corps, l'âme peut être
conçue intuitivement comme ce que possèdent en
propre toutes les autres sortes d'âmes qui, elles, ani-
ment et organisent le monde des corps : l'âme du
monde, c'est-à-dire celle de l'univers, et les âmes individuelles, qui sont aussi bien les âmes des dieux et des
démons, que celles des hommes, des bêtes et des
plantes. *Grosso modo* et de façon très simplifiée, on
peut dire que les âmes individuelles ne sont que des
aspects de l'âme du monde, leurs sœurs, qui s'en sont
éloignées et qui de ce fait s'en sont isolées.

Si l'on applique le principe suivant lequel toute âme
présente deux niveaux, on peut dire, dans le cas de
l'âme du monde, que son niveau inférieur, celui où
elle est productrice, correspond à la nature, et que son
niveau supérieur, celui où elle est ordonnatrice en
fonction de sa contemplation, correspond à la providence. On retrouve en l'âme du monde l'opposition
qui se manifeste en toute âme individuelle entre la raison discursive (*diánoia*) et l'intellect (*noûs*).

Comme partie inférieure de l'âme du monde, sa partie
productrice, la nature peut être définie comme la multiplicité des raisons (*lógoi*) organisées en un système. De
ce fait, elle possède, sous le mode qui lui est propre,

l'ensemble des formes intelligibles qui rendent compte
de toutes les réalités dans le monde sensible, qu'il
s'agisse des êtres animés ou des êtres inanimés. C'est en
effet la nature, comme principe organisateur, qui
explique non seulement qu'un cheval est un cheval,
parce que le cheval physique présente une organisation
qui est l'image du cheval intelligible, mais aussi qu'une
pierre est une pierre, parce que la pierre sensible est
organisée sur le modèle de la pierre intelligible. Une telle
façon de voir les choses découle de l'abandon de la
métaphore artificialiste.

Et c'est à cette doctrine des *lógoi*, qui lui permet de
proposer une solution à la question de la participation
du sensible à l'intelligible, que Plotin ne cesse de faire
référence dans les traités *Sur les genres de l'être*, soit
pour critiquer Aristote soit pour proposer une solution personnelle aux problèmes soulevés.

Position critique à l'égard des théories antérieures

Les traités 42, 43 et 44 forment un tout, et obéissent
à un plan d'ensemble : dans le traité 42 (VI, 1), Plotin
propose un inventaire des difficultés qui s'attachent
aux catégories d'Aristote et des stoïciens ; dans le
traité 43, il donne son interprétation des cinq grands
genres du *Sophiste* ; et dans le traité 44, il tente
d'apporter des solutions aux difficultés évoquées dans
le traité 42 relativement aux catégories du monde sensible en rapport avec les catégories du monde intelligible. On notera que la critique de Plotin, même si elle
reste très proche du texte d'Aristote, n'est pas directe.
Elle est dépendante de commentateurs comme l'aristotélicien Alexandre d'Aphrodise, ou comme les médio-
platoniciens Lucius et Nicostrate. C'est d'ailleurs
probablement ce qu'indique l'emploi de la troisième

personne du pluriel pour introduire tel ou tel argument aristotélicien : « ils disent », « ils pensent ».

La critique par Plotin des Catégories d'Aristote

Le premier chapitre du traité 42 comporte deux parties. Plotin y énumère d'abord les positions des philosophes qui l'ont précédé sur les genres de l'être. Puis
il porte son attention sur les catégories d'Aristote,
dont il traite jusqu'au chapitre 25, en évoquant les
deux problèmes qui ne cesseront de revenir tout au
long de l'exposé sur Aristote : 1) le nombre des catégories se réduit-il à dix ? 2) quels rapports y a-t-il, dans
le cas des catégories, entre le l'intelligible et le sensible ? Parce que Aristote se refuse à faire la distinction entre l'intelligible et le sensible, sa doctrine des
catégories se heurte à deux objections majeures.
A) Dans la mesure où le sensible dépend de l'intelligible, et où dans un même genre il ne peut y avoir
de l'antérieur et du postérieur, on ne peut parler de
catégories et donc de genres de l'être. B) De surcroît,
entre les réalités intelligibles et les choses sensibles qui
en participent il n'y a de commun que le nom, puisque
leur mode d'existence est radicalement différent ; on
doit donc parler les concernant non pas de synonymie,
mais d'homonymie.

La réalité (hē ousía)

Les deux chapitres qui suivent portent sur l'*ousía*
que nous traduirons par « réalité », et non par le terme
technique « substance », dont la signification est trop
lestée par des siècles d'interprétation scolastique. La
première critique que Plotin adresse à Aristote sur la
question de l'*ousía* est simple, et elle reviendra pour
d'autres catégories : le terme ne peut renvoyer à un

genre commun, tant sont diverses les choses auxquelles il fait référence. Le terme *ousía* désigne en effet
1) des choses sensibles et des réalités intelligibles, 2) la
forme, la matière et le composé, 3) des individus et des
classes, et 4) des « réalités premières » et des « réalités
secondes ». Elle ne présente donc pas l'unité d'un
genre, car elle se borne à regrouper des choses qui ne
se trouvent pas au même niveau ontologique, puisque
certaines dérivent des autres. D'ailleurs Aristote ne
définit jamais « ce qu'est » l'*ousía*. On ne peut donc
dire que la réalité est un genre pour les deux raisons
suivantes : 1) les entités que l'on met dans le genre
« réalité » ne partagent aucun caractère commun, et
2) par voie de conséquence on ne trouve aucune définition de ce en quoi consiste la « réalité ». Et Plotin
termine sa critique sur ces deux remarques décisives.
1) Les termes auxquels se rapporte la réalité – forme,
matière et composé – ne peuvent être considérés
comme les espèces d'un genre, car ils dérivent les uns
des autres. 2) Les formules qui servent à la désigner se
rapportent à la réalité non pas prise en elle-même,
mais comme sujet d'attributs. Plotin reviendra sur la
question de la réalité dans le traité 44. Mais d'ores et
déjà le cœur de son argument apparaît avec évidence.
Aristote ne tient pas compte dans la liste de ses catégories, et notamment dans son traitement de la réalité,
de la distinction entre sensible et intelligible. De sorte
que ni la réalité ni le reste des catégories ne sont des
genres de l'être, car les choses auxquelles elles ren-
voient n'ont en commun que le nom.

La quantité (tò póson)

   La quantité, dont il est question aux chapitres 4 et
5 du traité 42, vient, dans les *Catégories* d'Aristote,
bien après la réalité (voir 6, 4b23-6a35). Plotin

reprend, pour ce qui est de la quantité, la critique formulée dans le cas de la réalité. Ramener les différentes
sortes de quantité sous un même genre est une opération factice, car on ne peut trouver entre elles un
caractère commun. D'entrée de jeu il faut distinguer
entre deux espèces de quantité : la quantité continue
et la quantité discrète. Dans le premier ensemble, il
convient de placer toute grandeur associée au lieu et
au temps, tandis que dans le second il faut placer le
nombre et le discours. Mais alors que faut-il considérer comme quantité : le continu, le discontinu ou
l'ensemble des deux ? Aristote ne dit rien de cette troisième éventualité ; et définir la quantité par le continu
ou par le discontinu revient à exclure l'autre. Mais
considérons d'abord les choses du point de vue du
continu qui ne devient une quantité que lorsqu'il est
mesuré par un nombre (deux coudées ou deux heures).
Comme c'est par accident que le lieu et le temps sont
mesurés par un nombre, il s'ensuit que le continu n'est
quantité que par accident, et que seul le nombre, et
donc le discontinu, est quantité. Mais alors de quel
nombre s'agit-il : du nombre sensible ou du nombre
intelligible, distinction platonicienne faite et explicitée
dans le traité 34 (VI, 6) ? Si l'on admet cette nouvelle
distinction, il faut considérer que le nombre intelligible est une réalité et non pas une quantité, car le
nombre, qui est quantité, ne peut être que le nombre
qui sert à mesurer les choses sensibles. Et que dire des
autres espèces du discontinu, à savoir le discours et le
temps ? Même s'il est mesuré par la syllabe courte ou
longue, le discours n'est pas quantité ; c'est une action
qui signifie, un mouvement. Reste le temps qui est un
continu, et qui, puisque le continu a été exclu de la
catégorie du « combien », ne peut de ce fait être considéré comme une quantité. Et si on fait valoir que le
temps est une quantité parce qu'il est mesurable, on

en revient à l'objection formulée plus haut : si le temps est une quantité, ce ne peut être que par accident. Plusieurs des thèmes évoqués ici seront repris et développés dans le traité 45.

Le relatif (tò prós ti)

Les chapitres 6 à 9 portent sur la relation. Aristote définit la relation de la manière suivante : « Se disent relativement à quelque chose les termes de cette sorte : tous ceux dont on dit qu'ils sont cela même qu'ils sont "... d'autre chose", ou qui se rapportent de quelque autre façon à autre chose » (*Catégories* 7, 6a36-39). Dans le traité 44 (VI, 3), 21, 15-16, Plotin reprend explicitement cette définition qui reste implicite dans ces trois chapitres. Au début du chapitre 6, il pose les deux questions suivantes. Tous les relatifs peuvent-ils être inclus dans un seul et même genre (questions qui seront traitées dans les traités 8 et 9) ? Partagent-ils une existence propre ? Plotin commence par la seconde question : la relation existe-t-elle ? Il va donner à cette question une réponse positive, mais au préalable, est établie une distinction entre les relatifs du type agent/patient, les relatifs du type semblable/dissemblable, et les faux relatifs (état, disposition) qui, eux, sont éliminés d'entrée de jeu. Dans le chapitre 7, Plotin se lance dans une digression qui examine une réponse négative. Suivant les tenants de cette thèse négative, qui pourraient bien être des stoïciens, les relatifs du second type n'existent que pour nous, puisqu'ils n'affectent en rien les termes en relation. À cette objection, Plotin répond que des relatifs de ce type (semblable/dissemblable par exemple) peuvent être déclarés vrais ou faux, et qu'ils existent indépendamment du discours et de la pensée.

Au début du chapitre 8, Plotin revient sur les deux
questions qu'il posait au début du chapitre 6. Les
divers relatifs peuvent-ils être inclus dans un seul et
même genre ? Partagent-ils un type d'existence commun ? Pour répondre à la première question, Plotin
fait remarquer que l'existence qui caractérise le relatif
ne peut être de l'ordre des corps, car le relatif ne fait
pas référence à une chose, mais indique un rapport
entre deux choses. Par suite, le relatif se trouve du côté
de l'incorporel. Bien plus, comme ces relatifs ne sont
pas du même genre dans tous les cas, le terme « relatif » ne renvoie pas à la même chose ; on ne doit donc
pas parler de synonymie, mais d'homonymie.

Le chapitre 9 revient encore sur les deux questions
posées au début des chapitres 6 et 8 : celle du statut
des relatifs et celle de la possibilité de les réunir sous
un seul et même genre. Pour rendre compte du type
d'existence des relatifs, Plotin prend en considération
trois types de relations qu'il rapporte toutes à des raisons (*lógoi*). 1) La relation qui fait intervenir une activité ; 2) celle que l'on peut interpréter comme une
participation, considérée sous un aspect positif, puis
sous un aspect négatif ; 3) celle qui intervient dans le
cas de la sensation, de l'état et de la mesure. Puis il
fait remarquer que même si les *lógoi* expliquent tous
les types de relatifs, cela ne suffit pas à les regrouper
sous un seul et même genre quel que soit le type
considéré.

1) Un premier type de relation qui fait intervenir
une activité, celle de l'agent par rapport au patient et
celle de la science par rapport à son objet par exemple,
implique la raison (*lógos*) qui est associée à cette activité. Cette activité, c'est dans les cas considérés, la
forme agissant comme *lógos* au niveau de l'âme
comme Plotin l'explique dans ce passage : « Il faut
alors que l'homme soit une raison différente de l'âme.

Qu'est-ce qui empêche que l'homme soit ces deux choses ensemble : une âme qui se trouverait dans une raison de ce genre, parce que cette raison serait une sorte d'activité, une activité qui ne pourrait subsister sans un agent ? Car il en va également ainsi des raisons dans les semences, puisqu'il n'y a pas de raison sans âme et que les raisons ne sont pas simplement des âmes. Les raisons qui produisent, en effet, ne sont pas dépourvues d'âme, et il n'y a rien de surprenant à ce que de telles réalités soient des raisons » (traité 38 (VI, 7), 3-8). L'hypothèse que Plotin examine alors est celle qui pose que l'homme n'est pas identique à son âme, mais qu'il est en revanche le composé d'une âme associée à une raison (*lógos*), de manière que cette raison corresponde à une sorte d'activité dont l'âme serait l'agent. Car, s'il est vrai que les raisons sont de nature psychique, elles ne sont pourtant pas des âmes à proprement parler, mais elles équivalent, comme dans les semences, à la structure rationnelle invisible qui réalise dans notre monde, justement par l'intermédiaire de l'âme qui produit ou qui fait œuvre de science, le modèle intelligible correspondant.

2) L'autre type de relation, le double par exemple, implique aussi la « raison », car elle fait intervenir la participation du sensible à l'intelligible, comme cela est expliqué par Platon dans le *Phédon* (74a-d). Mais chez Plotin, cette participation se fait par l'intermédiaire de l'âme qui contient, dans la succession et dans la partition, tout ce qui se trouve de façon simultanée et indivise dans l'Intellect, ce que Plotin exprime en parlant de *lógoi* qui, en l'âme, équivalent aux formes ; plus clairement, les *lógoi,* ce sont les formes au niveau de l'âme. Par voie de conséquence, tout type de relations dans le sensible peut être rapporté à l'intelligible par l'intermédiaire des « raisons » qui mettent en œuvre ces relations en notre monde. Plotin précise

son propos en donnant deux exemples de relations. 1) Dans l'un des cas, le double et la moitié dans le monde sensible dépendent de la participation d'une chose sensible au Double et d'une autre chose sensible à la Moitié. 2) Dans le cas de la ressemblance et de la dissemblance, du même et de l'autre, c'est la même chose qui participe à la fois du Semblable et du Dissemblable, du Même et de l'Autre.

Or, durant le cours que donne Plotin, un auditeur formule une objection : qu'en est-il du laid, et du plus laid ? participent-ils de la même forme ? Plotin répond en invoquant non la forme négative, celle du Laid refusée notamment par les médioplatoniciens (voir Alcinoos, *Enseignement des doctrines de Platon* IX, 163.11-31), mais la forme du Beau : « La beauté simple d'une couleur s'explique par la domination d'une figure sur la matière et grâce à la présence d'une lumière incorporelle qui est raison (*lógou*) et forme (*eídous*) » (1 (I, 6), 3, 16-18). En vertu de l'intervention des *lógoi*, la participation comporte des degrés. Voilà pourquoi Plotin fait intervenir la privation assimilée à une forme. Cette façon de concevoir la privation s'inspire probablement d'Aristote : « ... car la privation est forme en quelque façon (*eidós pốs estin*) » (*Physique* II, 1, 193b19). Dans son commentaire à la *Physique* (chap. 9, 280, 12 sq.), Simplicius énumère trois explications de ce texte : 1) la privation est celle d'un substrat qui peut recevoir la forme ; 2) la privation est bien une absence de forme, mais dans un objet ; 3) la privation est l'un des deux contraires entre lesquels se produisent la génération et la corruption. Assimilée à une forme, la privation se trouve donc, elle aussi, du côté du *lógos*.

3) Et à ces deux premiers types de relation, il faut en ajouter un troisième, représenté par la sensation et la connaissance qui sont des formes, l'état (*héxis*) et la

mesure qui sont des actes (9, 21-25). Pour Plotin, comme pour Aristote, la science s'identifie aux objets du savoir et la sensation aux objets sensibles. D'où cette conclusion : «... ce n'est pas la pierre qui est dans l'âme, mais sa forme. Aussi l'âme est analogue à la main : comme la main est un instrument d'instruments, l'intellect à son tour est la forme des formes, tandis que l'ensemble des sens est forme des qualités sensibles » (*De l'âme* III, 8, 432a2-3, trad. R. Bodéüs). À l'instar de la sensation, la disposition et la mesure sont des activités, et par ce biais, elles entretiennent, dans un contexte plotinien, un rapport avec le *lógos*.

Aux yeux de Plotin, le fait que les relatifs existent et puissent tous être rapportés à la notion de *lógos* ne suffit cependant pas à les inclure dans un seul et même genre. Et ce, parce que les aristotéliciens font entrer dans le genre de la relation des relatifs et leurs négations, des sensibles et des intelligibles. La conclusion s'impose donc. Le relatif, tel que le présente Aristote, ne peut être considéré comme un genre ou une catégorie.

La qualité (hē poiótēs *ou* tò poión)

Plotin consacre les chapitres 10, 11 et 12 à la catégorie de la qualité.

Pour Aristote, on peut dire que sont des qualités 1) l'état (*héxis*), par exemple la science et la vertu qui sont du côté de l'âme, et la disposition (*diáthesis*), par exemple la maladie et la santé, le réchauffement et le refroidissement qui intéressent le corps ; 2) la capacité (ou l'incapacité) naturelle (*phusikḕ dúnamis*), par exemple celle du pugiliste ou du coureur ; 3) la qualité passive (*pathētikḕ poiótēs*), par exemple la chaleur et le froid, la blancheur et la noirceur ; 4) la figure (*skhễma*) et la forme (*morphḗ*), par exemple le droit et

le courbe ; et 5) les qualités par dérivation ou simplement apparentes, par exemple le subtil et le dense, le
rugueux et le lisse.

Plotin commence par reprendre ces distinctions
pour montrer que, dans ces quatre sortes de qualité,
on ne peut trouver un caractère commun, qui pourrait
être la puissance, et que, pour cette raison, la qualité
ne peut être considérée comme une catégorie, et donc
comme un genre. Deux arguments sont avancés.
Toutes les qualités correspondent à des « raisons » et
donc à des activités, mais peuvent-elles toutes être
considérées comme des puissances, ce qui serait leur
caractère commun, permettant aux réalités auxquelles
elles se rattachent d'être qualifiées ultérieurement ? Ce
ne peut être le cas pour la quatrième, celui de la figure.
Par ailleurs, dans la seconde et la troisième sorte de
qualités, il faut faire intervenir l'impuissance, qui
s'explique, comme dans le cas de la relation, par une
limitation de la puissance correspondante, compte
tenu cette fois de la différence de niveau ontologique ;
on peut dès lors parler de privation, la raison correspondante n'arrivant pas à dominer. Bref, la puissance
ne peut être le caractère commun permettant de faire
de la qualité une catégorie ou un genre.

Après avoir vainement cherché un caractère commun à ces quatre sortes de qualités, Plotin tente de
déterminer ce qui permet de les distinguer. Il montre
que les différences spécifiques au moyen desquelles
Aristote voudrait distinguer les qualités ne présentent
aucune pertinence. Dans la première sorte de qualités,
Aristote distingue entre l'état et la disposition, en faisant valoir que la première est plus durable et plus
stable que la seconde ; or, la durée n'est qu'un accident. Dans la seconde sorte de qualités, Aristote ne
fait entrer que les capacités (ou les incapacités) naturelles, effaçant ainsi toute distinction entre puissance

naturelle et puissance acquise. Lorsqu'il évoque les qualités passives, Aristote ne parle pas des qualités en tant que telles, mais de leur origine et de leur effet. Et la quatrième classe présente une grande diversité et donc beaucoup d'ambiguïté. La forme qui se trouve en chaque chose (*Catégories* 8, 10a11-12), ce peut être en effet soit la réalité (par exemple le cheval) soit une qualité (par exemple blanc). En outre, dans le même groupe, Aristote fait entrer le subtil et le dense en les considérant du point de vue de leur disposition géométrique. Mais cette réduction de qualités à leur disposition géométrique, à leur configuration, ne permet de rendre compte que de l'origine de ces qualités, non des qualités elles-mêmes.

Dans le chapitre 12, Plotin propose une nouvelle division, provisoire, des qualités : a) suivant que ce sont des qualités du corps ou de l'âme, b) d'après les actions exercées, c) d'après l'utilité ou la nuisance. Et le chapitre se poursuit avec l'examen de trois questions que soulève la lecture d'Aristote. Dans le premier cas, qui se rapporte à deux passages des *Catégories* (8, 8b25 et 10a27), il s'agit de savoir si le qualifié et la qualité peuvent être mis dans le même genre. Plotin semble penser qu'il faut considérer le qualifié (le blanc par exemple) comme une réalité et non comme une qualité. Par ailleurs, et à l'exemple d'Aristote (*Catégories* 6, 6b2-3 ; 8, 11a20-24 ; 37-38) qui le fait pour l'état (*héxis*), Plotin classe la capacité (ou incapacité) naturelle (*phusikè dúnamis*) à la fois dans le relatif et dans la qualité (12, 13-31). C'est alors que pour la capacité naturelle se pose la question qui se posait pour le relatif dans le chapitre 9. La relation fait-elle intervenir une activité ou doit-on l'interpréter comme une participation, et alors sous quel aspect, positif ou négatif ? Comme dans le cas des relatifs, Plotin fait intervenir les *lógoi*. Lorsqu'il s'agit de capacités d'êtres dotés d'une âme animale, les *lógoi* doivent être considérés comme des activités, tandis que lorsqu'il s'agit d'êtres dépourvus de ce type d'âme, il faut convoquer la participation interprétée suivant la doctrine des *lógoi*. C'est alors que resurgit la question qui se pose pour toutes les catégories : y a-t-il ou non deux genres d'être, l'un intelligible et l'autre sensible ?

Le quand (tò poté)

Dès lors qu'il désigne l'ensemble des adverbes et des expressions qui répondent à la question « quand ? », cette catégorie présente une véritable unité. Voilà pourquoi, dans le chapitre 13, Plotin mène son attaque sous un autre angle, et conteste l'indépendance et l'irréductibilité de cette catégorie, de ce genre. Rappelant une phrase du *Timée* (38a-b), où Platon dit que l'imparfait, le présent et le futur du verbe « être » désignent des « espèces du temps », et prenant pour acquis la position d'Aristote suivant laquelle le temps appartient à la quantité (*Catégories* 6, 4b24), Plotin maintient que, même s'il ne se réduit pas au temps, le « quand » fait toujours intervenir le temps, déterminé ou indéterminé, et que, de ce fait, il se rapporte à la quantité.

Le où (tò poû)

Dans le chapitre 14, Plotin procède de façon analogue pour le « où » qui désigne l'ensemble des compléments circonstanciels de lieu répondant à la question « où ? ». Puisqu'il se réduit au lieu, le « où » ne peut être considéré comme une catégorie de plein droit. À cet argument central, Plotin en ajoute trois autres qu'il étend à la catégorie du « quand ». Les réponses aux questions où ? et quand ? indiquent des

« parties » qui se trouvent dans le lieu et dans le temps. Or, le contenu est indissociable du contenant, et de ce fait le « où » et le « quand » ne peuvent être considérés comme quelque chose de simple, c'est-à-dire comme une catégorie, un genre. De surcroît, comme le contenu est relatif au contenant, le « où » et le « quand » peuvent être considérés comme des relatifs. Enfin, le « où » et le « quand » peuvent être considérés comme les espèces d'une catégorie plus englobante « être en autre chose ».

L'agir (tò poieîn) *et le pâtir* (tò páskhein)

Alors qu'Aristote ne fait à leur sujet que peu de remarques, Plotin consacre huit chapitres (15-22) aux catégories de l'agir et du pâtir. Dans le chapitre 15, il fait une mise au point terminologique importante, car elle déterminera le reste de son exposé. Tout comme, lorsqu'il évoque la catégorie de la qualité, Aristote ne distingue pas clairement entre la qualité (blancheur, noirceur) et le qualificatif (blanc, noir) ; de même il conviendrait, lorsque l'on aborde la catégorie de l'agir, de parler plutôt d'« activité », l'activité selon laquelle un être agit.

De l'activité, Plotin passe tout naturellement au mouvement (*kinēsis*) qui se trouve défini en suivant Aristote dans la *Physique* (III, 2, 201b31-32) comme une activité inachevée, l'analyse d'une espèce d'activité donc. Mais, contre Aristote, Plotin va chercher à montrer que le mouvement est une activité achevée et intemporelle, en invoquant les quatre raisons suivantes. 1) Ce qui reste « inachevé », ce n'est pas le mouvement qui à chaque instant est actuel ; ce qu'on appelle activité n'a donc pas besoin de temps. 2) L'activité et le mouvement doivent être situés dans la continuité. 3) Le mouvement ne peut être divisé à l'infini.

4) Et le chapitre se termine sur une très intéressante réfutation de l'idée suivant laquelle le mouvement a besoin de temps. Le mouvement qui anime les corps présente une certaine extension spatiale et temporelle, mais non le mouvement en tant que tel, le mouvement indépendant de toute manifestation corporelle. Car tout comme le temps, le mouvement, en tant qu'il dépend de l'âme est, par nature, quelque chose d'incorporel ; c'est là un point qui sera repris et développé dans le traité 45. Par ailleurs, étant donné que le mouvement se trouve assimilé à une activité, il est nécessaire de montrer que l'activité ne se réduit pas à une autre catégorie, en l'occurrence le relatif ; si tel était le cas, agir ou pâtir, ce qui revient à être mû, ne seraient plus des catégories distinctes. Plotin rétorque que cette objection repose sur une erreur : celle qui consiste à définir comme relatif ce qui se dit de quelque chose d'autre (chap. 17).

Tous ces développements reviennent à faire de l'agir et du pâtir non pas des genres, mais des espèces de mouvements. D'où ces essais de classification. 1) Dans le mouvement, on distingue entre les activités qui portent sur un patient, et celles qui ne s'appliquent pas à un patient. 2) On considère comme mouvements seulement les activités qui portent sur un patient, et comme activités seulement les mouvements qui n'ont pas d'extériorité. 3) Dans le cadre de la distinction antérieure, on subdivise la seconde branche en mouvements (comme la marche) et en activités (comme la pensée) ; si on ne considère pas la pensée comme une activité, il faut la ranger dans le relatif. 4) Enfin, on distingue les mouvements venant dans un être de l'être même, et les mouvements venant dans un être des autres êtres ; dans le premier cas, il s'agit de l'agir et dans le second, du pâtir.

Même cette dernière distinction ne permet pas d'établir une ligne de partage nette entre l'agir et le pâtir ; par exemple couper et être coupé se confondent dans ce mouvement qu'est la coupure. Pour éviter une identification de l'agir au pâtir, ne faut-il pas envisager, comme c'est le cas dans le langage ordinaire, que le terme « passion » ne désigne pas seulement la modification d'un être par un autre, mais aussi le fait de le rendre pire qu'il n'était ? Plotin ne le croit pas, qui donne des exemples où pâtir n'est pas forcément synonyme de dégradation : la blancheur pour le cygne, l'alliage d'étain et de cuivre, le fait d'apprendre.

Plotin utilise donc l'alternative suivante pour démontrer que l'agir et le pâtir ne sont pas des catégories (chap. 21-22). Si l'agir diffère du pâtir, il faut faire de l'un et de l'autre des mouvements, l'agir contribuant à la perfection de l'être où il se produit, à la différence du pâtir ; mais alors agir et pâtir se ramènent à une seule catégorie, celle du mouvement et plus précisément de l'altération. Si, en revanche, on prend l'agir et le pâtir comme les deux aspects inséparables d'un seul et même mouvement, alors agir et pâtir se ramènent à des relatifs. Mais dans un cas comme dans l'autre, l'agir et le pâtir doivent être considérés comme des relatifs. De la relation qu'entretiennent l'action et la passion, Plotin conclut que les actes indépendants de toute relation (voir le chapitre 18), comme prévoir, penser et marcher, ne peuvent faire partie de la catégorie de l'agir, puisqu'ils ne produisent pas un changement en autre chose.

L'avoir (tò ékhein)

Plotin adresse à Aristote une série de critiques disparates portant sur la catégorie de l'avoir. Pourquoi dans les *Catégories*, Aristote restreint-il à ce point le

nombre des sens énumérés en *Métaphysique* Δ ? Si l'on
fait une catégorie d'une espèce de l'avoir, avoir des
armes par exemple, pourquoi ne pas en faire des
espèces de l'agir, comme couper ou brûler ? Pourquoi
Aristote, qui fait de l'avoir une catégorie distincte,
place-t-il la possession dans la catégorie de la qualité ?
Pourquoi Aristote admet-il dans les catégories une
proposition simple comme « tel homme porte des
armes » ? Par ailleurs, tout comme entre l'intelligible
et le sensible, il y a homonymie dans l'expression
« porter des armes » appliquée à un homme et à une
statue. Pourquoi Aristote, qui considère les catégories
comme des genres, fait-il une catégorie de l'avoir dont
l'extension est si restreinte ?

La position (tò keîsthai)

   Les arguments contre cette dixième catégorie sont
de la même veine. Pourquoi se borner à des exemples
comme « être couché » et « être assis » ? D'ailleurs, ces
exemples indiquent une situation (qui relève de la catégorie « où ») et une attitude (qui relève de la qualité).
En outre, ils désignent une activité ou une manière
d'être, et par ce biais, ils rentrent dans la catégorie de
l'agir et du pâtir. Enfin, pourquoi Aristote met-il
« être couché » dans la catégorie de la position, alors
qu'il met l'acte de se coucher dans le relatif (*Catégories*
7, b12-13) ?

La critique des catégories des stoïciens

   Après avoir porté ses attaques contre les catégories
d'Aristote, Plotin se tourne vers les catégories des stoïciens (chapitres 25 à 30). Sa critique présente deux
aspects. D'une part, s'inspirant probablement d'un
péripatéticien, elle insiste sur les fautes logiques com-

mises par les stoïciens, et d'autre part elle vise le « corporalisme » stoïcien.

Les stoïciens admettent quatre genres premiers de l'être, c'est-à-dire du corps : le substrat *(tò hupokeiménon)*, le qualifié *(tò poión)*, la manière d'être *(tò pōs ékhon)* et la manière d'être relative *(tò pròs tí pōs ékhon)* : par exemple, un poing n'est ni un substrat en tant que tel, ni un substrat qualifié, une main par exemple, mais une main disposée d'une certaine manière, non seulement à l'égard d'elle-même, mais aussi à l'égard d'autre chose, l'autre main par exemple. Et ils posent qu'il y a quelque chose de commun à tous, le quelque chose *(ti)* qui enveloppe tous ces genres dans un genre unique, se distinguant ainsi d'Aristote pour qui l'être et l'un se trouvent au-delà des catégories, mais ne les englobent pas. C'est d'ailleurs sur ce genre commun, le « quelque chose » *(ti* en grec ancien), que Plotin fait porter ses premières critiques. 1) Si on applique la règle suivant laquelle un genre doit convenir à chacune de ses espèces, on ne comprend pas que le quelque chose *ti* puisse englober des corps (substrat et qualité) et des incorporels (manière d'être et manière d'être relative). 2) De surcroît, un genre ne peut se diviser en espèces que par le moyen de différences se trouvant hors de lui ; or il n'y a rien en dehors du *ti*. 3) Pire, le genre suprême viole la loi du tiers exclu : il comprend à la fois des êtres (car seuls les corps sont des êtres) et des non-êtres (les incorporels).

Pour les stoïciens, la première catégorie est le substrat *(tò hupokeímenon)*. Par ce terme, ils entendent à la fois la matière, dépourvue de qualité, et le corps, alors même que la matière est antérieure au corps qui en vient ; or, pour Aristote (*Métaphysique* B 3, 999a6-14), là où il y a de l'antérieur et du postérieur, il ne peut y avoir de genre. Par suite, le substrat ne peut

être considéré comme un genre englobant la matière
et le corps qui lui est postérieur. À cette première
faute, s'en ajoute une autre : les catégories sont des
genres, non des principes, et la matière est un principe.
Et s'ils cherchent à contourner la première difficulté
en soutenant que le corps n'est que de la matière affectée d'une certaine manière, ils se trouvent en défaut
par rapport à la règle aristotélicienne suivant laquelle
l'être en acte est toujours antérieur à l'être en puissance, car la matière, qui n'est qu'en puissance, devrait
passer à l'acte pour qu'il y ait un corps ; ils tombent
dans la contradiction, lorsqu'ils prétendent que dieu
est un corps, mais dépourvu de matière ; ils se contredisent encore lorsqu'ils soutiennent à la fois que la
matière est un corps et un principe, alors même que
tout corps est composé de matière et de forme.
D'ailleurs la matière est dépourvue de dimension, de
résistance et d'unité, qui sont les caractéristiques de
tout corps.

Après avoir évoqué les deux principes stoïciens que
sont la matière et le dieu, Plotin énumère de nouvelles
contradictions. On ne peut faire de la matière à la fois
un substrat et un principe, car un substrat est forcément le sujet de propriétés qui viennent de l'extérieur.
Par ailleurs, si les attributs sont des non-êtres dans la
mesure où ce sont des incorporels, selon les stoïciens,
le substrat ne pourra être un être, dès lors que les relatifs doivent se trouver en rapport avec d'autres choses
du même genre. C'est une contradiction que de prétendre que la matière est l'unique réalité tout en soutenant que le corps, l'âme, le monde sont des réalités.
La raison de toutes ces contradictions vient du fait
que, tout en soutenant que les corps sont la seule
réalité, ils se rendent bien compte du perpétuel changement qui affecte les corps. Pour faire face à cette
difficulté, ils supposent que sous les corps qui ne

cessent de changer, il y a un corps permanent, à savoir la matière qui est un non-être pour un platonicien comme Plotin. Puis il signale deux nouvelles contradictions d'ordre épistémologique. Alors qu'ils ne font confiance qu'à la sensation, les stoïciens posent comme être véritable ce qui ne peut être saisi par les sens. Et comment faire confiance à l'intellect, qui (dans un contexte stoïcien où seule la matière est considérée comme l'être) est un non-être, pour saisir la matière, qui, en tant qu'être, lui est supérieure ? Plotin adopte la même stratégie à l'égard des trois autres catégories.

La qualité devrait, en tant que catégorie, être simple mais, si elle est un corps, elle est un composé de matière et de forme. Les espèces d'un même genre s'excluent réciproquement ; or, en tant qu'elles se rapportent à un genre commun, le quelque chose (*ti*), la qualité et le substrat ne peuvent en aucune manière se trouver associés. En réduisant la qualité, qui est un être, à la forme ou à la « raison », qui, selon eux, est un non-être puisque ce n'est pas un corps, ils se contredisent. Et enfin si l'intellect est un mode de la matière, c'est la matière elle-même (qui est un non-être selon Plotin) qui devra se saisir elle-même comme seul être.

La manière d'être ne peut être à la fois une catégorie particulière et toute chose sauf la matière. Et si toute chose est une manière d'être, elle sera toutes les catégories sauf la matière.

La manière d'être relative est, elle aussi, sujette à contradiction. Comment en effet un non-être peut-il être considéré comme une catégorie ? Par ailleurs la manière d'être relative devrait être au même rang que les autres catégories, alors qu'elle leur est postérieure.

Les genres, sur le plan de l'intelligible

Après avoir critiqué dans le traité 42 d'abord les catégories d'Aristote, puis celle des stoïciens, Plotin présente dans le traité 43 ce qu'il considère comme les genres de l'être, à savoir les cinq genres du *Sophiste* : Être, Repos, Mouvement, Même et Autre (1, 1-15). Le traité 43 reste sur le plan de l'intelligible, le sensible étant pris en considération dans le traité 44.

Les grands genres du Sophiste

Avant de s'attacher à une description de ces cinq grands genres, Plotin s'interroge, dans les trois premiers chapitres, sur le sens de l'expression « genres de l'être ». Il s'agit d'abord de prouver que ces genres sont vraiment premiers, et donc de montrer qu'ils ne sont subordonnés ni à un genre supérieur, ni l'un à l'autre (chap. 1, 5-16). Il convient ensuite de situer le débat sur le plan de l'intelligible, en rappelant la distinction entre l'être qui reste toujours ce qu'il est, et le devenir qui ne cesse de changer, distinction faite par Platon en *Timée* 27d. Et, pour pouvoir parler de genres de l'être, tout genre ayant par ailleurs des espèces, il faut que l'être soit multiple, ce qui situe le débat dans le cadre d'une interprétation de la seconde « hypothèse » de la seconde partie du *Parménide* (142b1-155e3) de Platon comme second principe dans le système de Plotin (chap. 2-3), qui décrit l'Intellect comme l'« un-multiple ». L'être est multiple sans tomber du côté de l'illimité. Or l'être qui est multiple a-t-il à son sommet un genre unique ou plusieurs genres indépendants ? Et s'il y en a plusieurs, ces genres sont-ils également des principes ? Plotin répond à ces deux questions essentiellement à partir du *Sophiste*. Il y a une pluralité de genres indépendants, au sens où ils ne dépendent pas les uns des autres. Et puisque ces genres sont les constituants de l'être, ce sont aussi des principes, dans la mesure où par l'intermédiaire des *lógoi* ils produisent tout le reste. Ces réponses suscitent elles-mêmes des questions. Comment ces genres interviennent-ils dans la formation de l'être ? Cette question reste ici en suspens et ne trouvera de réponse que plus loin. Deuxième question : si l'on admet que l'être est un, comment concilier l'unité avec la formation de l'être à partir de genres indépendants ? Car s'il n'y a pas de genre unique, on perd l'unité de l'être, et s'il y a un genre unique, on perd la multiplicité de l'être. La réponse, c'est que la source unique des cinq genres est l'Un. Mais l'Un au-delà de l'être ne peut être considéré comme un genre, en raison même de sa transcendance. Par ailleurs, l'unité de l'être qui découle de l'Un n'est pas celle d'un genre, mais celle d'un ensemble dont les êtres sont les parties.

Avant de passer à la description des grands genres du *Sophiste* qui se situent au niveau de l'intelligible, Plotin éprouve la validité de cette façon de concevoir les rapports entre l'un et le multiple au niveau des corps d'abord, puis à celui de l'âme. Avec l'âme on revient au *Parménide,* et plus précisément à ce que les néoplatoniciens considéraient comme la troisième hypothèse (155e4-157b5). Alors que l'Être est un et multiple, l'Âme est multiple et une. Elle l'est par ses facultés d'abord, puis comme réservoir des *lógoi* (chap. 5). Alors même que Plotin affirme que l'âme, est une et qu'il va même jusqu'à soutenir que toutes les âmes n'en font qu'une, on trouve dans l'âme toutes les Formes sous le mode de *lógoi* à partir desquels les corps seront produits dans la matière (chap. 6).

Revenant au sujet de ce traité, Plotin retrouve en l'âme l'être, la vie et la pensée qui correspondent sur le plan des genres à l'être, au mouvement et au repos, chacun de ces genres étant identique à lui-même et différent des autres (chap. 7). Poursuivant son mouvement de remontée qui va des corps à l'âme, Plotin, dans le chapitre 8, situe le débat au niveau de l'intelligible, en abordant la question des cinq grands genres du *Sophiste*. Son interprétation, très originale, allait marquer l'histoire ultérieure du néoplatonisme. Après avoir retrouvé l'être, le repos et le mouvement au niveau non plus de l'âme mais de l'Intellect, dont il donne une magnifique description poétique, Plotin décrit les cinq genres du *Sophiste*. Il en propose d'abord un inventaire : Être, Mouvement (lignes 11-18) et Repos (lignes 18-24), Même et Autre (lignes 25-41). Puis il s'interroge sur leur statut : ce sont des genres (lignes 41-43) et ce sont des genres premiers (chap. 8, 43-49), car ils ne sont pas subordonnés à d'autres genres. En définitive, Plotin utilise les cinq grands genres du *Sophiste* pour décrire l'Intellect. L'intellect est le lieu de l'Être, considéré comme l'Intelligible, la réalité véritable. Dans cette perspective, l'Être qui est indissociable du Repos qui caractérise l'intelligible, pense dans la mesure où il est Intellect, et se trouve doté de vie dans la mesure où il est aussi associé au Mouvement, le Même et l'Autre assurant identité et différence au niveau du second principe.

Il n'y a pas, dans l'intelligible, d'autres genres premiers que les grands genres du Sophiste

Après ce moment positif, Plotin passe à un moment négatif (9, 1-5), destiné à montrer que ces cinq genres sont les seuls à être premiers (9, 5-8). Sont ainsi éliminés l'Un (9-12), la quantité (chap. 13), la qualité (chap. 14-15) le relatif et les autres catégories (chap. 16), le bien (chap. 17), le beau (chap. 19, 1-8) et les vertus (chap. 18, 8-17).

L'Un, comme premier principe, ne peut être genre premier parce que sa position au-delà de l'être l'empêche d'être prédicat. Au niveau de l'Intellect qui correspond à la seconde hypothèse du *Parménide* (142b1-155e3), l'un n'est pas non plus un genre ; même cet un de second rang se dit de l'être et des quatre autres genres. Il ne peut encore être considéré comme leur genre commun, et cela pour deux raisons : ou bien il est identique à l'être mais ne peut alors être un genre nouveau, ou bien il en est différent, mais il ne peut alors être premier, puisque, au-dessus de lui, il y a l'Un. De surcroît, il ne peut être un genre dans aucun des trois cas suivants : 1) ou bien l'un est postérieur à tous les êtres au sens où l'unité d'une somme est postérieure à chaque être que comprend l'ensemble, et alors il n'est pas un genre, car le genre est antérieur à ses divisions ; 2) ou bien il leur est contemporain, et il ne peut être genre, car, on vient de le voir, le genre est antérieur à ses divisions ; 3) ou bien enfin il leur est antérieur, mais on doit le considérer comme l'Un, qui, on l'a rappelé, ne peut être genre. Et à la fin du chapitre 9, Plotin prend même en considération l'un qui est, cet un qui naît de la conversion de l'Être vers l'Un ; lui non plus ne peut constituer un genre pour les raisons qui viennent d'être dites.

Dans le chapitre 10, Plotin poursuit la discussion amorcée au chapitre précédent sur le fait que l'un, pas plus que l'être, ne peut être un genre commun aux cinq grands genres, en invoquant de nouveaux arguments. 1) Comme le genre sert à définir l'espèce, on ne peut trouver dans l'espèce l'opposé du genre ; or, tout être est à la fois un et multiple. 2) L'un de la seconde hypothèse du *Parménide* est une unité numérique, qui n'est pas celle du genre. 3) L'un se trouve parmi les êtres sans être leur genre. 4) L'un est simple et, de ce fait, il est le principe du composé, et non son genre, sinon le

composé serait simple. 5) Ce n'est pas à la façon d'un
genre que l'un est présent dans les unités qui font un
nombre, car, dans un genre, les espèces sont différentes
les unes des autres, ce qui n'est pas le cas des unités
dans le nombre. Le chapitre 11, qui termine cette section sur l'un, veut répondre aux deux questions suivantes : comment l'un se trouve-t-il dans l'être ? Et en
quel sens user de ce terme pour désigner l'un qui est
et l'un qui est au-delà de l'être ? Pour répondre à la
seconde question, Plotin rappelle la hiérarchie : Un,
Intellect, âme pour montrer de quelle façon l'un présente un nouveau sens à chaque niveau. Et au niveau
de l'être, l'un se trouve dans tous les êtres, mais
comme unité et non comme genre, puisqu'il ne produit
pas d'espèces.
    La quantité n'est pas un genre premier. Dans la
quantité discrète représentée par le nombre, il y a de
l'antérieur et du postérieur, ce qui est impossible dans
un genre. Dans la quantité continue, représentée par
la grandeur, on trouve aussi de l'antérieur et du postérieur, car les grandeurs s'ordonnent suivant les
nombres qui les mesurent. C'est alors que se pose la
question de savoir de quelle façon la quantité dérive
des genres premiers, et qui, du nombre ou de la grandeur, tient le premier rang. Plotin remet la question à
plus tard.
    La qualité n'est pas, elle non plus, un genre premier.
Et cela parce qu'elle vient après la réalité (*ousía*)
qu'elle complète. Suit alors une courte digression qui
fait allusion au traité 17 (II, 6), et dans laquelle Plotin
se demande si l'on ne pourrait pas assimiler, comme
compléments de l'être, la différence spécifique à la
qualité. La réponse est négative, car la qualité vient
après la réalité, alors que la différence spécifique,
même si elle vient du dehors, est inséparable de la
réalité en tant qu'activité. Dans le chapitre 15, Plotin

se demande si le Repos et le Mouvement, le Même et l'Autre ne seraient pas des qualités, dès lors qu'ils complètent l'Être. Bien que distincts, ces quatre genres premiers sont inséparables de l'Être, car ils en sont des aspects.

Les autres catégories d'Aristote ne sont pas davantage des genres premiers. La relation, parce qu'elle suppose qu'il y ait, avant elle, des choses entre lesquelles s'établit un rapport ; le « où », puisqu'il implique qu'il y ait au préalable deux choses et parce que dans la réalité véritable il n'y a pas de lieu ; et le « quand », puisque suivant la définition du temps comme « mesure du mouvement », il est postérieur au mouvement. De surcroît, l'« agir » et le « pâtir » sont des espèces de mouvement et impliquent donc une dualité ; et il en va de même pour l'« avoir », l'« être situé » impliquant même trois choses.

Le bien n'est un genre premier ni bien sûr comme premier principe ni même dans l'être. À ce niveau, il y a de l'antérieur et du postérieur, car la bonté est postérieure à la réalité : or, dans un genre, il ne peut y avoir ni antérieur ni postérieur. Enfin, l'unité du Bien qui est au-delà de l'être est incompatible avec la multiplicité des êtres et l'activité qui porte l'être vers le Bien relève de ce genre qu'est le mouvement.

Si le beau s'identifie au Bien, il est antérieur à l'être, mais, s'il est l'éclat de la réalité véritable, il est postérieur, et s'il se manifeste en nous, c'est un mouvement. En nous, la science est un mouvement, alors que dans l'Intellect elle est la totalité des êtres, et non pas un genre. Enfin, les vertus sont une activité particulière de l'Intellect, ce qui les empêche d'être des genres premiers.

Le reste du traité 43 aborde une question évoquée dans le traité 12 (II, 4), 10-14, mais alors remise à plus tard, celle du lien entre les genres premiers et leurs espèces. Ce n'est plus la doctrine d'Aristote qui est en cause, car, à une approche logique, Plotin substitue une approche ontologique : l'Être qui est non seulement intelligible, mais aussi Intellect, produit les intellects partiels et l'âme. Le chapitre 20 décrit la production des intellects partiels par l'Intellect total (chap. 20) ; l'Intellect contient en acte le tout, et en puissance les parties, tandis que les intellects particuliers contiennent en acte les parties et en puissance le tout. Puis, dans le chapitre 21, Plotin explique comment l'Intellect, tout en restant un, produit les choses particulières. Et enfin, dans le chapitre 22, il associe, par un recours à l'interprétation « allégorique » (Platon s'exprime « à mots couverts »), cette doctrine à trois textes célèbres de Platon, *Timée* 39d, *Parménide* 144b et *Philèbe* 16e. C'est le rapport modèle/image qui rend compte de tout dans le réel. Il rejette ainsi l'idée suivant laquelle le rapport entre les hypostases serait celui du genre à l'espèce, et celle suivant laquelle il n'y aurait que des rapports logiques à l'intérieur de l'Intellect. Ce chapitre permet donc de voir que la critique des catégories d'Aristote (et de celles des stoïciens) se situe sur un autre plan que celui du langage et de la logique, car elle s'inscrit dans un contexte platonicien où le problème central est celui de la participation du sensible à l'intelligible, qui trouve une solution dans la théorie des *lógoi*.

Les genres de l'être dans les choses sensibles

Dans le traité 44, Plotin revient à la question qu'il avait posée au début de sa recherche (le traité 42 (VI, 1), 1, 19-35). Qu'y a-t-il de commun et de différent entre les genres de l'être dans l'intelligible et les genres de l'être dans le sensible ? Alors que, dans les traités

précédents, Plotin ne parlait que d'homonymie, ici il
évoque l'analogie (1, 6). La réponse se comprend si on
la replace dans son contexte platonicien, car elle n'a
pas de sens pour Aristote, qui refuse l'hypothèse de
l'existence de réalités séparées. Mais, pour un platonicien qui admet l'existence de telles réalités, le problème
qui se pose est celui de la participation, l'intelligible
tenant le rôle de modèle et le sensible celui d'image.
Du point de vue de l'intelligible, on peut dire que,
étant donné la différence ontologique entre le sensible
et l'intelligible, il n'y a rien de commun que le nom ;
d'où le recours à l'homonymie. Mais du point de vue
du sensible, on peut dire qu'entre le sensible et l'intelligible il y a un rapport hiérarchique, et voilà pourquoi
on peut parler d'analogie. C'est ce qu'expose Plotin
dans le chapitre 1.

Puis il passe aux questions de méthode. Après avoir
rappelé que le sensible n'a de commun avec l'intelligible que le nom, car il n'y a de réalité que dans l'intelligible, Plotin se refuse à chercher un rapport entre
les cinq grands genres du *Sophiste* et les cinq termes
qu'Aristote distingue dans la « réalité » sensible, l'être
correspondant à la matière ; le mouvement, à la
forme ; le repos, à la permanence de la matière dans
le changement ; le même et l'autre à la génération et à
la corruption. Mais ces rapports sont illusoires ; il faut
renoncer à les établir (chap. 2).

Dans le chapitre 3, Plotin cherche à déduire d'une
classification des qualités sensibles les cinq genres premiers qu'il admet dans le sensible : la réalité, le relatif,
la quantité, la qualité et le mouvement. Voici, sous
forme de tableau (inspiré de celui proposé par Harder-
Beutler-Theiler), une description schématique de sa
démarche.

La *réalité*
    matière
    forme
    composé
Ce qui se rapporte à la réalité
    les attributs : les *relatifs*
    les accidents
            qui sont dans les choses
                quantité
                qualité
            qui ont les choses en eux
                le lieu
                le temps
        les *mouvements*
            actions
            affections
        les accompagnements
            temps
            le lieu

Simplicius (*Commentaire aux* Catégories *d'Aristote* 9, p. 342, 29) critiquera sévèrement cette classification. Suit alors un examen des cinq genres premiers que Plotin retient pour le monde sensible : la réalité (chap. 4-10), la quantité (chap. 11-15), la qualité (chap. 16-20), le mouvement (chap. 21-27) et le relatif (chap. 28).

La réalité

Lorsqu'il aborde la question de la réalité sensible, Plotin se demande d'abord si elle présente assez d'unité pour être considérée comme un genre (chap. 4-8), puis s'il est possible de diviser ce genre en espèces (chap. 9-10). Aristote qualifie de « réalité » la matière, la forme et le mixte. Mais qu'y a-t-il de commun entre eux (4) ? Est-ce le fait de pouvoir être un substrat ? Non, car ce n'est pas de la même manière que la matière est le substrat de la forme, et le mixte, le substrat des accidents. Est-ce le fait de n'être prédiqué de rien ? Il s'agit bien là d'un caractère commun à la forme, à la matière et au mixte ici-bas, mais ce caractère commun n'indique en rien le propre de la réalité véritable qui se trouve là-bas (chap. 5). La réalité, c'est l'être pris absolument, la réalité intelligible dont participe la réalité sensible (chap. 6). Il faut donc abandonner l'analyse aristotélicienne de la réalité sensible en forme, matière et composé (chap. 7). La réalité sensible n'est qu'une ombre de la réalité intelligible (chap. 8). Après s'être interrogé sur l'unité qui serait un genre de la réalité sensible, Plotin se demande si, en la considérant comme genre, on peut la diviser en espèces (chap. 9). Il commence par passer en revue les critères possibles de cette division ; dans ce contexte, il critique la distinction entre réalité première (Socrate) et réalité seconde (l'homme par rapport à Socrate), en la rapportant à l'opposition particulier/universel qui se retrouve aussi dans la qualité. Et il termine ce développement en proposant de nouveaux critères de division (chap. 10).

La quantité

Puis Plotin passe à la quantité. Dans un premier temps, il s'interroge sur ce qui peut être rangé sous la catégorie de la quantité. Alors qu'Aristote avait mis dans la quantité le lieu et le temps, Plotin les place dans les relatifs, et à l'inverse il met dans la quantité le grand et le petit qu'Aristote avait mis dans les relatifs,

parce que, en fait, il les prenait au sens de « plus grand
et plus petit » (chap. 11). Et refusant de placer le discours dans la quantité, sous prétexte que, à la façon
du nombre, il se compose de mots successifs, Plotin le
rapporte au mouvement (chap. 12). Il accepte, pour
la quantité sensible, la distinction entre quantité
continue (les grandeurs) et quantité discontinue (les
nombres) ; car la grandeur en soi et le nombre en soi
ne sont pas, en tant qu'intelligibles, des quantités.
Dans la mesure où il y a en eux de l'antérieur et du
postérieur, le nombre et la grandeur sensibles (qu'il
faut distinguer du nombre et de la grandeur intelligibles lesquelles, on l'a vu, ne sont pas quantité) ne
peuvent être considérés comme des espèces d'un genre
où il ne peut y avoir d'antérieur et de postérieur
(chap. 13). Pour ce qui est des grandeurs, Plotin fait
valoir (chap. 14) que, en excluant la droite de la grandeur pour la considérer comme qualité, Aristote
devrait aboutir à la conclusion suivante : la géométrie
est une science des qualités et non des quantités.

La qualité

Tout comme l'égal et l'inégal sont le propre de la
quantité, le semblable et le dissemblable sont le propre
de la qualité (chap. 15). Par ailleurs, les qualités sensibles sont expliquées par l'action des « raisons »
(*lógoi*), ces forces productrices qui correspondent à des
réalités intelligibles, et qui agissent dans les corps sans
que l'âme dans laquelle elles se trouvent cesse d'être
incorporelle. Dès lors, il va de soi que les qualités sensibles rencontrent les mêmes difficultés que les « raisons » qui en rendent compte (16). Après avoir indiqué
ce que les qualités avaient en commun, Plotin se

demande quelles divisions on peut introduire dans la qualité sensible. Dans un premier temps (chap. 17), il rappelle deux règles aristotéliciennes. 1) La différence spécifique ne doit jamais appartenir au même genre que celui auquel on l'ajoute. 2) La différence spécifique appartient toujours à la qualité. De là suit que toute classification de qualités par genre et espèce est impossible. Et ce n'est pas les distinguer que de les distinguer selon les organes qui les perçoivent (chap. 18). Mais il convient peut-être d'apporter comme contre-exemple la vertu dont le genre est l'état et la différence telle ou telle qualité. D'après Aristote, en effet, l'état est une qualité (*Catégories* 8, 8b27). Mais Plotin conteste que l'état soit qualité. En fait, on ne peut introduire une distinction entre les vertus que par la différence de leurs objets et non par leurs qualités. Dans le chapitre suivant, Plotin évoque plusieurs thèmes disparates. Le « non blanc » (chap. 19) ne peut-il être considéré comme une qualité ? La privation est une qualité, mais seulement dans le cas où elle est privation de qualité. Il faut donc distinguer entre les qualité passives, qui sont permanentes (par exemple, la pâleur de la maladie), et les passions ou les émotions (par exemple, la pâleur de la crainte) qui sont passagères, ce qui amène à distinguer le rouge provoqué par la pudeur ou la honte, de la couleur rouge, ce développement étant interrompu par des considérations sur les adverbes qu'Aristote range dans les qualités. Et dans le chapitre 20, Plotin commente de façon critique la thèse d'Aristote suivant laquelle certaines qualités n'ont pas de contraire.

Le mouvement

Se séparant en cela d'Aristote, Plotin fait du mouvement une catégorie du monde sensible, en prenant soin
d'indiquer à quel point sa notion de mouvement est
différente de celle d'Aristote (chap. 21). À propos du
mouvement, Plotin pose ces trois questions : le mouvement se ramène-t-il à un genre de l'être ? Y a-t-il un
genre supérieur au mouvement ? Et quelles sont les
espèces de mouvement ? À la première question, Plotin répond que le mouvement ne se réduit ni à la réalité, ni à la qualité ou à l'agir et au pâtir, ni à la
relation ni à la quantité, et qu'il est donc indépendant.
À la question de savoir s'il y a un genre antérieur au
mouvement, Plotin répond que le changement ne peut
être considéré comme étant ce genre. Et pour établir
qu'il n'y a pas de genre au-dessus du mouvement, Plotin entreprend de montrer qu'il est impossible de le
définir. Dire qu'il est une progression vers une forme,
ce n'est pas le définir, mais le décrire en fonction de
son résultat (chap. 22). En fait, le mouvement dans le
sensible est l'image de l'Autre qui est son modèle dans
l'Intelligible. Dès lors, ce n'est pas seulement en fonction des choses dans lesquelles il se trouve, mais en
fonction de ce dont il vient et à travers quoi il agit,
que le mouvement est qualifié et qu'il est tel ou tel
dans telles ou telles choses, comme l'explique Plotin à
la fin du chapitre 23.

Reste la question des espèces de mouvements. Dans
les différentes directions du mouvement local, Plotin
ne voit que des différences accidentelles (chap. 24). On
ne peut expliquer le mouvement en le ramenant à deux
processus mécaniques : l'association et la dissociation
(chap. 25), surtout dans le cas de l'altération qui doit
garder son indépendance (25, 24-41). Dans le chapitre
26, Plotin revient au mouvement local, en indiquant

divers critères qui pourraient servir à introduire des divisions dans les trois autres espèces de mouvements.

Cette section sur le mouvement se termine sur une question annexe. Puisque, dans l'Intelligible, Platon fait intervenir parmi les genres le Repos auprès du Mouvement, peut-on retrouver le repos dans le sensible ? Non, car dans le sensible, le repos n'est qu'un arrêt du mouvement (chap. 27).

Le relatif

Le traité s'achève sur de brèves remarques, qui sont probablement des commentaires de Porphyre, relatifs à l'agir et au pâtir, et à deux façons de classer les relatifs (chap. 28). Tout se passe en effet comme si Plotin avait interrompu ses cours avant d'avoir consacré un développement au relatif, le cinquième genre qu'il admet pour le monde sensible, et dont il parle souvent dans le cadre de ses explications sur les autres genres du monde sensible. Porphyre aurait ainsi choisi d'achever l'exposé de Plotin.

Quel bilan tirer de la lecture de ces trois traités ? Il est évident que Plotin se montre sévère à l'égard d'Aristote et de sa doctrine des *Catégories*, notamment. C'est probablement, on l'a vu, cette attitude qui déclencha entre Plotin et Porphyre un désaccord qui allait faire sombrer le seond dans la « mélancolie » et l'amener à quitter Rome pour se rendre en Sicile. C'est aussi ce qui explique les critiques lancées contre les objections de Plotin par les commentateurs postérieurs, Jamblique, Dexippe et Simplicius, notamment, qui cherchent à accorder Platon et Aristote. Cela admis, il convient cependant de remarquer que la position de Plotin sur la question des catégories et des genres de l'être n'est pas celle purement polémique de platoniciens antérieurs, comme Atticus, Lucius et Nicostrate. Suivant le témoignage de Simplicius (*Commentaire sur les* Catégories *d'Aristote* introd., p. 1, 18-22), Lucius, puis Nicostrate (deuxième moitié du Ier siècle apr. J.-C.) qui s'en était inspiré, n'avaient pour autre ambition dans leurs ouvrages que d'énumérer des objections contre Aristote. Plotin a probablement repris plusieurs de ces objections, mais il les a replacées à l'intérieur de son système, en proposant une analyse des catégories de l'intelligible fondée sur les cinq grands genres du *Sophiste* et en développant un exposé sur les catégories du monde sensible rapportées à la doctrine des « raisons » (*lógoi*). En proposant une solution radicalement nouvelle au problème de la participation, cet exposé constitue une nouvelle « fondation » du platonisme. Bref, Plotin ne se complaît pas dans une polémique systématique contre les *Catégories* d'Aristote, même s'il ne peut admettre les tentatives qui cherchent à trouver à tout prix un accord entre Aristote et Platon sur tous les points et notamment sur la question des *Catégories*, comme ce sera le cas dans le néoplatonisme à partir de Porphyre, notamment dans son *Isagoge*. On peut à partir de là imaginer des tensions très fortes entre le maître et le disciple, d'autant plus que dans leur commentaire respectif aux *Catégories* d'Aristote, Dexippe (introd., p. 5, 1-12) et Simplicius (introd., p. 2, 3-8) nous apprennent que dans un énorme commentaire sur les *Catégories* dédié à Gedalios, qui devait être un de ses étudiants, Porphyre répondait en détail aux objections faites par Plotin aux *Catégories* d'Aristote. L'opposition fondamentale peut être exprimée en peu de mots : tandis que Porphyre estimait que les *Catégories* étaient un ouvrage purement logique, Plotin les considérait comme un traité consacré à l'être.

La question des catégories ou celle des genres de l'être qui présentait, déjà chez Aristote, une face logique et une face ontologique, est résolument posée chez Plotin sur un plan ontologique. La question est double : comment décrire la structure de l'intelligible, et surtout comment rendre compte de la structure du monde sensible qui ne prend sens que dans le contexte de la participation ? Dès lors, on déploie dans ces trois traités, et surtout dans le dernier, l'ultime tentative faite par Plotin pour trouver une solution au problème de la participation du sensible à l'intelligible, problème qui, depuis la première partie du *Parménide*, n'avait cessé de hanter les platoniciens.

Les néoplatoniciens postérieurs, et notamment Simplicius, arriveront à concilier logique et ontologie grâce au programme d'études qui, à partir de Jamblique, se mettra progressivement en place dans l'École. Ce programme d'études prévoyait que les disciples lisent des ouvrages d'Aristote, notamment ceux concernant la logique, avant de se lancer dans une lecture des dialogues de Platon faisant parcourir au disciple les trois divisions traditionnelles de la philosophie : éthique (*Alcibiade* I, *Gorgias*, *Phédon*), logique (*Cratyle*, *Théétète*) et physique (*Sophiste*, *Politique*) pour l'amener au couronnement de ces études, la théologie (*Phèdre*, *Banquet*), et le faire même parvenir jusqu'au Bien (*Philèbe*). Pour terminer venaient le *Timée* et le *Parménide*, qui récapitulaient tout l'enseignement de Platon dans le domaine du sensible et de l'intelligible.

Luc Brisson.

Plan détaillé des traités 42-44

Chap. 29. La qualité.
Chap. 30, 1-21. La manière d'être.
Chap. 30, 21-27. La relation.
Chap. 30, 28-32. Conclusions.

Traité 43 (VI, 2)

Chapitres 1-3. Questions préliminaires sur les genres de l'être ou les catégories dans l'intelligible.

Chap. 1, 1-5. La position platonicienne.
Chap. 1, 5-16. Six questions relatives à cette position.
Chap. 1, 16-33. Rappel de la distinction entre l'être et le devenir.
Chap. 2-3. L'être, c'est l'un-multiple de la deuxième hypothèse de la seconde partie du *Parménide*.

Chapitres 4-6. La méthode à adopter.

Chap. 4, 1-21. Partir de l'unité et de la multiplicité des corps.
Chap. 4, 21 – 6, 20. Partir de l'unité et de la multiplicité de l'âme.

Chapitres 7 et 8. Les cinq genres premiers.

Chap. 7, 1-24. Le Mouvement et l'Être.
Chap. 7, 24-45. Le Repos.
Chap. 8, 1-34. L'Être, le Repos et le Mouvement.
Chap. 8, 25-49. Le Même et l'Autre.

Chapitres 9 à 18. Il n'y a pas plus de cinq genres premiers : on élimine les autres.

Chap. 9-12. L'un-être.
Chap. 13. La quantité.
Chap. 14-15. La qualité.
Chap. 16. La relation, le où, le quand, l'action et la passion, l'avoir, la position.
Chap. 17. Le bien.
Chap. 18, 1-8. Le beau.
Chap. 18, 8-17. Les vertus.

Chapitres 19 à 22. Les genres premiers et leurs espèces.

Chap. 19. Position du problème.
Chap. 20. L'Intellect universel et les intellects particuliers.
Chap. 21-22. Venue à l'être de la multiplicité dans l'Intellect.

Traité 44 (VI, 3)

Chapitres 1 à 3. Introduction. Les genres de l'être ou les catégories dans le sensible.

Chap. 1. Problème général.
Chap. 2. Questions de méthode.
Chap. 3. Classification des qualités sensibles en rapport avec les cinq genres de l'être dans le monde sensible.

Chapitres 4 à 10. La réalité.

Chap. 4 à 8. Unité de la réalité sensible comme genre.
   Chap. 4, 1-36.

Chap. 4, 1-7. Le caractère commun, ce n'est pas d'être substrat ; voir l'objection (4, 26-36).

Chap. 4, 7-26. Le caractère commun : ce n'est pas d'être prédiqué de rien.

Chap. 5. Les caractères qui viennent d'être mentionnés sont des caractères communs, mais non des caractères propres.

Chap. 6. La réalité c'est l'être pris absolument, c'est-à-dire l'intelligible auquel participe le sensible.

Chap. 7. Il faut donc abandonner l'analyse aristotélicienne de la réalité en forme, matière et mixte.

Chap. 8 La réalité sensible n'est qu'une ombre de la réalité intelligible.

Chap. 9 et 10. Division de la réalité sensible en espèces.

Chap. 9, 1-18. Critères possibles pour la division.

Chap. 9, 18-42. Critique de la division de la réalité en « première » et en « seconde ».

Chap. 10. Nouveaux critères de division.

Chapitres 11 à 15, 23. La quantité.

Chap. 11 à 14. Extension de la quantité.

Chap. 11. Appartiennent à la quantité non le lieu et le temps, mais le grand et petit.

Chap. 12. Le discours appartient non à la quantité, mais au mouvement.

Chap. 13. Sur le nombre.

Chap. 14. Sur la figure.

Chap. 15, 1-23. L'égal et l'inégal sont le propre de la quantité.

Chapitres 15, 24 à 20, 42. La qualité.

Chap. 15, 24-16, 7. Ce qu'elle est : une « raison » (*lógos*).

TRAITÉ 42
Sur les genres de l'être I [1]

1. Sur la question[2] du nombre et de la nature des êtres[3], les penseurs les plus anciens[4] se sont interrogés ; les uns ont dit qu'il y a un seul être[5], les autres que les êtres sont en nombre déterminé[6], d'autres en nombre illimité[7]. En outre, parmi ceux qui disent qu'il y a un seul être, les uns prétendent qu'il est telle chose, les autres telle autre ; font de même par ailleurs ceux qui disent que les êtres sont en nombre limité, ou illimité. Et [5] comme ces opinions ont fait l'objet d'un examen suffisant par ceux qui sont venus après eux[8], nous allons les passer sous silence. Mais puisque ces derniers[9], après avoir traité de toutes ces questions, ont placé les caractéristiques des êtres dans des genres déterminés, c'est sur eux qu'il faut faire porter notre examen. Ces penseurs n'ont pas posé un être unique, puisqu'ils voyaient que même dans l'intelligible il y a plusieurs êtres[10], et ils n'en ont pas davantage posé un nombre illimité, puisque l'illimité est impossible[11] et qu'il ne pourrait plus y avoir de

science [12] ; [10] ils ont soutenu que ceux des êtres
qui étaient limités en nombre étaient des genres,
parce qu'ils considéraient à tort les substrats
comme des éléments [13]. Ils parlent plutôt de genres : les uns en posent dix [14], les autres moins [15],
d'autres davantage [16]. Ils diffèrent aussi sur la
nature de ces genres : les uns estiment que les
genres sont les principes des êtres [17], tandis que
les autres disent que le nombre des genres d'êtres
est précisément celui-là [18].

[15] Eh bien, il faut d'abord prendre en considération l'opinion de ceux qui répartissent les
êtres en dix genres [19] pour voir s'il faut estimer
que ces philosophes disent qu'il y a dix genres
qui tombent sous un terme commun, celui
d'« être », ou bien dix catégories, car ils disent
que le terme « être » n'a pas le même sens [20] dans
tous les cas, et ils ont raison de dire cela. Mais
en premier lieu il faudrait plutôt poser la question [21] de savoir si c'est de manière semblable que
les dix genres se trouvent dans les réalités intelligibles et dans les choses sensibles [22]. [20] Faut-il
plutôt dire que tous sont dans les choses sensibles, tandis que certains sont dans les réalités
intelligibles, et d'autres pas, car bien sûr l'inverse
n'est pas possible ? Dans ce cas, il faut se demander quels sont parmi les dix genres ceux qui se
trouvent dans l'intelligible, et si ceux qui se
trouvent là-bas peuvent être regroupés dans un
unique genre avec ceux qui se trouvent ici-bas, ou
plutôt si le terme « réalité [23] » a le même sens [24]
là-bas [25] et ici-bas. Mais s'il en est ainsi, il y a
plus de dix genres. Or si le terme « réalité » a le

même sens là-bas et ici-bas, on aboutira à une absurdité en disant que « réalité » signifie la même chose quand on l'applique aux réalités premières et aux choses qui viennent après elles, car il n'y a pas de genre commun là où il y a de l'antérieur et du postérieur[25]. Mais dans leur classification, ils[26] ne parlent pas des intelligibles. C'est donc qu'ils ne souhaitent pas faire entrer dans leur classification la totalité des êtres, [30] laissant ainsi de côté les êtres les plus éminents[27].

2. Posons donc à notre tour les questions suivantes[28]. Peut-on considérer qu'il s'agit là de genres ? Et en quel sens peut-on dire de la réalité qu'elle est un seul genre ? Quoi qu'il en soit, c'est par elle qu'il faut commencer. Qu'entre la réalité intelligible et la réalité sensible il y ait en commun une chose unique, ce genre qu'est la réalité[29], cela est impossible comme nous l'avons dit[30]. Sinon, il y aura encore autre chose avant la réalité intelligible et la réalité sensible[31] ; [5] et cette autre chose, parce qu'elle est attribuée à l'intelligible et au sensible, ne saurait être ni un corps ni un incorporel, sans quoi le corps serait incorporel, et l'incorporel serait un corps[32]. Cependant, dans les réalités sensibles elles-mêmes il faut chercher ce qu'il y a de commun à la matière, à la forme, et au composé des deux[33], [10] puisqu'ils disent que toutes ces choses appartiennent à la réalité, même si elles ne sont pas sur un pied d'égalité quant à la réalité, quand ils disent que la forme est davantage réalité que la matière[34],

ce en quoi ils ont raison. Toutefois, certains pourraient dire que la matière l'est davantage.

Mais que pourraient avoir de commun les réalités qu'ils qualifient de « premières » avec celles
qu'ils qualifient de « secondes », étant donné que
les secondes tiennent des premières le droit d'être
qualifiées de « réalités [35] » ? [15] En général, ce
qu'est la réalité, il n'est pas possible de le dire,
car même si quelqu'un rend compte de ce qui lui
est propre [36], il n'a pas encore saisi le « ce que
c'est » de la réalité [37]. D'ailleurs, il est possible
que ce propre, à savoir ce qui « tout en étant le
même et un numériquement, est capable de recevoir les contraires [38] », ne convienne pas à toutes
les réalités.

3. – Mais alors, ne faut-il pas plutôt dire qu'il
y a une seule catégorie, la réalité, qui s'applique
tout à la fois à l'intelligible, à la matière et au
composé des deux ?

– Cela reviendrait à dire que la famille des
Héraclides constitue une unité [39], non pas parce
qu'il y aurait quelque chose de commun entre eux
tous, mais parce qu'ils viendraient d'un unique
ancêtre [40]. C'est la réalité intelligible qui vient en
premier, [5] et les autres choses viennent en
second et sont inférieures.

– Mais qu'est-ce qui empêche que toutes les
choses forment une seule catégorie, car tout le
reste, qui est dit exister, relève de la réalité ?

– Toutes ces autres choses dont ont dit qu'elles
existent relèvent bien de la réalité, mais il vaut
mieux dire qu'elles en sont des affections, et que

les réalités se succèdent entre elles d'une autre
façon [41].

   – Admettons-le, mais, en procédant ainsi,
nous ne sommes toujours pas en mesure de parvenir à la réalité, ni même de saisir ce qui en elle
est le plus important, [10] pour faire dériver de
cela tout le reste des réalités.

   – Prenons pour acquis que toutes les choses
que l'on appelle « réalités » sont du même genre,
en ce sens qu'elles ont quelque chose qui les distingue des autres genres. Mais que peut alors bien
être [42] ce « ce que c'est », ce « ceci [43] » et ce « substrat » [44], ce qui n'est pas un attribut, ce qui n'est
pas en une autre chose comme en un substrat [45],
ce qui n'est pas ce qu'il est parce qu'il appartient
à autre chose, comme le blanc [15] est la qualité
d'un corps et comme la quantité est attribuée à
une réalité, comme le temps est quelque chose
qui est attribué à un mouvement [46], et comme le
mouvement s'attribue à un mobile [47] ?

   – Pourtant la réalité seconde est attribuée à
autre chose [48] ?

   – Oui, mais c'est en un autre sens que s'entend
ce qui est attribué à autre chose dans ce cas, au
sens où il s'agit d'un genre constitutif, c'est-à-dire
d'un genre qui constitue une partie de cette
chose [49], qui en est le « ce que c'est » ; en
revanche, le blanc est attribué à autre chose, en
ce sens qu'il se trouve en autre chose [50]. Il n'en
reste pas moins que l'on pourrait dire que ce sont
là des propriétés de la réalité [20] dans son rapport avec les autres choses et que c'est pour cette
raison que l'on peut les rassembler en une seule

et même chose à laquelle on peut en outre donner
le nom de « réalité ». Mais ce n'est point là
définir un seul et même genre ni même faire
apparaître la notion et la nature de la réalité.
Arrêtons-là cette discussion, et passons à la
nature de la quantité.

4. Ils disent d'abord que la quantité est le
nombre et ensuite toute grandeur continue,
notamment le lieu et le temps [51]. Ils ramènent
toutes les autres choses qu'ils appellent quantités
à ces deux-là, et ils disent que le mouvement est
quantifié parce que le temps est quantifié, même
si c'est sans doute l'inverse, puisque c'est du mouvement que le temps [5] reçoit sa continuité. Si
donc ils prétendent que le continu est une quantité en tant qu'il est continu, le discontinu ne sera
pas une quantité [52]. Mais si c'est par accident que
le continu est une quantité, qu'auront-ils l'un et
l'autre en commun qui fasse d'eux [53] des quantités ? Admettons que les nombres ont à voir avec
la quantité ; cela pourtant ne leur donne que la
capacité d'être appelés « quantités », [10] mais on
ne voit pas encore clairement ce qu'est la nature
en vertu de laquelle ils sont appelés ainsi. En fait,
ni la ligne, ni la surface, ni le corps ne sont ainsi
appelés ; ils sont appelés des « grandeurs », et
non pas des « quantités », s'il est vrai que c'est
seulement lorsqu'on les ramène à un nombre
qu'on leur ajoute l'appellation de « quantité »,
en disant deux coudées ou trois coudées par
exemple [54]. C'est aussi le cas du corps naturel [55]
qui ne devient une quantité que [15] lorsqu'il est

mesuré, et du lieu qui ne devient une quantité
que par accident, et non en tant que lieu [56]. Mais
ce qu'il faut chercher, ce n'est pas le combien par
accident, mais le combien en soi, par exemple la
quantité. En fait, la quantité ce n'est pas trois
bœufs [57], mais c'est le nombre qui est en eux ;
dans « trois bœufs », il y a déjà deux [20] catégories [58]. De même donc dans « une ligne de telle
longueur » et dans « une surface de telle dimension », il y a deux catégories ; sa dimension est
une quantité, mais pourquoi la surface elle-même
serait-elle une quantité ? Cette surface n'est quantifiée que lorsqu'elle est limitée par trois ou
quatre lignes [59].

– Quoi, allons-nous prétendre que seuls les
nombres sont des quantités ?

– En fait, s'il s'agit des nombres en soi, on dira
que ce sont des réalités, et on dira que ce sont
des réalités [25] avant tout parce qu'ils sont en
soi [60]. Mais, s'il s'agit des nombres qui sont dans
les choses qui participent aux nombres en soi, de
ces nombres qui nous permettent de compter,
non pas des unités [61], mais dix chevaux et dix
bœufs, il semblera absurde de soutenir d'abord
que, si les nombres en soi sont des réalités, les
nombres nombrants [62] n'en sont pas, et ensuite
que, quand ils mesurent les substrats, ces
nombres se trouvent en ces derniers, et [30] non
pas à l'extérieur comme les règles et les autres
instruments de mesure. Par ailleurs, si c'est en
existant par eux-mêmes et non dans leurs substrats qu'ils servent à mesurer, ces substrats ne
seront pas des quantités, puisqu'ils ne participent

pas à la quantité ; pourquoi alors faudrait-il que
ces nombres eux-même soient des quantités [63] ?

– Ce sont bien des mesures, mais pourquoi les
mesures auraient-elles une quantité ou seraient-
elles une quantité ?

– Parce que, se trouvant [35] parmi les choses
qui existent, si les nombres en soi ne se rapportent à aucune des autres catégories, ils rece-
vront cette appellation, et ils tomberont dans la
catégorie appelée « quantité ». L'unité numérique
détermine l'une de ces choses, puis elle passe à
une autre et le nombre indique combien de
choses il y a ; et l'âme mesure la pluralité en se
servant du nombre [64]. Or ce qu'elle mesure ainsi,
ce n'est pas le « ce que c'est », car elle dit « un »
[40] et « deux », quelles que soient les choses
considérées et même si ce sont des contraires. Elle
ne dit pas non plus quelle disposition présentent
ces choses, par exemple si elles sont chaudes ou
belles, mais combien elles sont. C'est donc le
nombre lui-même, considéré en soi ou dans les
choses qui participent de lui, qui appartient à la
quantité, et non pas les choses qui en participent.
Non pas « trois coudées » par conséquent, mais
« trois ».

– Et les grandeurs, pourquoi sont-elles aussi
des quantités ? N'est-ce pas parce qu'elles sont
proches de la quantité, et que nous attribuons
une quantité aux choses [45] dans lesquelles elles
se trouvent ? Ce ne sont pas des quantités au sens
propre du terme, mais nous disons d'une chose
qu'elle est « grande », comme si elle avait part à
un nombre important [65], et « petite », comme si

elle avait part à un nombre faible. Mais ils estiment que le grand lui-même et le petit sont non pas des quantités, mais des relatifs [66].

– Et pourtant, ils disent que ce sont des relatifs dans la mesure où ils semblent être des quantités.

– Il faut considérer ce point plus précisément [67]. [50] Il n'y aura donc pas là un seul et même genre. Seul le nombre est quantité, et les grandeurs ne le sont que secondairement. Il n'y a donc pas un seul et même genre au sens propre du terme, mais une seule catégorie qui contient également les choses qui sont d'une certaine façon proches de la quantité, à titre premier ou à titre secondaire [68]. Mais nous [69], nous devons nous demander de quelle façon ces nombres en soi sont des réalités, ou bien s'ils sont eux aussi des quantités. En fait, quelle que soit la position retenue, [55] ces nombres-là n'auront rien en commun avec ces nombres-ci, sauf le nom [70].

5. – De quelle manière le discours [71], le temps et le mouvement sont-ils des quantités [72] ?

– Commençons, si tu le souhaites [73], par le discours, car il est mesuré [74]. Puisqu'il est discours, il a une quantité, mais en tant que discours, il n'est pas quantité, car il sert à signifier, comme le nom et le verbe. Comme il en va pour le nom et le verbe, la matière [5] du discours c'est l'air, car c'est du nom et du verbe que le discours est composé [75]. Ou plutôt, le discours c'est un choc, non pas purement et simplement un choc, mais l'impression qui en résulte, comme si le choc donnait à l'air sa forme. Ou plutôt, c'est une action, c'est-à-dire une action qui signifie. Mieux, on pourrait raisonnablement considérer le mouvement qui consiste en ce choc comme une action, et la réaction que ce choc suscite [10] comme une affection, ou dire que dans le premier cas il s'agit de l'action d'un corps et que dans l'autre il s'agit de l'affection d'un autre, ou encore une action sur un substrat et une affection dans un substrat. Si l'on définissait la voix non par le choc, mais par l'air, la signification ferait intervenir deux catégories et non pas une seule, si la voix qui signifie tombe dans une catégorie et que l'air qui est associé à cette signification [15] tombe dans une autre [76].

Pour le temps, si on le considère dans sa capacité à mesurer, il faut préciser que ce qui mesure, c'est ou bien l'âme ou bien le « maintenant [77] ». Mais si on le considère comme ce qui est mesuré, comme ce qui a une quantité, une année par exemple, admettons qu'il soit une quantité. Pourtant, comme le temps, sa nature est tout autre. Ce qui est d'une certaine quantité est d'une certaine quantité tout en étant autre chose [78]. Il est certain que [20] le temps n'est pas la quantité [79], mais c'est cela même, la quantité qui n'est rattachée à rien, qui sera au sens propre quantité. Or si l'on considère tout ce qui participe à la quantité comme étant quantité, alors la réalité sera la même chose que la quantité [80]. En ce qui concerne la quantité, il faut admettre que « l'égal et l'inégal sont le propre de la quantité [81] », mais non pas des choses qui en participent, sinon [25] par accident, et non pas en tant qu'on les considère en elles-mêmes ; ainsi de l'homme qui mesure trois coudées [82] : lui non plus ne peut être ramené à un genre unique, mais il tombe sous l'unité, c'est-à-dire sous une catégorie unique [83].

6. En ce qui concerne la relation [84], examinons ce qu'il en est de la façon suivante : existe-t-il une communauté de genre [85] entre les termes en relation ou bien est-ce d'une autre manière qu'ils se rapportent à l'unité ? Et au sujet de la relation, il est de la plus haute importance de se demander **[5]** si cet état, par exemple droit et gauche, double et moitié, a une existence propre, s'il en va ainsi dans certains cas, par exemple dans le second exemple mentionné, mais pas dans d'autres, par exemple dans le premier exemple, ou s'il n'en va jamais ainsi. Que dire à cet égard du double et de la moitié [86], de l'excès et du défaut en général, de l'état et de la disposition, de la position couchée ou assise, du repos, et encore du père et du fils, du maître et de l'esclave, **[10]** et encore du semblable et du dissemblable, de l'égal et de l'inégal, de ce qui agit et de ce qui pâtit, de la mesure et du mesuré [87] ? La science et la sensation sont aussi des relatifs, l'une à l'objet de la science, l'autre à l'objet de la sensation. La science aura en effet, par rapport à la forme qui est son objet, une seule et même existence conforme à son acte, **[15]** et il en ira de même pour la sensation par rapport à l'objet de la sensation [88]. Et il en va de même encore pour ce qui agit par rapport à ce qui pâtit, pour autant qu'un seul et même est produit. Et de même encore

pour la mesure par rapport au mesuré quant à
l'action de mesurer [89].

– Mais le semblable, que devra-t-il faire pour
se rendre semblable au semblable ?

– Il ne se rend pas semblable, puisqu'il y a
quelque chose qui est déjà présent : l'identité
dans la qualité. En fait, il n'y a rien d'autre que
la qualité qui est en chacun d'eux. [20] Les égaux
ne se rendent pas égaux non plus, car l'identité
dans la quantité préexiste à cette relation. Cette
relation, qu'est-ce d'autre que notre jugement
quand nous comparons des choses qui sont ce
qu'elles sont par elles-mêmes et que nous disons :
« Cette chose-ci et cette chose-là ont la même
grandeur et la même qualité » et « cet homme-ci
a produit celui-là, et cet homme-ci [25] domine
celui-là » ? La station assise et la station debout,
que sont-elles en dehors du fait d'être assis ou
debout [90] ? L'état, quand on le dit de celui qui le
possède, signifie plutôt l'avoir, mais quand on le
dit de qui est possédé, il signifie plutôt la qualité.
Il en va de même de la disposition [91]. Qu'y a-t-il
en dehors de ces choses qui sont en rapport
mutuel, sinon nous-mêmes qui concevons leur
disposition ? [30] Être plus grand suppose deux
choses, l'une de telle grandeur, l'autre de telle
autre, l'une étant différente de l'autre. La comparaison vient de nous [92], elle ne se trouve pas en
elles. La droite par rapport à la gauche, et l'avant
par rapport à l'arrière, relèveraient peut-être
davantage de la position [93] ; cette chose est à tel
endroit, cette autre à tel autre, et c'est nous qui
concevons l'une à droite et l'autre à gauche, sans

qu'il y ait [35] rien de tel en elles. L'antérieur et
le postérieur, ce sont deux moments, et c'est nous
qui, de la même manière, concevons l'un avant et
l'autre après.

7. Si « l'un avant et l'autre après » est une formule vide [94] et si en la prononçant nous proférons
une erreur, aucun de ces termes n'existera [95], et la
relation sera vide ; si en revanche lorsque nous
disons « tel moment vient avant celui-ci et tel
autre après celui-là », nous disons quelque chose
de vrai, en comparant deux moments et en enten-
dant par « antérieur » [5] autre chose que les
substrats dont ils sont les attributs [96] ; s'il en va
de même aussi pour « à droite et à gauche » ; si
dans le cas des grandeurs, il est vrai de dire que
leur relation est quelque chose qui se trouve en
dehors des quantités que l'on compare pour
autant que l'une dépasse et que l'autre est dépassée ; s'il en va encore ainsi, alors même que nous
ne parlons ni ne pensons, de sorte que ceci est le
double de cela, que l'un possède et que l'autre
est possédé, même avant que nous en prenions
connaissance ; [10] si de plus des choses sont
égales les unes aux autres avant que nous en prenions connaissance et si, dans le cas des choses
qualifiées, certaines sont dans une relation
d'identité [97] les unes avec les autres et que, dans
le cas de toutes les choses dont nous disons
qu'elles sont en relation, la relation des unes avec
les autres est postérieure aux substrats ; et si
enfin, alors que nous la considérons comme exis-
tante, la relation préexiste à la connaissance que

nous en prenons – car ce qui, dans l'existence,
résulte de la relation est plus évident [98] –, il faut
alors cesser [15] de nous interroger sur la question de savoir si la relation existe, en indiquant
au contraire que, dans les cas de ce genre, pour
certaines choses, aussi longtemps que les substrats demeurent ce qu'ils sont, même s'ils se
séparent, la relation persiste, tandis que pour
d'autres la relation apparaît quand les substrats
se réunissent, et que pour d'autres encore, même
lorsque les substrats restent ce qu'ils sont, la relation ou bien cesse totalement ou bien devient différente, [20] comme dans le cas de « à droite » ou
de « près », et c'est de ces exemples que naît surtout la supposition qu'il n'y a rien dans des rapports de ce genre. Ayant donné ces indications, il
nous faut chercher ce qu'il y a d'identique [99] dans
tous les cas, et si ce caractère commun doit être
considéré comme un genre et non pas comme un
accident. Puis, après avoir trouvé ce qu'il y a
d'identique, dire quel type d'existence est le sien.
Il faut donc parler de « relatif » [25] non pas pour
ce qui se dit purement et simplement d'autre
chose, par exemple un état de l'âme ou du corps,
ni même pour dire qu'une âme appartient à cet
homme ou se trouve dans un autre, mais pas
davantage dans les cas où l'existence ne vient de
nulle part ailleurs que de la relation. L'existence
dont on parle n'est pas celle des substrats, mais
celle du relatif [100]. Par exemple, le rapport du
double à la moitié ne confère l'existence ni à une
longueur [30] de deux coudées et encore moins à
une dualité, ni à une longueur d'une coudée et

encore moins à une unité, mais lorsque ces choses se trouvent en relation, en plus d'être respectivement deux ou une, la première est dite être double et exister, tandis que la seconde est dite une et être la moitié. Les deux engendrent donc ensemble à partir d'elles-mêmes autre chose, le fait d'être double et celui d'être moitié, [**35**] qui n'adviennent que l'un par l'autre, et leur existence n'est rien d'autre qu'une existence de l'un par l'autre, car le double vient du fait de dépasser la moitié, et la moitié du fait d'être dépassée. Dès lors, l'un n'est ni antérieur ni postérieur à l'autre, mais c'est simultanément [101] qu'ils existent.

– Mais se maintiennent-ils dans l'existence ensemble ?

– Prenons le cas du père et du fils et d'autres cas similaires : le père décédé, le fils reste [**40**] fils ; le frère mort, le frère reste frère. La preuve, c'est que nous disons : « cet homme ressemble au défunt ».

8. Tout cela n'a été qu'une digression ; à partir de maintenant, il nous faut chercher à savoir pourquoi dans les relations il y a autant de disparité [102]. Mais alors, il faut qu'ils nous disent quelle existence commune possède le fait d'être l'un par rapport à l'autre. En tout cas, ce qui est commun ne peut être un corps. Si ce qui est commun existe, [**5**] il ne peut donc s'agir que d'un incorporel, qui se trouve dans les relatifs ou bien en dehors d'eux. En outre, si la relation reste la même, le terme est un synonyme ; s'il n'en va pas ainsi, mais qu'elle diffère selon les cas, le terme

est un homonyme [103], et ce n'est certainement pas
parce que le terme « relation » sera prononcé que
l'on tiendra la même réalité. Est-ce qu'il convient
de distinguer les relations de la manière suivante ?
Certaines choses entretiennent une relation qui
n'est pas associée à un acte, dont on ne peut en
quelque sorte que constater la présence, [10] et
dont l'existence est à tout point de vue simultanée. D'autres au contraire, grâce à leur puissance
et leur opération, ou bien sont toujours prédispo-
sées [104] à être en relation et y étaient prêtes avant
que la relation ne s'instaure à la faveur de leur
rencontre et de leur acte, ou bien de façon générale les unes ont produit et les autres sont venues
à l'existence, et ce qui vient à l'existence donne
seulement un nom à ce qui produit, alors que
c'est le producteur qui donne l'existence [105]. [15]
Il en va ainsi du père et du fils. L'agent et le
patient ont pour ainsi dire une sorte de vie et
d'acte. Faut-il établir cette distinction à propos
de la relation, comme s'il n'y avait rien d'identique ni de commun [106] dans ses différentes
espèces, et comme si, en général, la relation était
d'une nature différente dans chaque cas ? Faut-il
considérer que ce terme est homonyme, en disant
qu'une relation produit [20] l'action et la passion
comme si ces dernières formaient une unité, tandis que l'autre relation ne produit pas, et que ce
qui produit la relation dans l'action et la passion
est différent de l'autre ? Par exemple, l'égalité qui
produit les choses égales : c'est par l'égalité en
effet que les choses sont égales, et de façon générale, c'est par une certaine identité qu'elles sont

identiques. Dans le cas du grand et du petit, c'est
par la présence de la grandeur, et par celle de la
petitesse ; mais lorsqu'on parle de celui qui est
plus grand ou [25] de celui qui est plus petit, c'est
qu'ils participent, le plus grand à l'acte de la
grandeur qui se manifeste en lui, et le plus petit
à celui de la petitesse[107].

9. Il faut donc, dans les exemples qui viennent
d'être mentionnés, celui du producteur et celui de
la science par exemple, prendre pour acquis que
la relation est active du fait de l'activité en question, c'est-à-dire de la « raison[108] » associée à
cette activité ; dans les autres exemples, il faut
prendre pour acquis que la relation est la participation à une forme et à une « raison ». Et de fait,
s'il faut admettre que les êtres [5] sont des
corps[109], il faut dire que ces relations qui se
disent du relatif ne sont rien. Mais puisque nous
donnons la première place aux incorporels[110],
c'est-à-dire aux « raisons », en disant[111] que les
relations sont des « raisons » et que leurs causes
sont des participations à des formes[112], nous
devons dire que le double lui-même est la cause
qui fait être le double[113], et de même pour la
moitié. Les uns sont ce que leur nom désigne en
vertu [10] de la même forme, tandis que les autres
le sont en vertu de formes opposées. Car c'est en
même temps que le double vient à une chose et
la moitié à une autre, que la grandeur vient à une
chose et la petitesse à une autre. Autre possibilité :
l'une et l'autre qualités se trouvent dans chaque
chose, comme la ressemblance et la dissemblance,

et en général le même et l'autre. Voilà pourquoi
la même chose peut être dite [15] ressemblant et
dissemblable, même et autre.

– Que se passe-t-il si un homme est laid, et un
autre encore plus laid par participation à la
même forme [114] ?

– S'ils étaient absolument laids, ils seraient sur
un pied d'égalité en vertu de l'absence de la même
forme. Mais si en l'un la laideur se trouve à un
niveau plus élevé, et en l'autre à un niveau moins
élevé, c'est ce que celui qui est moins laid est tel
par participation à une forme qui ne le domine
pas [115], et que celui qui est plus laid est tel par
participation à une forme qui [20] le domine
encore moins. Ou bien cela s'explique par la privation, si l'on souhaite faire ce rapprochement,
qui serait pour ainsi dire une forme pour les
deux [116]. Quant à la sensation, c'est une espèce
de forme qui provient des deux, et il en va de
même pour la connaissance [117]. L'état, considéré
du point de vue de la chose qui le possède, est un
acte qui pour ainsi dire assure sa cohésion,
comme il en va pour une production. Et l'opération de mesure est une activité qui consiste à
mettre en rapport ce qui mesure à [25] ce qui est
mesuré : c'est une « raison » [118]. Si donc on considère d'un point de vue générique la relation
comme une forme, ce sera un seul genre et une
existence [119], au sens où il y a une « raison » dans
tous les cas. Et si les « raisons » sont des opposés [120] et comportent les différentes espèces mentionnées, peut-être n'y aura-t-il pas un seul genre,
et il faudra-t-il plutôt considérer que les relatifs se

ramènent à une certaine ressemblance [**30**] et se
réduisent à une seule catégorie. Mais même s'il
était possible de ramener les relatifs mentionnés
à un seul genre, il serait en fait impossible de rapporter à un seul genre toutes les choses qu'ils
placent dans la même catégorie [121]. Car ils rapportent à un seul genre les négations de ces relatifs et les choses dont le nom dérive de ces relatifs,
par exemple double et ce qui est double [122]. Comment peut-on alors [**35**] rassembler sous un seul
et même genre un relatif et sa négation, double et
non double, relatif et non relatif ? C'est comme
si, posant le genre « animal » [123], on y incluait
également le « non-animal ». Quant au double et
à ce qui est double, comme la blancheur et le
blanc, ils ne sont aucunement identiques.

10. En ce qui concerne la qualité [124], d'où provient ce qu'on appelle « le qualifié », il faut
d'abord comprendre ce qu'est sa nature, celle qui
lui permet de fournir ce qu'on appelle « les quali-
fications », et se demander si, étant une et la
même en vertu de ce qu'elle a de commun, elle
engendre les espèces au moyen des différences.
Ou bien si, les qualités se prenant en plusieurs
sens [125], elles ne constitueront [**5**] pas un seul et
même genre.
– Qu'y a-t-il de commun entre l'état ou la disposition [126], la qualité passive [127], la configuration ou la forme [128] ? Et qu'en sera-t-il du mince,
du gras et du maigre ? Si en effet nous disons que
ce qu'il y a de commun, c'est la puissance qui
convient aussi bien aux états, aux dispositions

qu'aux puissances naturelles, et grâce à laquelle
ce qui la possède a la puissance [10] qu'il a, les
cas d'absence de puissance [129] n'entreront pas
dans ce genre [130]. De plus, la configuration ou
la forme inhérente à chaque individu, comment
pourrait-elle être puissance ? Or l'être en tant
qu'être [131] n'aura aucune puissance avant que la
qualité ne se soit ajoutée à lui. Mais alors, les
actes des réalités, tous ceux qui sont des actes au
sens le plus fort du terme, réalisent ce qui, en fait
de qualité, dépend d'eux, et ils sont ce qu'ils sont
conformément aux puissances [15] qui leur sont
propres [132].

   – Mais les qualités ne dépendent-elles pas de
puissances qui sont celles des réalités elles-
mêmes [133] ? Par exemple, la puissance de lutter [134]
n'appartient pas à l'homme en tant qu'homme,
tandis que la rationalité lui appartient.

   – Mais alors, ce n'est pas la rationalité ainsi
comprise qui est une qualité, mais bien la rationalité que quelqu'un acquiert par la vertu, ces
deux sortes de rationalité n'ayant en commun que
le nom. La qualité sera donc une puissance [20]
qui ajoute aux réalités le fait d'être qualifiées
ultérieurement [135]. Mais les différences qui distinguent les réalités les unes des autres n'ont que
le nom de commun avec les qualités, puisque ce
sont plutôt des actes, c'est-à-dire des « raisons »
ou des parties de « raison » [136], même si elles n'en
manifestent pas moins le « ce qu'est » la chose,
même si elles semblent désigner la réalité pourvue
de qualité. Et les qualités proprement dites, en
vertu desquelles nous sommes qualifiés, et dont

nous [25] disons [137] bien sûr que ce sont des puissances, ont comme trait commun d'être des sortes de « raisons », et pour ainsi dire des formes, comme la beauté et la laideur dans l'âme et dans le corps aussi bien.

– Mais comment toutes ces qualités seraient-elles des puissances ? Admettons que la beauté et la santé le soient, pour le corps et pour l'âme [138]. Mais comment le laid, le malade, la faiblesse et en général l'absence de puissance peuvent-elles en être ?

– Parce que, disent-ils, c'est grâce à elles que nous sommes qualifiés.

– [30] Mais qu'est-ce qui empêche le terme « qualifié » d'être employé de façon équivoque, et non suivant une seule et même définition ; le terme ne serait pas employé seulement en quatre sens différents [139], mais au moins de deux façons différentes [140] pour chacun des quatre sens.

– Il faut dire d'abord que ce n'est pas selon l'agir et le pâtir que la qualité est divisée, de sorte que ce qui peut agir est une qualité en un sens, et ce qui peut pâtir l'est en un autre sens. Mais, [35] comme on est qualifié par la santé selon une disposition et un état, on l'est aussi par la maladie, et par la vigueur et par la faiblesse.

– Mais si tel est le cas, la puissance n'est plus quelque chose de commun, et il faut chercher autre chose qui soit commun. De surcroît, les qualités ne seraient pas toutes des raisons ; car comment la maladie, devenue un état, pourrait-elle être une « raison » ? Alors que ces qualités consisteraient en des formes et en des puissances, [40] les autres seraient des privations ? Dès lors,

il n'y aurait pas un genre unique, mais les qualités
se ramèneraient à une unité, qui serait une seule
et même catégorie ; comme par exemple la
science qui est une forme et une puissance, alors
que l'absence de science [141] est une privation et
une absence de puissance.

– Mais l'absence de puissance et la maladie
sont une sorte de forme, et elles peuvent faire et
elles font beaucoup de choses, bien que ce soit
pour le pire ; comme il en va de la maladie et du
vice.

– Mais quand une qualité [45] consiste dans le
fait de manquer sa cible, comment pourrait-elle
être une puissance ?

– Chacune exerce sa fonction propre [142], sans
se soucier de viser juste ; car elle ne pourrait pas
produire quelque chose qu'elle n'a pas la puissance de produire.

– La beauté [143] a la puissance de faire quelque
chose. En va-t-il donc ainsi du triangle ?

– D'une manière générale, il ne convient même
pas de porter ses regards vers la puissance, mais
il faut s'intéresser plutôt à la disposition ; de
sorte que la qualité [50] correspond pour ainsi
dire aux figures et aux caractéristiques, l'élément
commun étant la figure, c'est-à-dire la forme qui
est dans la réalité et qui vient après elle [144].

– Mais alors, encore une fois, de quelle
manière les qualités pourraient-elles être des puissances ?

– Même celui qui par nature possède la puissance de lutter la possède parce qu'il y est disposé, et il en va de même pour celui qui, dans un

domaine quelconque, est dépourvu de puissance. Et de manière générale, la qualité est une caractéristique qui n'est pas la réalité en tant que telle[145], mais quelque chose qui, restant identique [55], semble contribuer aussi bien à la réalité qu'à ce qui n'est pas la réalité, comme la chaleur, la blancheur et la couleur en général[146]. Ce qui appartient à la réalité est une chose, son acte pour ainsi dire, tandis que ce qui est secondaire, ce qui dérive du premier et qui est autre chose en autre chose, est une image du premier et lui ressemble[147].

– Mais si la qualité correspond à la forme, à la caractéristique, c'est-à-dire à la « raison », [60] comment rendre compte de l'absence de puissance, de la laideur ?

– Il faut répondre que ce sont des « raisons » inachevées, comme dans le cas de la laideur.

– Et dans le cas de la maladie, comment rendre compte de la « raison » ?

– Dans ce cas aussi, il faut dire qu'il y a une « raison » qui se modifie, celle de la santé. Ou plutôt[148], il faut dire que tout n'est pas contenu dans une « raison », mais que, en fait d'élément commun, il suffit, outre le fait d'être disposé d'une certaine façon, que cette disposition soit extérieure à la réalité[149] ; ce qui s'ajoute à un substrat après sa réalité, c'est une qualité de ce substrat. [65] Le triangle est la qualité du substrat dans lequel il est : je ne parle pas du triangle pris au sens strict, mais du triangle qui est dans ce substrat[150] et en tant qu'il lui a donné sa forme.

– Mais dira-t-on que l'humanité a donné sa forme à l'homme ?

– Non, elle lui a donné sa réalité.

11. – Mais alors, s'il en est ainsi, pourquoi y a-t-il plusieurs espèces de qualité, et pourquoi y a-t-il une différence entre les états et les dispositions [151] ? Que quelque chose persiste ou non, cela ne fait pas de différence du point de vue de la qualité. Pour procurer une qualité, il suffit d'une disposition de n'importe quelle sorte ; le fait de persister est une addition qui vient de l'extérieur.

– [5] À moins qu'on ne prétende que les dispositions ne sont en quelque sorte que des formes inachevées [152], alors que pour leur part les états sont des formes achevées [153].

– Mais si elles sont des formes inachevées, ce ne sont pas encore des qualités ; et si ce sont déjà des qualités, leur persistance n'est qu'une détermination supplémentaire.

– Les puissances naturelles, en quel sens sont-elles une autre espèce de qualité [154] ?

– Si en effet c'est en tant que puissances qu'elles sont des qualités, la puissance, [10] comme on l'a dit [155], ne se retrouve pas dans toutes les qualités. Mais c'est parce qu'il y est disposé que nous disons que celui qui par nature est apte au pugilat a cette qualité, l'ajout du terme puissance ne sert à rien, puisque la puissance se retrouve dans les états [156].

– Mais encore : pour quelle raison celui qui est pugiliste en vertu d'une puissance naturelle est-il différent de celui qui tient cette qualité d'un savoir ?

– S'ils ont tous deux cette qualité, il n'y a entre eux aucune différence sous le rapport de cette qualité ; si l'un a cette qualité parce qu'il s'est exercé, et l'autre [15] naturellement, c'est là une différence extérieure à la qualité.

– Mais du point de vue de la forme même de l'art pugilistique, comment les différencier ?

– Quand bien même certaines qualités résultent d'une affection, et d'autres non, l'origine de la qualité ne les différencie pas. Je parle des variétés et des différences de qualité. On pourrait aussi se demander, s'il est vrai que ces qualités viennent d'une affection, les unes venant de telle affection, les autres d'une autre, [20] comment les rassembler dans la même espèce [157]. De plus, si les unes sont appelées qualités parce qu'elles viennent d'une affection [158] et les autres parce qu'elles produisent une affection, les unes et les autres n'auront en commun que le nom [159].

– Et qu'en est-il de la forme qui est en chaque chose [160] ?

– S'il s'agit de la forme qui est en chaque chose, ce n'est pas une qualité [161]. Mais si c'est la forme qui est postérieure au substrat et en vertu de laquelle un objet est beau ou laid, on a raison de dire que c'est une qualité [162].

– Quant au rude, au lisse, au dense et au rare, [25] convient-il de dire que ce sont des qualités ?

– Ce n'est certainement pas l'écart ou la proximité qu'entretiennent les parties les unes avec les autres qui font le rare ou le dense ; le rude et le

lisse pour leur part ne viennent pas dans tous les
cas de la régularité et de l'irrégularité de la position [163]. Quand bien même ils en viennent, rien
n'empêche que ce soient des qualités. Pour le
lourd et le léger, l'étude de ces termes montrera
où il faut les [30] placer [164]. Dans le cas du léger,
il y a homonymie [165] si le terme n'est pas utilisé
pour désigner le plus et le moins indiqués par la
balance, puisqu'il comporte en lui le maigre et le
subtil qui se trouvent dans une espèce différente [166] des quatre [167].

12. – Mais si l'on estime qu'il ne convient pas
de diviser la qualité de cette manière, de quelle
autre façon le faire ?
   – On doit alors considérer, puisque l'on admet
que certaines qualités relèvent du corps et
d'autres de l'âme, s'il faut partager celles qui
relèvent du corps selon les sens, en distinguant
celles qui se rapportent à la vue, à l'ouïe, [5] au
goût, et celles qui se rapportent à l'odorat et au
toucher [168].
   – Comment faire avec celles qui relèvent de
l'âme ?
   – Ce sont celles de l'appétit, de l'ardeur et de
la raison [169]. Ou bien on les distingue par les différences des activités qui correspondent à ces
facultés, parce que ce sont ces facultés qui engendrent ces activités, ou bien on les distingue selon
qu'elles sont utiles ou nuisibles, et il faudra alors
établir encore des distinctions dans les qualités
utiles et les nuisibles. Or les mêmes différences
valent [10] pour les qualités corporelles, que l'on

distingue ou bien par ce qu'elles produisent, ou
bien par leur utilité ou leur nuisance [170]. Ces différences appartiennent bien en propre à la qualité. Aussi, soit l'on admet que l'utilité et la
nuisance proviennent bien de la qualité et du qualifié, soit il faut chercher une autre façon de diviser. Il faut se demander comment ce qui est
qualifié par telle qualité se retrouvera dans la
même catégorie ; car il n'y a certainement pas un
genre [15] commun aux deux.

— Mais encore : si « celui qui est apte au pugilat » relève de la qualité, comment « celui qui est
apte à agir » n'en relèverait-il pas aussi ? S'il en
va ainsi, l'aptitude à l'action en relèvera également. Dès lors, il n'y a aucune obligation à placer
l'aptitude à agir parmi les relatifs, pas plus que
l'aptitude à pâtir, s'il est vrai que « celui qui est
apte à pâtir » relève de la qualité.

— Peut-être vaudrait-il mieux placer « celui qui
est apte à agir » dans la catégorie de la qualité,
s'il est appelé ainsi en fonction de sa puissance,
et si la puissance est une qualité. Mais si cette
puissance, en tant que puissance, [20] appartient
à la réalité, ce n'est alors ni un relatif ni non plus
quelque chose de qualifié. Car l'aptitude à agir
n'est pas non plus comme ce qui est plus grand.
Ce qui est plus grand, en effet, n'est tel que par
rapport à ce qui est plus petit, tandis que l'aptitude à agir tient son existence du fait d'être
d'emblée ce qu'elle est.

— Mais peut-être est-elle sous ce rapport une
qualité, tandis que, lorsqu'elle exerce sa puissance

sur quelque chose d'autre, on en parle comme
[25] d'un relatif.

– Pourquoi alors, « celui qui est apte au pugilat » ne serait-il pas également un relatif, et la
technique du pugilat elle aussi ? Car la technique
du pugilat est entièrement relative à autre chose ;
en effet il n'y a en elle aucun objet d'étude[171]
qui ne se rapporte à autre chose. Peut-être faut-il
également considérer les autres techniques, ou du
moins la plupart d'entre elles, et dire ceci : dans
la mesure où elles mettent dans l'âme une disposition, ce sont des qualités ; mais dans la mesure
où elles produisent, [30] elles sont aptes à produire et de ce fait elles sont en rapport avec autre
chose, et ce sont des relatifs[172]. Du reste, elles
sont des relatifs d'une autre manière, dans la
mesure où l'on dit qu'elles sont des états.

– Pour ce qui est « apte à produire », y a-t-il
donc, une existence autre que l'aptitude à produire,
s'il n'y a rien d'autre que cette qualité[173] ?

– Oui, chez les êtres dotés d'une âme animale[174] et plus encore chez ceux qui font des
choix préalables[175], il y a sans doute, du fait de
leur inclination à produire, quelque chose [35] qui
correspond aussi à leur aptitude à produire.

– Mais dans le cas des puissances dépourvues
d'âme, que nous avons appelées des qualités[176],
qu'en est-il de cette aptitude à produire ?

– Chaque fois qu'une chose en rencontre une
autre, elle en profite et elle prend une partie de ce
que cette autre chose possède.

– Mais si c'est la même chose qui agit sur une autre et qui est affectée par elle, comment peut-il encore y avoir [**40**] une aptitude à agir ?

– Certes, ce qui en soi fait trois coudées est à la fois plus grand et plus petit selon la chose qu'il rencontre. Mais, dira-t-on, le grand et le petit le sont par participation à la grandeur et à la petitesse[177], et il en va de même pour l'aptitude à agir et à pâtir. Il faut maintenant se demander si les qualités d'ici-bas et les qualités de là-bas peuvent être ramenées [**45**] sous un genre unique, question qui s'adresse à ceux qui admettent qu'il y a aussi des qualités là-bas. En fait, même si l'on n'admet pas l'existence des formes, mais que, parlant de l'intellect, on dit qu'il est un état[178], on doit se demander s'il y a quelque chose de commun entre l'état de là-bas et celui d'ici-bas. Oui, mais on admet l'existence du savoir. S'il n'a que le nom de commun avec le savoir d'ici-bas, il est évident qu'il ne pourra être compté parmi les choses d'ici-bas. Mais si le terme est synonyme[179], [**50**] la qualité sera commune à ce qui est ici-bas et à ce qui est là-bas ; à moins de dire que là-bas tout relève de la réalité, auquel cas intelliger sera aussi une réalité. D'ailleurs, c'est une question commune qui s'applique à toutes les catégories : y a-t-il deux genres, l'un ici, l'autre là-bas, ou bien les deux n'en font-ils qu'un ?

13. Sur la catégorie « quand[180] », on doit s'interroger de la façon suivante. Si « hier », « demain », « l'année dernière » et d'autres expressions similaires sont des parties du temps,

pourquoi ne pas les ranger elles aussi sous le
même genre que celui où est placé le temps [181] ?
En effet, il est sûrement juste, puisque ce sont des
espèces de temps, de classer « était », « est » et
« sera » [5] dans le genre où est classé le temps.
Or le temps est dit appartenir à la quantité. Dès
lors, quel besoin d'une autre catégorie [182] ? Mais
s'ils disent [183] que le « était » et le « sera », le
« hier » et l'« année dernière », qui se rangent
sous le « était » – car il faut que ces termes
tombent sous le « était » –, ne sont pas seulement
du temps, mais un temps donné, alors, en premier
lieu, [10] si c'est un temps donné, c'est du temps,
et en second lieu, si le « hier » est du temps passé,
ce sera un composé si le passé est une chose et le
temps une autre. Il y aura donc deux catégories
et non pas une seule [184]. Si, en revanche, ils
veulent dire que ce qui est dans le temps, c'est ce
qui est à un moment du temps, mais pas le temps
lui-même, si par cette expression « ce qui est dans
le temps », ils désignent un état de fait, [15] par
exemple le fait que « Socrate était là l'an passé »,
« Socrate » viendra de l'extérieur [185], et ils ne par-
leront plus d'une seule et même chose.

– Mais « Socrate ou l'action qu'il accomplit se
trouve dans le temps à tel moment », qu'est-ce
que cela peut vouloir dire sinon qu'ils sont dans
une partie de temps ?

– Eh bien, puisqu'ils disent « partie de
temps », et puisqu'ils estiment que, lorsqu'ils
disent « partie », ils ne parlent pas purement et
simplement du temps, mais d'une partie [20] passée du temps, ils multiplient les catégories, en

ajoutant [186] la partie qui, en tant que partie, est un relatif.

– Et est-ce que, pour eux, le passé sera quelque chose d'inclus dans le temps ou quelque chose d'identique à « était », c'est-à-dire une espèce du temps [187] ?

– Mais s'ils font cette distinction, parce que le « était » est indéfini, tandis que le « hier » et l'« année dernière » sont définis, il faut d'abord poser la question suivante : où allons-nous placer le « était » ? En outre, le « hier » sera un [25] « était » déterminé, de sorte que le « hier » sera un temps déterminé. C'est un temps qui a une certaine quantité. Dès lors, si le temps est une quantité, chacune des autres parties sera une quantité déterminée. Mais si, quand ils disent « hier », nous comprenons qu'ils veulent dire que cette chose particulière a eu lieu dans un temps passé déterminé, alors ils multiplient encore davantage les catégories. Enfin, s'il faut introduire [30] d'autres catégories en faisant entrer une chose dans une autre, comme ici ce qui est dans le temps, on trouvera plusieurs autres catégories dès que l'on fera entrer une chose dans une autre. Mais nous allons nous expliquer plus clairement dans ce qui suit [188] à propos du « où ».

14. « Où [189] », c'est au Lycée ou à l'Académie [190]. L'Académie et le Lycée, ce sont à tous points de vue des lieux ou des parties d'un lieu, tout comme le « haut », le « bas » et le « ici » sont des espèces ou des parties du lieu, qui se distinguent de lui parce qu'elles sont plus déterminées. Si

donc le « haut », [5] le « bas » et le « centre » sont
des lieux, comme Delphes [191] qui est au centre, si
ce qui est auprès du centre est un lieu, comme le
sont Athènes, le Lycée et d'autres endroits, à quoi
bon chercher une autre catégorie que le lieu si,
lorsque nous parlons de ces endroits, nous signi-
fions que, dans chaque cas, il s'agit d'un lieu ?
Mais lorsque nous disons qu'une chose est dans
une autre [192], nous ne parlons plus d'une seule
chose et nous n'évoquons plus quelque chose
de simple. [10] De plus, si nous disons que cet
homme est ici, nous faisons apparaître une relation, celle de cet homme avec cet endroit, celle du
réceptacle avec ce qu'il reçoit [193].

   – Alors, pourquoi ne pas parler de relatif, si
quelque chose naît de la relation d'une chose avec
une autre [194] ? Et par ailleurs, pourquoi « ici »
est-il différent de « à Athènes » ?

   – En fait, répondront-ils, « ici » désigne ce qui
indique un lieu, [15] de sorte que c'est également
le cas de « à Athènes ». Dès lors « à Athènes »
appartient au lieu. En outre, si « à Athènes »
signifie « c'est à Athènes », la catégorie du « est »
est ajoutée à celle du lieu. Or il ne le faut pas.
De la même manière, on ne dit pas « c'est une
qualité », mais seulement « qualité ». De surcroît,
si ce qui est dans le temps est quelque chose
d'autre que le temps, et si ce qui est dans un lieu
est quelque chose d'autre que le lieu, [20], pourquoi « ce qui est dans un vase » ne serait-il pas
une nouvelle catégorie, ce qui est dans la matière
une autre et ce qui est dans un substrat une autre
encore ? Et pourquoi n'en irait-il pas de même

pour la partie dans le tout, le tout dans les parties, le genre dans les espèces, et l'espèce dans le genre ? Et ainsi nous multiplierions les catégories [195].

15. S'agissant de ce que l'on appelle « agir [196] », les points suivant peuvent être examinés [197]. On dit en effet, puisque après la réalité vient ce qui accompagne la réalité, à savoir la quantité et le nombre, que la quantité est un autre genre, et que la qualité est un autre genre encore, puisque la qualité accompagne la réalité ; de même aussi [5], puisque l'action accompagne la réalité, il y a un autre genre, celui de l'agir.

– Mais ce genre, est-ce l'agir ou l'action d'où procède l'agir, tout comme c'est de la qualité que procède le qualifié ? Et dans ce cas, sont-ce l'action, l'agir et l'agent qui doivent être inclus dans un seul et même genre, ou bien l'agir et l'action seulement ?

– L'agir fait plutôt apparaître qu'il y a aussi l'agent, ce qui n'est pas le cas de l'action. En outre, agir c'est être en action, [10] c'est-à-dire en acte. Dès lors, la catégorie en question est plutôt l'acte qui, dit-on, peut être considéré comme un accompagnement de la réalité, comme il en allait plus haut pour la qualité [198]. S'il est vrai que c'est comme le mouvement que l'acte est un accompagnement de la réalité, alors le mouvement est aussi un genre de l'être [199]. Car si la qualité est associée à la réalité, tout comme la quantité et le relatif en tant que [15] relation d'une chose avec une autre, pourquoi le mouvement qui est un

accompagnement de la réalité ne serait-il pas lui
aussi un genre unique [200] ?

16. – Mais s'il disait que le mouvement est un
acte inachevé [201], rien ne l'empêchait de placer en
tête l'acte, et de lui subordonner le mouvement à
titre d'espèce, dans la mesure où il est un acte
inachevé, le rattachant ainsi à la catégorie
« acte » en ajoutant « inachevé ». Et si l'on dit de
lui qu'il est [5] « inachevé », ce n'est pas non plus
parce qu'il n'est pas acte ; en fait, il est totalement acte, mais il se renouvelle d'instant en
instant, non pas pour parvenir à être un acte,
puisqu'il est déjà un acte, mais pour produire
autre chose qui vient après lui. Et alors, ce n'est
pas lui qui est achevé, mais c'est ce qu'il tendait
à réaliser [202]. Par exemple, [10] la marche [203] est
marche dès qu'elle est commencée. Mais si
quelqu'un doit parcourir un stade [204], et qu'il n'a
pas encore parcouru cette distance, ce qui reste à
parcourir n'appartient ni à la marche ni au mouvement, mais au fait d'avoir parcouru tant de pas.
Ce qui est sûr, c'est que c'est déjà une marche et
un mouvement, quelle que soit l'étendue de la progression [205]. C'est un fait que l'homme en mouvement se meut déjà [206], tout comme l'homme qui
coupe coupe déjà. Et tout comme ce qu'on
appelle [15] acte n'a pas besoin de temps, il en
va de même pour le mouvement [207], sauf pour le
mouvement qui se poursuit jusqu'à tel point [208].
Et s'il est vrai que l'acte ne se situe pas dans le
temps, il en va de même pour le mouvement [209],
le mouvement en général [210]. Si on le mettait

entièrement [211] dans le temps parce qu'il a acquis
le caractère de la continuité [212], alors la vision,
qui ne s'est pas interrompue, devrait également
se trouver dans la continuité et dans le temps [213].
Et la preuve s'en trouve dans l'analogie [214] [20]
qui fait qu'il est toujours possible de prendre une
partie plus petite [215] de mouvement quelle qu'elle
soit, qu'il n'y a pas un commencement du temps
dans lequel et à partir duquel le temps commen-
cerait, et qu'il n'y a pas non plus un commencement du mouvement lui-même, mais qu'il est
toujours possible de le diviser rétroactivement.
Cela aurait pour résultat qu'un mouvement qui
vient tout juste de commencer se [25] produirait
en fait depuis un temps illimité, et que le mouvement lui même par rapport à son commencement
serait illimité. On arrive à cette conclusion parce
que l'on distingue l'acte du mouvement [216], et
que l'on soutient d'une part que l'acte ne naît pas
dans le temps, et d'autre part que le mouvement
a besoin de temps [217], non pas seulement en tant
qu'il est d'une certaine durée, même s'ils sont for-
cés eux aussi de reconnaître que c'est par accident [218] qu'il dure [30] une journée, ou un laps de
temps quelconque.
    Par conséquent, tout comme l'acte ne se trouve
pas dans le temps, rien n'empêche que le mouvement lui aussi trouve son origine dans l'intempo-
rel ; c'est le fait d'acquérir une certaine quantité
qui explique qu'il y a du temps. Ils admettent
aussi en effet que les changements, eux non plus,
ne naissent pas dans le temps, quand ils disent :
« comme s'il n'y avait pas de [35] changement

en bloc [219] ». Si donc c'est le cas pour le changement, pourquoi ne le serait-ce pas aussi pour le
mouvement ? Mais « changement » a été pris ici
non pas au sens de « changement achevé », car il
n'y a plus besoin de changement, quand le changement est achevé [220].

17. Mais si quelqu'un disait que ni l'acte ni le
mouvement n'ont en eux-mêmes besoin d'un
genre, mais qu'ils peuvent être ramenés au relatif [221] en raison du fait que l'un est l'acte d'un
substrat actif en puissance [222], tandis que l'autre
est l'acte d'un moteur en puissance en tant que
moteur [223], il faudrait répondre que [5] c'est bien
la relation qui, nous l'avons dit [224], engendre les
relatifs, et que les relatifs ne sont pas ce qu'ils
sont du seul fait d'être dans le discours mis en
rapport avec autre chose [225]. Quand une chose
existe, même si elle est ce qu'elle est en fonction
d'autre chose et en relation avec autre chose, c'est
antérieurement à toute relation qu'elle possède sa
nature. Même s'ils appartiennent à autre chose,
l'acte, le mouvement et l'état ne cessent pas d'être
et d'être pensés en eux-mêmes [10] avant toute
relation. Sinon, il n'y aura que des relatifs. Car
absolument tout a une relation avec autre chose,
comme c'est le cas avec l'âme.
– Pourquoi ne pas ramener l'action elle-même
et l'agir au relatif, puisque, dans tous les cas, il
s'agit d'un mouvement ou d'un acte ?
– Mais si les péripatéticiens ramènent l'action
au relatif, [15] tout en posant que l'agir est un
genre unique, pourquoi ne ramènent-ils pas aussi

le mouvement au relatif tout en faisant du fait d'être mû un genre unique, et ne divisent-ils pas le fait d'être mû en deux en disant que ce genre unique comprend ces deux espèces que sont l'agir et le pâtir [226], au lieu de dire, comme ils le font maintenant, que l'agir est un genre et que le pâtir en est un autre ?

18. Mais il faut se demander quel est leur position. Soutiennent-ils que, dans l'agir, il y a d'un côté les actes et de l'autre les mouvements, en disant que les actes se produisent tout d'un coup, tandis que les mouvements, par exemple couper [227], se situent dans le temps – car couper se produit dans le temps [228] ? Disent-ils plutôt qu'il n'y a que des mouvements ou des actions qui accompagnent le mouvement ? Pensent-ils que [5] toutes les actions sont en relation avec le pâtir ; ou que certaines sont indépendantes de toute relation, comme marcher ou parler ? Ou déclarent-ils que toutes celles qui sont en relation avec le pâtir sont des mouvements, alors que celles qui sont indépendantes de toute relation sont des actes ? Ou estiment-ils enfin que l'on trouve dans chacun de ces deux cas de figure des mouvements et des actes ?

De fait, « marcher », qui est indépendant de toute relation, ils en feront un mouvement, tandis que « penser » qui désigne aussi [229] [10] une action sans patient, ils en feront un acte, j'imagine. Sinon, il faut soutenir que le fait de penser et le fait de marcher ce n'est même pas agir. Mais s'ils ne se trouvent pas dans l'agir, il faut dire où ils se trouvent.

– Mais peut-être faut-il dire que le fait d'intelliger est relatif à l'objet d'intellection, comme l'est l'intellection ? Et que la sensation est relative à l'objet de la sensation [230] ? Mais si, dans ce cas aussi, la sensation est relative à l'objet de la sensation, pourquoi [15] le fait de sentir ne serait-il pas lui aussi relatif à l'objet de la sensation ?

– Oui, la sensation est relative à autre chose. Elle entretient une relation avec cela, mais en dehors de cette relation elle a une autre propriété : elle est soit un acte soit une affection. Alors, si l'affection ne se réduit pas au fait d'être l'affection de quelque chose et d'être produite par quelque chose, il en va de même pour l'acte. Certes la marche, qui a elle aussi la caractéristique d'être l'acte de quelque chose, [20] à savoir des pieds [231], et qui est causée par quelque chose, devrait donc avoir la propriété d'être un mouvement. Par suite, l'intellection elle aussi, en dehors de sa relation à un objet d'intellection a la propriété d'être un mouvement ou un acte.

19. Il faut se demander encore, s'il y a des actes qui semblent incomplets dans la mesure où ils ne se prolongent pas dans le temps, de telle sorte qu'ils en viennent à être identiques à des mouvements : par exemple, le fait de vivre ou la vie [232]. La vie de chaque individu se situe en effet dans un temps achevé, et le bonheur n'est pas un acte qui tient [5] dans un moment indivisible [233], et, estiment-ils, il en va de même pour le

mouvement[234]. Dès lors, on peut dire de la vie et
du bonheur que ce sont tous deux des mouvements, et que le mouvement est une chose unique,
un genre unique, que l'on voit accompagner la
réalité, tout comme le font la quantité et la qualité,
car le mouvement appartient lui aussi à la réalité.
Ou encore, si tu le souhaites, il faut dire que,
parmi les mouvements, les uns sont des mouvements du corps, les autres des mouvements de
l'âme. Ou encore, que les uns ont les choses en
mouvement elles-mêmes pour point de départ
quand les autres [10] viennent d'autres choses et
s'achèvent en elles. Ou bien encore, que les uns
viennent des choses en mouvement elles-mêmes
quand les autres viennent d'autres choses : ceux
qui viennent des choses en mouvement sont des
actions exercées sur autre chose ou des actions
indépendantes, et ceux qui viennent des autres
choses sont des passions.

– Et pourtant, les mouvements transmis aux
uns sont identiques aux mouvements qui procèdent des autres. La coupure qui vient de celui
qui coupe et la coupure chez celui qui est coupé
sont en effet une seule et même chose ; mais couper [15] et être coupé sont des choses différentes.

– Pourquoi devraient être une seule et même
chose la coupure provenant de celui qui coupe et
la coupure en celui qui est coupé ? L'action de
couper consiste dans le fait que tel acte ou tel
mouvement produit dans ce qui est coupé un
autre mouvement qui succède au premier.

– Mais il se pourrait bien que la différence ne
consiste pas dans le fait même d'être coupé, mais

plutôt dans [20] le résultat qui s'ajoute à ce mouvement, la douleur par exemple. Et de fait le pâtir
est là-dedans.

– Mais qu'en est-il, s'il n'y a pas de douleur ?
Qu'y a-t-il d'autre que l'acte de celui qui agit sur
cette chose particulière ? Car dans ce cas aussi on
parle d'« agir ». De ce fait, le mot a deux sens :
l'un désigne l'agir qui ne se produit pas en autre
chose, tandis que l'autre désigne l'agir qui se produit en autre chose. Il ne s'agit plus là d'une distinction entre l'agir et le pâtir, [25] mais c'est le fait
d'agir en une autre chose qui a conduit à supposer qu'il y a deux choses : l'agir et le pâtir. Écrire,
par exemple, même si c'est agir en autre chose,
n'implique pas le pâtir, car cette action ne produit
sur la tablette rien d'autre que l'acte de celui qui
écrit ; elle ne fait pas souffrir par exemple [235].

– Et si quelqu'un dit que la tablette reçoit
l'écriture [236] ?

– Ce n'est pas là parler de pâtir. [30] Pour ce
qui est de la marche, même si c'est sur la terre
que l'on marche, on ne va pas ajouter que la terre
pâtit. Mais quand quelqu'un marche sur le corps
d'un animal, on se figure que l'animal pâtit, en
songeant à la souffrance qui s'ajoute à la marche,
et non pas à la marche elle-même, car autrement,
on y aurait pensé avant [237]. Ainsi, dans tous les
cas, agir ne fait qu'une seule et même chose avec
ce que l'on appelle pâtir, [35] si pâtir est pris seulement dans le sens inverse d'agir. Mais pâtir
désigne ce qui vient à être ensuite, et non pas
l'inverse de l'agir, comme par exemple brûler est
l'inverse d'être brûlé [238], et c'est le résultat de cette

action qui consiste à la fois à brûler et à être brûlé, c'est-à-dire ce qui se produit après coup dans l'objet brûlé, que ce soit la douleur ou autre chose, comme le fait par exemple d'être consumé [239].

— Mais quoi, si on entreprend cette action particulière pour faire souffrir, n'est-il pas vrai que l'une des parties agit, tandis que l'autre [40] pâtit, même si l'action et la passion viennent d'un seul et même acte ?

— Non, dans cet acte, on ne trouve pas encore l'intention de faire souffrir, mais on fait quelque chose d'autre, qui donne lieu à la souffrance, qui, en se produisant dans ce qui va souffrir, forme une seule et même chose avec l'acte, et qui produit un autre effet : la souffrance.

— Quoi ! Cette seule et même chose, qui se produit avant de faire souffrir [45] ou sans même faire souffrir, ne représente-t-elle pas un pâtir pour ce sur quoi elle s'exerce, par exemple le fait d'écouter ?

— Non, écouter ce n'est pas pâtir, pas plus que sentir en général ; mais se voir infliger une souffrance, voilà qui est pâtir, et ce pâtir ne répond pas à un agir.

20. — Soit, il ne faut pas que ce soit l'inverse. Pourtant, puisque pâtir est autre chose qu'agir, la passion n'entre pas dans le même genre que l'action [240].

— Oui, s'il est vrai que les deux sont des mouvements ; ils relèvent du même genre : Aristote ne déclare-t-il pas par exemple : « L'altération, c'est un mouvement selon la qualité [241] » ?

– Mais alors, chaque fois que le mouvement selon la qualité [5] procède de l'agent, est-ce que l'altération est une action, c'est-à-dire un agir, même si l'agent ne subit pas d'affection ?

– Si l'agent ne subit pas d'affection, il se trouvera dans l'agir, mais si en agissant sur autre chose, en frappant par exemple, il pâtit aussi, il n'agit plus.

– Mais rien n'empêche que, tout en agissant, il ne soit aussi affecté. Si donc une action, par exemple frotter, se rapporte à la même chose qu'une affection, pour quelle raison est-ce alors agir plutôt que pâtir ?

– [10] C'est parce que, étant frotté en retour, on pâtit également.

– Mais est-ce que, parce qu'il y a mouvement en retour, nous allons soutenir qu'il y a deux mouvements pour le même agent ? Comment pourrait-il y en avoir deux ?

– En réalité, il n'y en a qu'un.

– Mais comment le même mouvement est-il à la fois action et passion ?

– Voici. C'est une action quand il vient d'une chose, et une affection quand il va vers autre chose [242], tout en restant le même mouvement [243]. Ou bien allons-nous dire qu'il s'agit d'un autre mouvement ? Et comment est-il possible que, en l'altérant, un mouvement [15] dispose autrement ce qui est affecté, et que l'agent ne soit pas affecté par cette disposition ? Car de quelle manière serait-il affecté par ce qu'il fait en autre chose ? Est-ce donc le fait que le mouvement se trouve en autre chose qui produit cette affection, laquelle n'était pas une affection pour celui qui agit ? Mais si c'est la « raison », celle du cygne [244], qui produit la blancheur, et si le cygne est rendu blanc à partir de sa naissance, allons-nous soutenir que le cygne subit une affection en acquérant [20] sa réalité ? Est-ce que ce serait aussi le cas s'il recevait la blancheur après coup ? Et si une chose en fait grandir une autre, et que cette autre grandit, est-ce que celle-ci est affectée ? Peut-être rétorquera-t-on qu'il n'y a affection que dans la qualité [245]. Mais si une chose en rend une autre belle, et que cette autre est embellie, la chose embellie subit-elle une affection ? Si donc ce qui embellit une autre chose [25] devient pire ou même disparaît, par exemple l'étain, alors que l'autre devient meilleure, par exemple le cuivre [246], allons-nous soutenir que le cuivre subit une affection et que l'étain agit ? Et comment pourrait-on dire que celui qui apprend subit une affection, quand l'acte de celui qui agit passe en lui ? Comment dire qu'il y a affection, puisqu'il n'y a qu'un seul acte ?

– Admettons que cet acte ne soit pas une affection ; mais si celui qui apprend est affecté, d'où sortira cette affection [247] ?

– [30] En tout cas, ce n'est pas parce que celui qui apprend n'a pas été actif. Car apprendre, ce n'est pas comme être frappé, puisqu'il s'agit de saisir et de connaître ; il en va de même pour voir.

21. – À quoi reconnaîtrons-nous le fait d'être affecté ?

– Certainement pas par le fait que l'acte vient d'autre chose, si celui qui reçoit cet acte s'en empare et le fait sien.

– Mais y a-t-il des cas où il n'y a pas acte, mais seulement affection ?

– Que dire alors si le patient devient meilleur, alors que l'acte est [5] du côté du pire ? Ou encore si quelqu'un agit vicieusement et entreprend quelque chose de licencieux à l'égard d'un d'autre [248] ? Ne faut-il pas dire que rien n'empêche l'acte d'être mauvais et l'affection, bonne ?

– Alors, par quoi allons-nous les distinguer ?

– N'est-ce pas par le fait que l'action qui vient d'une chose est dirigée vers une autre, tandis que l'affection que subit une chose lui vient d'une autre ?

– Mais alors que dire si quelque chose vient de soi-même et n'est pas dirigé vers autre chose, par exemple faire acte d'intellection, [10] se former une opinion ? Et que dire quand on s'échauffe [249] par suite de ses pensées ou d'une colère déclenchée par une opinion, alors que rien n'est venu de l'extérieur ?

– N'est-ce pas parce que l'agir est le résultat d'un mouvement qui prend sa source en lui-même, que ce mouvement reste en lui-même ou qu'il va vers autre chose ?

– Qu'en est-il alors de l'appétit et de toute forme de désir, s'il est vrai que le désir est déclenché par l'objet désiré ? À moins bien sûr de supposer que son mouvement n'a pas été déclenché par cet objet, [15] mais seulement éveillé après l'apparition de cet objet [250].

– En quoi alors le désir diffère-t-il d'un coup reçu ou d'une chute provoquée par une poussée ?

– Peut-être faut-il alors établir des distinctions entre les désirs, en disant que les uns sont des actions, tous ceux qui suivent l'intellect, tandis que les autres, ceux qui sont entraînés par autre chose, sont des passions, et en soutenant que pâtir consiste non dans le fait de venir d'autre chose ou de soi-même, – car une chose peut pourrir [251] d'elle-même –, mais dans le fait que, [20] lorsqu'un être subit, sans y contribuer en rien, une altération qui ne l'amène pas à se réaliser [252], et qui le change pour le pire et non pour le meilleur, c'est une altération de ce genre qui présente la caractéristique de l'affection, du pâtir [253] ?

– Mais si être chauffé, c'est recevoir de la chaleur, et si cela concourt à la réalité d'une chose, et non d'une autre, ce sera la même chose que pâtir et ne pas pâtir.

– Et pourquoi n'y aurait-il pas [25] deux manières d'être chauffé ?

– Eh bien, le fait d'être chauffé, chaque fois qu'il concourt à la réalité, concourt à la réalité parce que ce qui pâtit est alors différent d'elle ; par exemple, quand le bronze chauffé est affecté, alors que la réalité c'est la statue qui n'est pas elle-même chauffée, sinon par accident [254]. [30] Si donc le bronze est plus beau [255] parce qu'il a été chauffé, ou parce qu'il l'a été à un certain degré, rien n'empêche de dire qu'il a été affecté. Car il

y a deux manières d'être affecté : l'une qui
consiste à devenir meilleur ou pire, l'autre à ne
devenir ni l'un ni l'autre [256].

22. Ainsi, le pâtir naît parce qu'il a en lui un
mouvement qui est un mouvement d'altération
quelle que soit la manière de s'altérer [257]. Et agir,
c'est avoir en soi un mouvement indépendant qui
procède de soi, ou un mouvement qui, procédant
de soi, se termine en autre chose, un mouvement
qui prend son impulsion dans la chose [5] que
l'on dit agir. Il y a mouvement dans les deux cas.
Mais la différence qui permet de distinguer l'agir
du pâtir, c'est que l'agir en tant qu'agir reste
exempt de pâtir, tandis que le pâtir consiste pour
ce qui pâtit dans le fait d'être disposé autrement
qu'il ne l'était auparavant, sans d'ailleurs que la
réalité du patient ne gagne rien du point de vue
de la réalité, étant donné que c'est autre chose
qui est le patient, [10] lorsque naît une réalité [258].
Il en résulte que c'est le même mouvement qui
sera d'un certain point de vue agir, et d'un autre
pâtir, et qui sera, alors que ce mouvement reste
le même, considéré d'une façon comme agir, et
d'une autre comme pâtir, parce que le sujet est
disposé de la même manière [259]. Dès lors, l'un et
l'autre risquent d'être des relatifs, dans tous les
cas où l'agir est relatif au pâtir ; [15] c'est la
même chose qui, considérée d'une façon, paraît
agir, et d'une autre, pâtir. Et chacun des deux est
considéré non pas en soi, mais l'agent avec le
patient et inversement : « celui-ci meut, celui-là
est mû », et cela fait deux catégories dans chaque

cas. « Celui-ci donne à celui-là le mouvement, tandis que celui-là le reçoit », de sorte qu'il y a donation et réception, c'est-à-dire relation.

– [20] Mais si celui qui reçoit quelque chose l'« a », au sens où l'on dit « avoir une couleur », pourquoi ne pas dire aussi il « a » le mouvement, et s'il s'agit d'un mouvement indépendant, comme « marcher », qu'il « a » la marche, et qu'il « a » l'intellection ? Il faut également se demander si prévoir c'est agir, et si bénéficier de la prévoyance [260], c'est pâtir, car la prévoyance est dirigée vers autre chose et concerne autre chose.

– Non, [25] prévoir ce n'est pas agir, même si penser se fait à propos d'autre chose, et bénéficier de la prévoyance, ce n'est pas pâtir. Ou plutôt penser, ce n'est pas non plus agir, car on ne pense pas en agissant sur l'objet pensé, mais à propos de cet objet ; ce n'est en aucun cas une action [261]. Il faut encore se garder de dire que tous les actes sont des actions et qu'ils produisent quelque chose. S'il y a action, c'est par accident.

– Quoi ? Si en marchant quelqu'un laisse des traces, n'allons-nous pas dire [30] qu'il ne les a pas faites ?

– Oui il les a faites, mais cela provient du fait que celui qui marche est autre chose [262]. Ou mieux, produire des traces est un accident, l'acte de marcher ne produisant des traces que par accident, parce que le fait de marcher ne visait pas ce résultat ; c'est il en va bien ainsi pour les êtres inanimés dont nous disons qu'ils agissent, par exemple quand nous disons que le feu chauffe et que le médicament agit. Mais assez sur le sujet.

23. Pour ce qui est de l'avoir [263], si l'avoir
s'entend en plusieurs sens, pourquoi ne pas faire
entrer dans cette catégorie toutes les sortes
d'avoir [264] ? À ce compte-là, il faudra y faire
entrer et la quantité, car elle a une grandeur, et
la qualité, car elle a une couleur, et le père (et ce
qui joue ce rôle), [5] car il a un fils, et le fils parce
qu'il a un père [265], et en général les possessions [266]. Et si, mettant les autres possessions
dans ces catégories, tandis qu'on ne place dans
l'avoir que les armes, les chaussures [267] et ce dont
le corps est vêtu, il faudra d'abord se demander
pourquoi on fait cela. Il faut aussi se demander
pourquoi avoir ces choses constitue une seule
catégorie, tandis que les brûler, les couper, les
enfouir ou les perdre ne constituent pas une autre
catégorie ou même plusieurs autres [268] ? [10] Mais
si c'est parce qu'ils sont portés autour du corps,
alors y aura-t-il une catégorie, si un manteau est
étendu sur un lit [269], et une autre si quelqu'un
s'en enveloppe ? De plus, si « avoir » se prend
dans le sens de possession et d'état [270], il est clair
une fois de plus que toutes les autres choses dont
on parle sous le rapport de l'avoir doivent être
ramenées à la catégorie de l'état, peu importe
l'état [271], car la différence ne dépendra pas de ce
qui est possédé. [15] Si donc on ne doit pas dire
« avoir une qualité », parce que la catégorie de la
qualité a déjà été mentionnée, « avoir une quantité », parce que la catégorie de la quantité a déjà
été mentionnée, « avoir des parties » [272], car la
catégorie de la réalité a déjà été mentionnée,
pourquoi pourrait-on dire « avoir des armes »,

alors que la catégorie de la réalité, dans laquelle elles se trouvent, a déjà été mentionnée, car la chaussure et les armes sont dans la catégorie de la réalité. Et comment de façon générale expliquer que la proposition « tel homme a des armes » doit être tenue pour simple et relève d'une seule catégorie ? Cela [20] veut dire en effet être armé[273]. Ensuite, il faut se demander si cette proposition se dit seulement d'un être vivant, ou si elle se dit aussi d'une statue qui a des armes. Car ce n'est pas de la même manière que l'homme et la statue semblent « avoir » des armes, et sans doute pas dans le même sens[274], car de même, « se tenir debout » n'a pas le même sens dans l'un et l'autre cas. Enfin, il faut aussi se demander s'il est raisonnable de faire une nouvelle catégorie et un nouveau genre pour ce que l'on rencontre en un petit nombre de cas[275].

24. Pour ce qui est de la position[276], elle aussi se rencontre dans des cas peu nombreux, par exemple « être couché » ou « être assis ». Pourtant, « être couché » ne fait pas partie de ces termes qui se prennent absolument, car on dit « être situé dans telle ou telle position », « être situé dans telle ou telle attitude ». Or l'« attitude », c'est autre chose. Et que signifie d'autre « être situé » que [5] « être dans un lieu » ? Et lorsque l'on a mentionné l'« attitude » et le « lieu », à quoi bon ramener ces deux catégories à une seule ? Par ailleurs : si l'expression « il est assis » désigne une activité, il faut la ranger parmi les actes ; mais s'il s'agit d'une affection passive,

il faut la ranger dans la catégorie de l'« avoir
pâti » ou du « pâtir ». Mais que signifie d'autre
« il est couché » que « il est couché sur le lit de
droite », « il est couché sur le lit de gauche » ou « il
est couché sur le lit du milieu »[277] ? [10] Et pourquoi, si la « position couchée » est placée parmi les
relatifs, n'est-ce pas aussi le cas de « l'homme qui
est couché quelque part » ? Car si l'on range parmi
les relatifs « droit » et « gauche », on y met
l'homme qui est à droite et celui qui est à
gauche[278]. Voilà ce qu'il y a à dire sur le sujet[279].

25. Contre ceux qui posent qu'il y a quatre
genres[280], qui donc divisent les êtres en quatre
genres, substrats, qualités, manières d'être et
manières d'être relatives[281], et qui soutiennent qu'il
y a quelque chose[282] de commun à tous, qui enve-
loppent tous ces genres dans un genre unique, [5] il
y a beaucoup à dire, parce qu'ils prennent pour
acquis qu'il y a quelque chose de commun et un
genre unique. Quelle chose incompréhensible,
quelle absurdité que ce « quelque chose », et
comme il est inadapté et aux incorporels et aux
corps[283] ! De plus, ils n'ont laissé aucune place
aux différences, par le moyen desquelles ils pourraient établir des distinctions dans ce « quelque
chose ». Et encore, ce « quelque chose » est soit
un être, soit un non-être. Si donc c'est un être, il
s'agit de l'une de ses espèces. Mais si [10] c'est un
non-être, l'être est un non-être[284]. On pourrait
soulever des milliers d'autres objections, mais
laissons-les de côté pour l'instant et faisons porter notre examen sur la division elle-même.

En mettant les substrats [285] au premier rang, et
en mettant de ce fait la matière avant toutes les
autres choses, ils placent ainsi ce qui leur semble
être le premier principe sur le même plan que les
choses qui viennent après leur principe [286]. [15]
Et d'abord, ils ramènent à un genre unique ce qui
vient avant et ce qui vient après [287], alors qu'il
n'est pas possible que se trouvent dans le même
genre l'antérieur et le postérieur, car, dans les
choses où il y a de l'antérieur et du postérieur, le
postérieur tient son être de l'antérieur, tandis que
dans les choses qui tombent sous le même genre,
chacune reçoit de ce genre une part égale d'être,
[20] s'il est vrai qu'il faut que le genre soit ce qui
est prédiqué des espèces dans la définition ; or ils
soutiendront, j'imagine, que c'est de la matière
que les autres êtres tiennent leur être. Ensuite, en
comptant le substrat pour une seule chose, ce
n'est pas une énumération des êtres qu'ils entre-
prennent, mais ils sont à la recherche des principes des êtres. Or, parler [25] des principes, ce
n'est pas parler des êtres eux-mêmes. Et s'ils
disent que seule la matière existe, et que les autres
choses ne sont que des affections de la matière,
point n'est besoin de placer avant l'être et les
autres choses un genre unique [288]. Il eût mieux
valu qu'ils disent qu'il y avait d'un côté la réalité,
de l'autre les affections, et qu'ils opèrent des distinctions entre ces dernières. Il est absurde de dire
qu'il y a d'une part des substrats et d'autre part
[30] le reste des choses, alors que le substrat est
unique et n'admet aucune autre différence que
celle d'être découpé en parties, comme on

découpe une masse en parties [289] – et pourtant il
ne peut même pas être divisé en parties, puisqu'ils
disent que la réalité relève de la continuité – ; il
eût mieux valu parler du « substrat ».

26. De façon générale, il est à tous égards on
ne peut plus absurde de mettre la matière avant
toutes choses, elle qui n'est qu'en puissance, et de
ne pas en revanche placer l'acte avant la puissance [290]. Car ce qui est en puissance ne pourra
jamais passer à l'acte si ce qui est en puissance
tient le rang de principe parmi les êtres ; ce n'est
[5] certainement pas en effet ce qui est en puissance qui se fera passer lui-même à l'acte [291] : ou
bien ce qui est en acte doit venir avant ce qui est
en puissance, et alors ce qui est en puissance n'est
plus principe, ou bien s'ils [292] soutenaient qu'il y
a simultanéité, ils abandonneraient au hasard ces
principes [293]. En outre : si ce qui est en puissance
et ce qui est en acte sont simultanés, pourquoi ne
pas donner le premier rang à ce qui est en acte ?
Et pourquoi ce qui est en puissance, la matière,
aurait-elle plus d'être, et non ce qui est en acte ?
Et si ce qui est en acte est postérieur, comment
cela se fait-il ? Car ce n'est certainement pas la
matière qui engendre la forme, [10] ni elle qui,
dépourvue de qualité, engendre la qualité, et
l'acte non plus ne vient pas de ce qui est en puissance, sinon ce qui est en puissance contiendrait
en lui l'être en acte, et il ne serait plus simple [294].

En outre pour eux, le dieu vient en second
après la matière, car c'est un corps composé de
matière et de forme [295] ? D'où tient-il sa forme ?

S'il possède la forme sans la matière, parce qu'il ressemble à un principe et que c'est une raison, le dieu sera un incorporel [15] et ce principe actif sera incorporel. Mais si, même sans la matière, le dieu est en réalité un composé[296], puisque c'est un corps, ils introduiront une autre matière, celle du dieu. De surcroît, comment cette matière pourra-t-elle être principe, si elle est un corps ? Car un corps ne peut pas ne pas être multiple. Et tout corps est composé de matière et de qualité. Mais si c'est en un autre sens que cette matière est un corps, [20] c'est de manière équivoque qu'ils appellent corps la matière. Et s'ils prétendent que le caractère commun à tout corps est la tridimensionnalité, ils parlent du corps mathématique. Mais s'ils ajoutent la résistance à la tridimensionnalité, ils parlent d'une chose qui n'est plus une[297]. De plus, la résistance est quelque chose de qualifié ou relève de la catégorie de la qualité. Et d'où vient la résistance ? Et d'où vient l'étendue tridimensionnelle, ou plutôt qui a produit cette étendue ? Car la matière n'est pas plus contenue [25] dans la définition de l'étendue tridimensionnelle, que la tridimensionnalité ne l'est dans celle de la matière. Et dès lors que la matière participe de la grandeur elle n'est plus simple. De plus, d'où vient l'unification ? Cette unification n'est certainement pas l'unification en soi, mais elle vient d'une participation à l'unification. Ils[298] auraient dû songer qu'il n'est pas possible de mettre la masse avant tout le reste, et qu'il faut au contraire mettre en premier ce qui est dépourvu de masse et qui est un ; en commençant

[**30**] par ce qui est un, il faut terminer par ce qui
est multiple [299], en partant de ce qui est dépourvu
de grandeur il faut aller vers les grandeurs, s'il est
bien exact qu'il n'y a pas de plusieurs quand il
n'y a pas l'un, qu'il n'y a pas de grandeur quand
il n'y a pas ce qui est dépourvu de grandeur, c'est-
à-dire s'il est bien exact que la grandeur est une,
non par elle-même, mais parce qu'elle participe à
l'unité et se combine à elle. Il faut donc que ce
qui existe primitivement et principalement vienne
avant ce qui n'existe que par combinaison. Il
eût mieux valu se demander comment il peut y
avoir [**35**] combinaison et rechercher de quelle
manière la combinaison peut se produire : peut-
être auraient-ils [300] alors découvert l'un qui n'est
pas un par accident. J'appelle un par accident ce
qui est un non pas par lui-même, mais du fait
d'autre chose.

27. Ils auraient dû procéder autrement en
maintenant le principe de l'ensemble des choses
à la place d'honneur, au lieu de poser comme
principe ce qui est dépourvu de forme, ce qui est
passif, ce qui n'a point part à la vie, ce qui est
privé d'intellect, ce qui est obscur et ce qui est
indéfini, et d'attribuer la réalité véritable à cette
chose [301]. Ils introduisent le dieu [**5**] pour sauver
les apparences, mais c'est un dieu qui tient son
être de la matière, qui est un composé [302] et qui
vient en second, ou plutôt ce n'est que de la
matière disposée d'une certaine manière [303]. De
plus, si la matière est un substrat, il doit y avoir
autre chose qui, se trouvant à l'extérieur, agisse

sur elle et en fasse le substrat des choses qu'elle envoie dans la matière. En revanche, si le dieu se trouvait lui-même comme substrat [10] dans la matière et s'il venait de lui-même à s'unir à elle, il ne ferait plus de la matière un substrat et il ne serait plus lui-même un substrat conjointement avec la matière [304]. Car de quoi seraient-ils substrats, lui et la matière, puisqu'il ne resterait plus rien pour en faire des substrats, étant donné que toutes choses auraient été absorbées dans ce prétendu substrat ? Un substrat est substrat [15] en rapport avec quelque chose, non avec ce qui se trouve en lui-même, mais avec ce qui agit sur lui qui alors tient le rôle de substrat ; le substrat est substrat relativement à ce qui n'est pas substrat. S'il en est bien ainsi, s'il est substrat relativement à ce qui est extérieur à lui, il faut dès lors faire une place à ce terme [305]. Mais s'ils n'ont besoin de rien d'extérieur, et si au contraire le substrat est en mesure de devenir toutes choses en recevant des figures [306], [20] comme le danseur [307] qui dans la danse se fait lui-même toutes choses, alors il n'est plus un substrat, mais il est lui-même toutes choses. Car, comme le danseur n'est pas un substrat pour les figures qu'il exécute – puisque l'ensemble de ce qu'il représente est son acte –, de même ce qu'ils appellent la matière ne sera pas non plus un substrat pour toutes choses, si tout le reste vient d'elle. Ou plutôt, les autres choses en général n'existeront même pas, [25] si elles ne sont effectivement que des manières d'être de la matière [308], comme sont des manières d'être du danseur les figures qu'il exécute. Mais si les

autres choses n'existent pas, la matière ne sera en
aucune façon un substrat, et elle ne fera même
pas partie des êtres, mais n'étant rien d'autre que
matière, elle ne sera de ce fait même pas matière.
La matière en effet est un relatif. Et le relatif est
en rapport avec un autre terme du même genre,
par exemple le double [**30**] par rapport à la moitié, et non la réalité par rapport au double. Mais
comment l'être peut-il être en rapport avec le
non-être si ce n'est par accident ? Or, ce qui en
soi-même est un être – et la matière est un être [309]
– c'est avec un être que cela doit être en rapport.
Car si le corrélatif est puissance, c'est-à-dire
quelque chose qui doit être, et si ce n'est pas une
réalité, alors la matière n'est pas elle-même une
réalité [310]. C'est le résultat auquel parviennent
ceux qui, tout en accusant leurs adversaires de
faire provenir la réalité de ce qui n'est pas
réalité [311], [**35**] font eux-mêmes provenir ce qui
n'est pas réalité de la réalité. Car le monde en
tant que monde n'est pas la réalité. Il est absurde
de dire que la matière qui est substrat est une
réalité, et de ne pas considérer à plus forte raison
que les corps et même le monde ne soient pas
des réalités, sinon pour autant que l'une de ses
parties [312] est réalité [313]. Il est également absurde
de dire que le vivant tient sa réalité [**40**] non pas
de son âme, mais seulement de la matière, et que
l'âme est le résultat d'une affection de la matière
et qu'elle vient après elle. D'où vient donc que la
matière est animée, et de façon générale d'où
vient l'existence de l'âme ? Et comment expliquer
que la matière devienne parfois des corps, alors

qu'une autre partie d'elle devient une âme ? Car,
même si la forme venait d'ailleurs[314], [45] la
simple addition d'une qualité à la matière n'en
ferait jamais une âme, mais seulement des corps
dépourvus d'âme. Mais si quelque chose façon-
nait la matière pour en faire une âme, avant l'âme
à naître il y aurait l'âme qui la produit.

28. Il y aurait beaucoup d'objections à élever
contre cette hypothèse, mais il faut nous arrêter
là, de peur qu'il ne paraisse absurde d'engager
une polémique contre une absurdité si évidente,
en montrant que les stoïciens mettent au premier
rang le non-être[315] comme s'il s'agissait de l'être
de plus haut rang, et qu'ils donnent la première
place au dernier. La raison [5] de cette absurdité
tient à ce qu'ils prennent pour guide la sensation
et qu'ils lui font confiance pour établir les principes et le reste. Parce qu'ils considèrent que les
corps sont les êtres véritables, et qu'ensuite ils
sont pris de crainte en les voyant changer les uns
dans les autres, ils estiment que ce qui subsiste
comme leur fondement, c'est l'être réel ; c'est
comme si quelqu'un prenait le lieu plutôt que les
corps pour l'être véritable[316], [10] parce qu'il
considérerait que le lieu ne périt pas. Certes, ils
estiment eux aussi que le lieu subsiste, mais ils
n'auraient pas dû prendre n'importe quoi de
subsistant pour l'être véritable ; ils auraient dû
observer d'abord quels sont les attributs de l'être
véritable, grâce auxquels l'être véritable possède
la subsistance[317] et demeure pour toujours. Car
si l'ombre qui accompagne toujours une chose en

train de changer persiste, ce n'est pas pour cela
qu'elle existe plus réellement [15] que cette
chose [318]. De plus, une chose sensible considérée
avec telle autre et avec beaucoup d'autres choses
constituera un tout qui, dans sa multiplicité, sera
plus réel que l'une des choses qui sont en lui [319].
Mais si ce tout est un non-être, comment pourra-
t-il être un support [320] ? La chose la plus éton-
nante de toutes c'est, alors même qu'ils font
confiance à la sensation dans chaque cas particulier, qu'ils posent comme être véritable ce qui ne
peut être appréhendé par les sens. [20] Ils lui attri-
buent bien la résistance, mais c'est à tort, puisque
la résistance est une qualité [321]. S'ils disent qu'on
saisit la matière par l'intellect, il s'agit d'un
étrange intellect qui met la matière avant lui-
même, et qui lui attribue l'être sans se l'attribuer.
Mais si pour eux l'intellect n'est pas un être, comment donc lui faire confiance quand il parle de
choses qui lui sont supérieures et avec qui il n'est
d'aucune manière apparenté ? [25] Mais nous en
avons assez dit sur cette nature et sur les substrats
ici et ailleurs [322].

29. Pour eux, il faut bien que les qualités [323]
soient différentes des substrats, et c'est ce qu'ils
disent. Si tel n'était pas le cas, ils ne les compte-
raient pas comme un second genre. Puis donc
qu'elles sont différentes des substrats, il faut
qu'elles soient simples également. Dans ce cas,
elles ne sont pas des composés. Et elles ne doivent
donc pas non plus avoir de matière, dans la
mesure où ce sont des qualités. En outre, elles

doivent être [5] incorporelles et actives[324]. La
matière est en effet le substrat qu'elles affectent.
Si ce sont des composés, cette division est
absurde, d'abord parce qu'elle associe en les
opposant des choses simples et des choses composées[325], et qu'elle les ramène sous un genre
unique, et ensuite parce que l'une des espèces
comprend l'autre[326] : c'est comme si l'on divisait
la science [10] en études littéraires d'une part et
en études littéraires avec autre chose d'autre part.
S'ils disent que les qualités sont la matière qualifiée, alors leurs « raisons » seront tout d'abord
des raisons qui se trouvent dans la matière et,
une fois dans la matière, elles ne produiront pas
quelque chose de composé, mais elles seront un
composé de matière et de forme, antérieur au
composé qu'elles produisent[327]. Ce ne seront
donc pas elles-mêmes des formes ni même des
raisons : Mais s'ils disent [15] que les « raisons »
ne sont rien d'autre que la matière disposée d'une
certaine manière, ils diront, la chose est claire,
que les qualités sont des manières d'être et il faudra les placer dans le troisième genre[328].

– Mais est-ce là un autre état, et en quoi
consiste la différence ?

– Dans ce cas, il est clair que la manière d'être
est davantage existence[329]. En fait, si ce troisième
genre ne possède pas aussi l'existence, pourquoi
le comptent-ils comme un genre unique ou [20]
une espèce unique ? Car bien sûr on ne peut
mettre sous le même genre ce qui est et ce qui
n'est pas.

– Mais qu'est-ce que cette manière d'être qui s'impose à la matière ?

– C'est un être ou un non-être. Si c'est un être, elle est complètement incorporelle. Si ce n'est pas un être, c'est une expression vide ; il n'y a que la matière, et la qualité n'est rien. Et la manière d'être n'est rien non plus ; elle est encore davantage non-être. Et le quatrième genre mentionné **[25]** l'est encore beaucoup plus [330]. Ainsi le seul être, c'est la matière.

– Qui donc prétend cela ?

– Ce ne peut être la matière elle-même. Mais si ce n'est pas elle, c'est donc l'intellect qui est une certaine manière d'être de la matière [331]. Or « manière d'être » est un ajout vide. C'est donc la matière qui dit cela [332] et qui le conçoit. Et si ce qu'elle disait était sensé, il serait étonnant de constater qu'elle fait acte d'intellection et qu'elle accomplit les activités de l'âme, **[30]** alors qu'elle ne possède ni intellect ni âme. Si, au contraire, ce qu'elle dit est insensé, en se présentant comme ce qu'elle n'est pas et ce qu'elle ne peut être, à qui faut-il rapporter ce propos insensé ? À elle sans doute. Mais en réalité elle ne parle pas, même si celui qui parle ainsi doit beaucoup de ce qu'il dit à la matière, à laquelle il appartient tout entier. Même s'il possède un petite partie d'âme, il parle en s'ignorant lui-même **[35]** et en méconnaissant la faculté qui rend capable de dire la vérité sur de tels sujets [333].

30. Pour ce qui est des manières d'être [334], il est sans doute absurde de mettre au troisième rang

ou à n'importe quel autre rang les choses qui sont
d'une certaine manière, car toutes choses sont des
manières d'être à l'égard de la matière. Mais les
stoïciens diront qu'il y a une différence parmi les
manières d'êtres, car c'est une chose pour la
matière d'être de telle manière ou de telle autre,
[5] et une autre pour les choses qui ont telle ou
telle manière d'être ; de surcroît, même si les qualités sont bien des manières d'être de la matière,
les choses qui sont spécifiquement des manières
d'être sont telles relativement aux qualités. Mais
comme les qualités elles-mêmes ne sont rien
d'autre que des manières d'être de la matière, les
manières d'être selon les stoïciens se réduisent à
la matière, et elles sont telles en fonction de la
matière. De plus, comment faire des manières
d'être un genre unique, alors qu'il y a en elles
[10] un grand nombre de différences ? Comment
mettre « long de trois coudées » et « blanc » dans
un genre unique, alors que le premier relève de la
quantité, et le second de la qualité ? Et qu'en
est-il du « quand » et du « où » ? Comment
« hier », « l'année passée », au « Lycée » et à
l'« Académie » seront-ils ensemble des manières
d'être ? Et de façon générale, en quel sens le
temps est-il une manière d'être ? Car ni le temps
ne l'est, ni ce qui est [15] dans le temps lui-même,
ni ce qui est dans un lieu ni le lieu. Et l'agir, en
quel sens est-ce une manière d'être ? En fait, celui
qui agit n'est pas une manière, mais il faut plutôt
dire qu'il agit d'une certaine manière ; et, en
général, on dit non pas qu'il agit d'une certaine
manière, mais seulement qu'il agit. Celui qui pâtit

n'est pas non plus une manière d'être, et on dit
plutôt qu'il pâtit, ou en général qu'il pâtit de telle
ou telle façon [335]. Mais il se peut que « manière
d'être » ne convienne qu'aux catégories [20]
« être situé » et « avoir » [336]. Mais il faut reconnaître qu'« avoir » n'entre pas dans la catégorie
de la « manière d'être » mais dans celle de
l'« avoir » [337].

Pour ce qui est de la manière d'être relative,
s'ils ne la faisaient pas entrer dans un seul et
même genre [338], avec les autres catégories, il faudrait en outre se demander s'ils confèrent une
existence quelconque aux rapports que ce terme
désigne, puisque souvent ils ne le font pas [339]. De
surcroît, il est absurde de mettre dans le même
genre [25] à la fois ce qui survient à des êtres qui
existent déjà et ces êtres qui sont là avant [340]. Il
faut bien en effet que le un et le deux soient là
avant, pour que puissent exister la moitié et le
double.

Quant à tous ceux qui ont soutenu d'autres
thèses concernant les êtres ou leurs principes,
qu'ils aient dit qu'ils sont en nombre indéterminé
ou en nombre déterminé, que ce sont des corps
ou [30] des incorporels ou bien l'un et l'autre, il
est possible d'examiner séparément leurs positions en tenant également compte de ce que les
anciens [341] on dit contre elles.

TRAITÉ 43
Sur les genres de l'être II[1]

1. Maintenant que notre enquête sur ce que l'on appelle les « dix genres » est terminée[2], et que nous avons également parlé de ceux qui ramènent toutes choses à un seul genre et qui rangent sous ce genre unique quatre catégories qui en sont comme les espèces[3], il nous reste, semble-t-il, à formuler notre opinion sur ces points, [5] en tâchant de la ramener à celle de Platon[4]. Si donc on était obligé d'admettre que l'être est un, il ne serait pas nécessaire de se poser les questions suivantes : y a-t-il un genre unique qui embrasse tous les êtres ? Y a-t-il des genres qui ne sont pas subordonnés à un genre unique ? Faut-il admettre des principes ? Les principes sont-ils identiques à des genres, ou bien tous les principes sont-ils des genres, [10] sans que tous les genres soient des principes, ou est-ce l'inverse ? Ou encore, y a-t-il, dans chacun des deux groupes, des principes qui sont aussi des genres, et des genres qui sont aussi des principes ? Ou bien enfin, est-ce que dans un cas tous les

principes sont des genres, quand, dans l'autre,
seuls certains sont à la fois des principes et des
genres ? Mais puisque nous soutenons que l'être
n'est pas un – Platon et d'autres ont dit pour
quelle raison [5] – [15], il devient sans doute nécessaire d'aborder en tout premier lieu ces questions
en les mettant au centre de nos préoccupations,
et de dire combien nous admettons de genres
d'êtres et pour quelle raison. Dans la mesure
donc où notre recherche porte sur l'être et les
êtres, il est nécessaire dans un premier temps de
faire sur ce point [6] une distinction entre ce que
nous appelons l'être, qui est l'objet qui convient
à notre recherche actuelle, et ce que les autres
prennent pour [20] l'être, mais que nous appelons
le « devenir », et qui jamais n'est réellement [7]. Il
faut bien voir que, si ces termes sont séparés l'un
de l'autre, ce n'est pas comme si le genre du
« quelque chose » [8] avait été divisé en ces deux
espèces, et il ne faut pas non plus supposer que
Platon a procédé ainsi [9]. Car il serait aussi ridi-
cule de mettre l'être avec le non-être sous un
genre unique, que de mettre Socrate [25] et son
portrait sous le même genre [10]. Car « établir une
distinction [11] », signifie dans ce passage « séparer », « mettre à part », et cela revient à dire que
l'apparence d'être n'est pas l'être, en leur montrant que l'être véritable est autre chose que ce qu'ils
indiquent. Et en ajoutant à « être » « toujours » [12],
Platon a indiqué que l'être doit être tel [30] qu'il
ne démente jamais sa nature d'être [13]. Eh bien,
c'est de cet être dont nous parlons, et c'est sur lui
que nous conduirons notre recherche en prenant

pour acquis qu'il n'est pas un. C'est ensuite seulement [14] que, si cela nous semble opportun, nous
dirons quelque chose du devenir, de ce qui
devient [15], c'est-à-dire du monde sensible.

2. Dans la mesure où nous soutenons que l'être
n'est pas un [16], est-il déterminé en nombre ou
est-il illimité [17] ?

– En quel sens disons-nous donc que l'être
n'est pas un ?

– Nous disons plutôt qu'il est en même temps
un et multiple [18], et que cette unité est variée en
ce sens que c'est une unité qui réunit la pluralité
en elle. Pourtant, il est nécessaire qu'une unité de
cette sorte [19] soit ou bien une à la façon d'un
genre dont les êtres sont les espèces, [5] ce qui fait
qu'elle est à la fois multiple et une, ou bien qu'il
y ait soit plusieurs genres, tous rassemblés sous
un seul genre, soit plusieurs genres dont aucun
n'est subordonné à aucun autre, mais dont chacun embrasse les termes qui lui sont subordonnés, qu'il s'agisse de genres inférieurs ou
d'espèces comprenant des individus qui leur sont
subordonnés, mais tels que tous constituent [20]
une nature unique, c'est-à-dire que tous se ras-
semblent pour constituer le monde intelligible,
[10] qui est ce que nous appelons l'« être ». S'il
en va bien ainsi, ce sont là non seulement des
genres de l'être, mais en même temps aussi des
principes [21]. Ce sont des genres, parce que en dessous d'eux on trouve d'autres genres inférieurs,
puis des espèces et des individus ; et ce sont des
principes, si l'être est fait de leur multiplicité, et

si le tout tient d'eux son existence. Mais si l'être n'était composé qu'à partir d'éléments multiples, [15] les ensembles qui résultent de la réunion de ces éléments produisant l'univers sans avoir rien d'autre sous eux seraient des principes, mais pas des genres[22]. Par exemple, si quelqu'un fabriquait le monde sensible à partir des quatre éléments, le feu et les trois autres, il s'agirait bien là d'éléments, mais pas de genres, à moins que le terme « genre » ne soit utilisé de façon équivoque.

– Si l'on dit qu'il s'agit là de genres, mais que ce sont en même temps [20] des principes, n'allons-nous pas parfaire le tout en mélangeant les uns aux autres tous ces genres dans leur totalité et avec eux chacune des choses qui leur sont subordonnées, et fabriquer ainsi un mélange de toutes choses[23] ?

– Mais alors, chaque chose serait en puissance et non pas en acte, et aucune ne se trouverait plus à l'état pur.

– Pourquoi ne serait-il pas possible de laisser les genres de côté et de faire un mélange des individus ?

– Mais alors que seront les genres, [25] pris en eux-mêmes ?

– Ils resteront en eux-mêmes et à l'état pur, et leur mélange ne les détruira pas.

– Et comment est-ce possible ?

– On le dira plus tard[24]. Pour l'instant, après avoir admis qu'il y a des genres qui de surcroît sont les principes de la réalité, et que, en un autre sens, ce sont ces principes et leur composition[25] qui sont au fondement de la réalité, il faut d'abord dire à propos des choses que nous estimons être des genres[26] comment [30] nous les distinguons les unes des autres et évitons de les rassembler sous un genre unique, comme si elles constituaient une seule et même chose en s'agrégeant au hasard. Certes, il serait beaucoup plus satisfaisant de dire que les genres se ramènent à une seule et même chose.

– S'il était possible de dire que les genres sont des espèces de l'être et s'il en allait ainsi pour les individus associés à ces espèces, sans qu'il ne reste rien à l'extérieur, on pourrait sans doute procéder ainsi. [35] Mais s'il arrivait qu'on fasse cela[27], une telle thèse aboutirait à sa propre destruction[28]. Les espèces en effet ne seraient même plus des espèces ; de façon générale, il n'y aurait plus aucune multiplicité sous l'un, et de fait, toutes choses seraient une, et à l'extérieur de cette unité il n'y aurait pas d'autres choses, pas une seule. Car comment cet un arriverait-il à devenir plusieurs choses, de façon à engendrer des espèces, s'il n'y avait pas autre chose en dehors de lui ? Il ne peut en effet en lui-même devenir plusieurs choses, à moins qu'on ne le morcelle comme on le fait pour une grandeur[29] ; [40] mais même alors, ce qui le morcelle serait différent de lui. Si en revanche c'est lui-même qui se morcelle et qui en général se divise, il devra être divisé avant de se diviser. C'est donc pour cette raison et pour d'autres encore qu'il faut renoncer à admettre un « genre unique », sans quoi il ne serait plus possible de dire de chaque chose, en aucune façon, qu'elle est un être ou une réalité. Si l'on attribuait à cette chose l'être, ce serait par accident, [45] comme si l'on disait que le blanc c'est la réalité. Dire cela, ce n'est pas dire ce qu'est le blanc [30].

3. Oui, nous disons bien qu'il y a plusieurs genres et que ce n'est pas par hasard [31] qu'il y a plusieurs genres.

– C'est de l'Un qu'ils proviennent [32], n'est-ce pas ?

– Oui, mais même s'ils proviennent de l'Un, étant donné que cet Un n'est pas l'un des prédicats qui entrent dans la définition de leur être, rien n'empêche chacun d'eux, puisqu'il n'est pas de la même espèce qu'un autre, d'être lui-même un genre séparé.

– Cet Un qui se trouve en dehors d'eux, [5] est-il la cause des genres qui sont engendrés, sans être un prédicat qui entre dans la définition des autres genres ?

– Oui, cet Un se trouve en dehors d'eux, car l'Un se trouve au-delà, de sorte qu'il n'est pas compté au nombre des genres, s'il est vrai que les autres genres, qui sont égaux entre eux en tant que ce sont des genres, existent grâce à lui.

– Et pourquoi ne peut-il être compté au nombre des genres ?

– C'est que notre recherche porte sur les [10] êtres, non pas sur ce qui se trouve au-delà d'eux.

– D'accord pour cet Un au-delà de l'être. Mais qu'en est-il de l'un qui peut être compté au nombre des genres ? On pourrait s'étonner qu'il se trouve au nombre des choses causées.

– Oui, si l'on met sous un genre unique cet un
et les autres choses, on tombe dans l'absurdité.
Mais, si l'on compte cet un au nombre des choses
dont il est la cause, comme s'il était le genre
suprême et que les autres venaient à sa suite – les
choses qui viennent à sa suite sont différentes de
lui, [15] et il n'est prédiqué d'elles ni à titre de
genre ni comme autre chose qui les concerne [33] –,
alors il est nécessaire que ces choses qui viennent
à la suite de l'un soient elles aussi des genres, car
elles ont également d'autres choses en dessous
d'elles. Car, si tu engendres la marche, tu n'es pas
non plus le genre dont la marche serait l'espèce.
Et à supposer qu'il n'y ait rien d'antérieur à la
marche qui soit un genre, mais qu'il y ait des
espèces postérieures à la marche, [20] la marche
serait un genre pour les êtres. Mais, en général, il
ne faut sans doute même pas dire que l'un est la
cause des autres êtres. Il faut plutôt dire que les
autres êtres en sont comme les parties, c'est-à-
dire comme les éléments, et que tous ils constituent une seule et même nature qui est divisée par
les actes de notre intellect [34], tandis que cet un
se trouve lui-même un en toutes choses par sa
puissance merveilleuse qui tout à la fois lui permet de paraître être beaucoup de choses [25] et
de devenir beaucoup de choses, comme si, chaque
fois qu'il est pour ainsi dire en mouvement, du
fait de sa nature qui surabonde [35], l'un fait que
l'un n'est pas un, tandis que nous, nous faisons
comme s'il y avait des parties de l'un, nous avançons en rapportant chacune de ces parties à une
unité, et nous disons que c'est un genre, en

méconnaissant le fait que nous ne voyons pas
tout à la fois. Nous avançons au contraire en
allant d'une partie à une autre, puis en rattachant
à rebours ces parties les unes aux autres [36], parce
que nous ne sommes pas capables de les retenir
longtemps alors qu'elles se hâtent les unes vers
les autres [37]. [30] Voilà pourquoi nous les laissons
aller vers l'ensemble et leur permettons de redeve-
nir un, ou plutôt d'être un. Mais cela sera sans
doute plus clair lorsque nous saurons ce qui vient
ensuite, et que nous aurons compris combien il y
a de genres ; alors, nous comprendrons également
pourquoi il en est ainsi. Toutefois, puisque dans
notre exposé nous ne devons pas nous borner à
des déclarations, mais qu'il nous faut [35] parvenir à concevoir et comprendre ce que les mots
veulent dire, nous allons procéder de la façon suivante [38].

4. Si nous souhaitons connaître la nature du
corps, en nous demandant en quoi consiste la
nature du corps lui-même dans ce monde-ci,
après avoir compris que dans telle ou telle partie
de cet univers – une pierre par exemple [39] – il y a
ce qui peut être considéré comme son substrat et
ce qui par ailleurs peut être considéré comme sa
quantité, [5] comme sa grandeur et comme sa
qualité – par exemple, sa couleur –, ne faut-il pas
dire aussi que, dans le cas de tout autre corps
il y a, dans sa nature de corps, ce qui peut être
appelé réalité, quantité et qualité, qui sont tout
ensemble, mais qui peuvent être distingués par la
raison en trois genres, et que ces trois genres font

un seul et même corps ? Mais si le mouvement fait aussi naturellement partie [10] de la constitution de ce corps, et que nous le comptons avec les autres, alors ces quatre genres en feront un, et ce corps qui est un sera suspendu, pour ce qui est de son unité et de sa nature, à eux tous. De la même manière, bien sûr, quand la discussion porte sur la réalité intelligible et sur les genres et les principes de là-bas, il faut retrancher non seulement le devenir qui est dans les corps et [15] la connaissance que l'on obtient par le moyen de la sensation, mais aussi la grandeur – car c'est ainsi que les corps sont distincts et qu'ils restent à part les uns des autres –, pour s'attacher à une existence intelligible, en la considérant comme étant véritablement et comme ayant plus d'unité[40]. Ce qui est étonnant, dans l'intelligible, c'est la manière dont ce qui est un de cette façon est un et plusieurs[41]. Car, dans le cas des corps, on a admis que le même corps est à la fois un et plusieurs, et qu'il [20] peut être divisé à l'infini, puisque sa couleur est une chose et sa figure en est une autre, et que ce sont là des choses séparées. Mais si l'on prenait pour objet une âme, qui est unique, sans dimension, sans grandeur, absolument simple, telle qu'elle apparaîtrait au premier abord à sa saisie par la raison discursive, comment pourrait-on encore espérer finalement y découvrir plusieurs choses ? Certes, on estimait pouvoir s'arrêter à l'unité de l'âme[42], [25] lorsque l'on divisait le vivant en corps et en âme, et que l'on découvrait le corps multiforme, composé et varié, parce que l'on était bien certain d'avoir découvert

que l'âme était simple[43] et que l'on pensait pouvoir arrêter là notre marche parce que l'on avait
atteint le principe. Considérons donc cette âme,
que nous avons saisie[44] dans le « lieu intelligible[45] », comme auparavant nous avions saisi le
corps dans le sensible, [30] et demandons-nous
comment cet un est plusieurs choses et comment
ces choses qui sont plusieurs sont unes, non pas
comme une unité composée à partir de plusieurs
choses mais comme une nature unique qui est
plusieurs choses. Car une fois que cela aura été
compris et sera devenu clair, la vérité concernant
les genres de l'être deviendra claire, comme nous
le disions[46].

5. Mais il faut d'abord se mettre cela dans
l'esprit : puisque chacun des corps, ceux des animaux et des plantes par exemple, est multiple en
raison des couleurs, des figures, des grandeurs et
des formes de leurs parties, et que l'un se trouve
à un endroit et l'autre ailleurs, alors que pourtant
ils viennent tous d'une unité, ils doivent venir soit
d'une unité qui est absolument une [5], [...][47] soit
d'une unité qui est plus une que ce qui vient
d'elle. Il en résulte donc que l'unité a plus de réalité que ce qui devient, car plus on est loin de
l'unité, plus on est loin de l'être. Ainsi, puisque
des corps viennent d'une unité, mais non pas
d'une unité qui est absolument une ou qui est
l'Un en soi[48] – car ce dernier ne produirait pas
une multiplicité discontinue[49] –, il ne reste que
cette possibilité : les corps viennent d'une unité

multiple. [10] Or ce qui les produit, c'est l'âme. L'âme est donc une unité multiple.

– Eh bien, cette multiplicité, sont-ce les « raisons » des choses qui adviennent ? Ou est-ce que cette multiplicité est une chose, et les « raisons » une autre ?

– L'âme est la « raison », la somme des « raisons », et les « raisons » constituent son activité, lorsqu'elle est active conformément à sa réalité [50] ; et sa réalité, c'est la puissance des « raisons ». Ainsi, son action sur les autres choses [15] a bien montré que cette unité était multiple.

– Mais qu'en serait-il si elle ne produisait pas ? Si on la considérait comme ne produisant pas, en remontant à ce qui en elle ne produit pas ?

– Même là, n'y découvrirait-on pas des puissances multiples ? Tout le monde admet en effet que l'âme est. Mais être, pour elle, est-ce la même chose qu'être pour la pierre ?

– Non, ce n'est pas la même chose.

– Mais dans le cas de la pierre également, [20] être ce n'est pas seulement être, mais c'est l'être-pierre [51]. De même ici, être pour l'âme comprend l'être et conjointement l'être âme.

– Est-ce donc que l'être est une chose, et l'être-âme une autre chose qui contribue à parfaire la réalité de l'âme ? Y a-t-il d'un côté l'être, et de l'autre une différence qui produit l'âme [52] ?

– Non, l'âme est bien un être particulier, mais certes pas au sens où l'on dit que [25] l'homme est blanc, mais seulement à la façon d'une réalité particulière. Cela revient à dire que ce qu'elle a ne lui vient pas de l'extérieur de sa réalité.

6. – Mais n'est-ce pas de l'extérieur de sa propre réalité que lui vient ce qu'elle a, pour faire que, d'un côté, cette réalité consiste en l'être, et, d'un autre, dans le fait d'être tel ? Mais si sa réalité consiste dans le fait d'être telle et si le fait d'être telle lui vient de l'extérieur, sa réalité ne sera pas l'ensemble en quoi consiste l'âme, mais un aspect particulier : sa réalité sera l'une de ses parties [5], et non pas l'ensemble qu'elle constitue. Et puis, sans les autres parties, l'être de l'âme, que sera-ce sinon une pierre ?

– Non, il faut que l'être de l'âme soit en elle, comme « sa source et son principe [53] », ou mieux, qu'il soit tout ce qu'elle est, et donc une vie ; en outre, ces deux éléments, être et vie, doivent ne faire qu'un.

– Cette unité est-elle celle de la raison ?

– Non, c'est le substrat qui est un, [10] mais un de telle façon qu'il est par ailleurs deux ou même plusieurs, c'est-à-dire tout ce que l'âme est primitivement. Il est donc réalité et vie, ou il possède la vie.

– Mais s'il possède la vie, c'est que lui qui possède la vie n'est pas en vie par lui-même, et que la vie n'est pas dans sa réalité ; mais si au contraire l'une ne possède pas l'autre, il faut dire que les deux ne font qu'un.

– Non, l'âme est une et multiple, elle est tout ce qui se manifeste dans son unité. Elle est une en elle-même, [15] mais multiple en rapport avec les autres [54]. Son être est un, mais il se rend lui-même multiple à la faveur pour ainsi dire de son mouvement. En tant qu'ensemble, l'âme est une, mais lorsqu'elle entreprend de se contempler elle-même elle est multiple. C'est en effet comme si elle ne supportait pas que son être soit un alors qu'elle est capable d'être tout ce qui est. Et sa contemplation est la cause du fait qu'elle apparaît multiple, pour pouvoir penser. Car si elle apparaît une, elle ne pense pas, mais elle est déjà ce qu'elle pense.

7. – Quelles sont les choses que l'on voit dans l'âme, et quel est leur nombre [55] ?

– Comme dans l'âme on voit conjointement la réalité et la vie – et la réalité est quelque chose de commun à toute âme, comme la vie y est également quelque chose de commun, même si la vie est elle aussi dans l'Intellect –, si nous introduisons dans l'âme à la fois l'Intellect et la vie qui est la sienne, nous établirons le mouvement [5] qui est commun à toute vie comme un genre unique [56]. Et nous établirons la réalité et le mouvement, en quoi consiste la vie première, comme deux genres. Car même s'ils sont une seule et même chose, on les sépare par la pensée, en découvrant que cette unité n'est pas une, faute de quoi il ne serait pas possible [57] d'effectuer cette séparation. Mais observe comment, dans les autres choses aussi, le mouvement ou la vie est clairement séparé de l'être, [10] sinon dans l'être véritable, du moins dans l'ombre de l'être et dans ce qui porte le même nom que lui [58]. Tout comme dans le portrait d'un homme il manque beaucoup de choses et surtout le principal, la vie, de même, dans les choses sensibles, l'être n'est qu'une

ombre de l'être, coupée de l'être au sens fort, qui
est la vie de son modèle[59]. Et c'est donc [15] à
partir de là que nous avons eu la possibilité de
séparer l'être de la vie et la vie, de l'être. Or l'être
est un genre qui comprend plusieurs espèces,
mais le mouvement ne doit être placé ni en dessous de l'être ni au-dessus de lui : c'est avec lui
qu'il doit être placé, puisqu'il se trouve en lui,
mais pas comme s'il était dans un substrat. Car
le mouvement est l'acte de l'être, et ni l'être ni le
mouvement ne peuvent se trouver séparés l'un de
l'autre, sauf par la pensée ; aussi ces deux natures
n'en font-elles [20] qu'une. C'est que l'être est en
acte, non pas en puissance. Et si tu veux toutefois
les considérer séparément l'un de l'autre, le mouvement apparaîtra dans l'être et l'être dans le
mouvement, comme si dans « l'un qui est[60] »,
chacun des deux termes pris a part contenait
l'autre, alors que pourtant la pensée discursive[61]
dit qu'il y a deux termes et que chacun des deux
est double.

Puis donc que le mouvement se manifeste dans
l'être, non pas [25] en le dénaturant, mais en lui
apportant pour ainsi dire la perfection[62], et
puisqu'une nature comme la sienne[63] persiste
toujours à se mouvoir ainsi, si l'on ne faisait pas
intervenir le repos, ce serait encore plus absurde
que de ne pas lui accorder le mouvement. S'agissant de l'être, la notion et la conception du repos
sont encore plus à portée de main[64] s'agissant de
l'être que ne le sont celles du mouvement. [30]
Car là-bas on trouve ce qui subsiste « dans l'identité et de la même manière[65] », et ce qui n'a

qu'une seule raison[66]. Il faut donc que le repos
soit lui aussi un genre de l'être[67], différent du
mouvement, dans la mesure même où il apparaît
comme son contraire. Or, le fait qu'il est différent
de l'être peut être justifié de différentes façons, et
notamment parce que, s'il était identique à l'être,
il ne serait pas plus identique à l'être que ne le
serait le mouvement. Pourquoi [35] en effet le
repos serait-il identique à l'être, alors que le mouvement ne le serait pas, lui qui est sa vie et l'activité à la fois de sa réalité et de son être[68] ? Mais
tout comme nous séparons de lui le mouvement[69], en le tenant à la fois pour identique et
non identique à lui, et que nous parlons d'eux
comme d'un couple de choses qui pourtant n'en
font qu'une, de la même manière, nous séparons
de lui le repos et pourtant nous ne l'en séparons
pas, [40] parce que nous le séparons par la pensée
pour en faire un nouveau genre parmi les êtres.

– Attention, si nous ramenions entièrement le
repos et l'être à une seule et même chose, en
disant qu'il n'y a aucune sorte de différence entre
eux, et si nous faisions de même pour l'être et
le mouvement, nous ramènerions le repos et le
mouvement à une seule et même chose grâce à
l'être qui jouerait le rôle d'intermédiaire, et le
mouvement et le repos deviendraient pour nous
[45] une seule et même chose.

8. – En fait[70], il nous faut poser que ces genres
sont au nombre de trois[71], s'il est vrai que l'intellect les saisit séparément. Dès que l'intellect les
pense, il les pose, et s'il les pense, ils sont, s'il est

vrai qu'ils sont pensés. Car les choses dont l'être
est associé à la matière n'ont pas leur être dans
l'intellect ; en revanche, les choses qui sont
dépourvues de matière, [5] être saisies par l'intellect, voilà en quoi consiste l'être pour elles.

Considère l'Intellect, l'Intellect pur [72], et fixe
sur lui tes regards, sans te servir de ces yeux-ci.
Eh bien, tu vois le foyer de la réalité [73] et une
lumière qui en lui ne s'assoupit pas [74], et comment il se tient immobile en lui-même et comme
il est différencié, tu vois un être où tout est
ensemble [75], une vie permanente [76] et une pensée
qui ne s'exerce pas sur ce qui est à venir [77], [10]
mais sur le « déjà », ou plutôt sur le « déjà et toujours déjà » [78], c'est-à-dire sur ce qui est toujours
présent, et tu vois comment, en pensant, il est en
lui-même et non pas à l'extérieur de lui-même.

C'est donc dans le fait de penser que consistent
son acte et son mouvement, de même que c'est
dans le fait de se penser lui-même que consistent
sa réalité et son être ; en effet, c'est parce qu'il
est qu'il pense et qu'il se pense lui-même comme
étant ; et ce sur quoi, peut-on dire, il prenait
appui, c'est un être. Car alors que son acte, cet
acte qu'il exerce sur lui-même, n'est pas une réalité, le but et le [15] point de départ de cet acte,
c'est l'être ; en effet, c'est ce qui est vu qui est
l'être, non la vision ; pourtant la vision aussi possède l'être, parce que ce qui est son point de
départ et son but est un être. Or, parce qu'il est
en acte, non en puissance, il opère, en un mouvement inverse, la réunion de ces deux choses, c'est-

à-dire qu'il ne les sépare pas, mais qu'il s'identifie
à son objet et qu'il identifie son objet à lui-même.

Or l'être, parce qu'il est de toutes choses le
point d'appui le plus sûr et ce autour de quoi
viennent se ranger les autres choses[79], a donné
l'existence au repos et [20] il le possède non pas
comme quelque chose d'étranger, mais comme
quelque chose qui provient de lui et qui se trouve
en lui. Ce vers quoi tend la pensée est un repos
sans commencement, et ce dont elle part est un
repos qui n'a jamais pris de départ : un mouvement ne trouve pas son point de départ dans un
mouvement et ne tend pas non plus vers un mouvement. Qui plus est, alors que la forme, qui est
en repos, est la limite de l'intellect, l'intellect c'est
le mouvement de la forme.

[25] Par conséquent, toutes choses sont être,
mouvement et repos[80], et ce sont des genres qui
pénètrent tout, et chacune des choses qui
viennent après eux est un certain être, un certain
repos et un certain mouvement. Eh bien, quand
quelqu'un a vu ces trois genres, quand il a fixé
son regard sur la nature de l'être, quand, par
l'intermédiaire de l'être qui est en lui-même, il a
vu l'être quand, par l'intermédiaire des autres
genres qui sont en lui-même, il a vu les autres
genres qui sont en l'être, c'est-à-dire quand il a
vu le mouvement qui est en l'être par l'intermédiaire du mouvement qui est en lui-même, [30]
quand il a vu le repos qui est en l'être par l'intermédiaire du repos qui est en lui-même, et quand,
enfin, il a fait correspondre ces choses-ci avec ces
choses-là, lorsque d'une part il a rencontré ces

choses-là qui adviennent tout ensemble, et qui
sont, peut-on dire, confondues, en se gardant de
les distinguer, et lorsque d'autre part il les a,
peut-on dire, un peu séparées, retenues, distin-
guées, en dirigeant ses regards sur l'être, le repos
et le mouvement, qui sont trois genres dont chacun est un, ne les a-t-il pas dits autres les uns par
rapport aux autres, ne les a-t-il pas séparés [35]
dans l'altérité et n'a-t-il pas vu l'altérité qui est
en l'être, parce qu'il a posé qu'il y a trois genres
et que chacun est un ? À l'inverse, parce qu'il a
posé que ces trois genres se ramènent à un seul,
qu'ils se trouvent dans une seule chose et que
tous sont une seule et même chose, en les ramenant par ailleurs à l'identité et en dirigeant ses
regards sur elle, n'a-t-il point vu l'identité advenir
et être ? Par conséquent, à ces trois genres-là il
est nécessaire d'adjoindre ces deux-ci : le même
et l'autre, de sorte que, pour toutes choses, le
total des genres est cinq [81], [40] le même et l'autre
permettant aux choses qui viennent après eux
d'être mêmes et autres ; chacune en effet est aussi
un certain même et un certain autre ; car s'ils
étaient pris absolument, sans le « un certain », le
même et l'autre auraient le statut de genre.

Et ce sont aussi des genres premiers, parce que
tu ne leur attribueras aucun attribut qui se trouve
dans la définition de leur être [82]. Sans doute, leur
attribueras-tu l'être, car ce sont des êtres, [45]
mais non pas l'être en tant que genre, car aucun
n'est précisément un être déterminé. Par ailleurs,
il n'en va pas différemment pour le mouvement
et pour le repos, car ce ne sont pas des espèces

de l'être. Parmi les êtres, en effet, les uns peuvent être considérés comme des espèces de l'être, alors que les autres participent à l'être [83]. Pour sa part, l'être participe à ces genres, mais pas comme s'ils étaient des genres de l'être, car ils ne sont pas supérieurs à l'être, et ils ne lui sont pas antérieurs.

9. – Oui, que ce soient là les genres premiers, on peut en trouver confirmation à partir de ces arguments et sans doute d'autres encore ; mais que ce soient les seuls et qu'il n'y en a pas d'autres en plus, comment en être sûr [84] ? Pourquoi en effet l'Un ne serait-il pas un genre premier ? Et pourquoi ne le seraient pas non plus la quantité, la qualité, le relatif **[5]** et les autres genres qui ont été déjà comptés au nombre des genres premiers par d'autres que nous [85].
– Eh bien, s'il s'agit de l'Un qui est absolument un [86], auquel on ne peut rien ajouter, ni l'âme, ni l'intellect, ni quoi que ce soit [87], et qui ne peut être prédiqué de rien, alors cet Un ne peut être un genre. Mais s'il s'agit de l'un attaché à l'être, celui dont on parle comme de « l'un qui est [88] », alors ce n'est plus l'Un de premier rang. De surcroît, s'il est en lui-même dépourvu de différence, comment **[10]** pourra-t-il produire des espèces [89] ? Or, sans production d'espèces, pas de genre. Comment en effet pourrait-il y avoir même des divisions ? Car, en divisant, tu produiras le multiple. Dès lors, l'Un lui-même sera multiple et se détruira lui-même, s'il veut être un genre. En outre, pour le diviser en espèces, tu lui ajouteras quelque chose, car il ne peut y avoir dans l'Un

des différences, comme il y en a dans la réalité.
L'intellect admet [15] qu'il y a des différences
dans l'être, mais comment acceptera-t-il qu'il y
en ait dans l'Un ? De plus, chaque fois que tu
introduis une différence, tu détruis l'Un, car en
introduisant une différence tu poses deux choses,
puisque dans tous les cas l'addition d'une unité
fait disparaître la quantité antérieure. Si
quelqu'un dit que l'un qui est dans l'être, l'un qui
est dans le mouvement et l'un qui est dans les
autres choses est un terme commun, en ramenant
ainsi l'être et l'un à l'identité, alors, [20] comme
dans l'argument qui interdit de faire de l'être un
genre pour les autres choses, parce que ce ne sont
pas des êtres au sens précisément où l'être l'est,
mais des êtres d'une autre manière, de même cet
un ne sera pas non plus un terme commun
s'appliquant aux êtres, mais il sera l'Un au premier chef, tandis que les autres seront un d'une
autre façon[90]. S'il dit ensuite qu'il ne s'agit pas
de faire de l'Un le genre de toutes choses, mais
un genre existant en lui-même, comme il en va
pour les autres, à supposer que l'on pense que
l'Un et l'être sont la même chose, parce que l'être
est déjà compté [25] parmi les genres, alors c'est
un mot qu'il ajoute. Mais si chacun des deux est
un, alors il veut parler d'une certaine nature, et
s'il ajoute « certaine », il veut parler d'un certain
un ; mais s'il n'ajoute rien, il veut parler une fois
de plus[91] de l'un qui n'est prédiqué de rien ; et
s'il s'agit de l'un qui est associé à l'être, il ne parle
pas, nous l'avons dit, de l'Un primordial[92].

– Mais qu'est-ce qui empêche cet un d'être
l'un au premier chef, si l'Un qui est totalement
un est laissé de côté ? Ne disons-nous pas en effet
que l'être vient après l'Un, [30] et qu'il est tout
de même l'être au premier chef ?

– C'est que ce qui vient avant l'être n'est pas
l'être, ou que, si ce qui vient avant l'être était
l'être, il ne serait pas l'être primordial ; mais ce
qui est avant cet un c'est l'Un. De plus, quand il
est séparé de l'être par la pensée, il ne comporte
plus de différences. En outre, l'un qui est dans l'être,
s'il accompagne nécessairement l'être, accompagne
nécessairement tous les êtres [35] et leur est postérieur ; mais le genre, lui, doit être antérieur. Si en
revanche il est simultané à l'être, alors il l'est
aussi à toutes choses ; mais le genre n'est pas
simultané. Si enfin il est antérieur, c'est un principe, le principe de l'être seulement ; mais s'il est
le principe de l'être, il n'est pas son genre[93], et
s'il n'est pas son genre, il n'est pas non plus le
genre des autres, sans quoi l'être devrait aussi être
le genre de tous les autres genres[94]. Car de façon
générale, il semble bien que comme l'un qui est
se trouve dans le voisinage de l'Un et [40] et que
pour ainsi dire il coïncide avec l'être, puisque c'est
en se tournant vers l'Un qu'il est un, et que c'est
en venant après l'Un qu'il est être, l'être par le
moyen duquel il peut aussi être multiple, il semble
bien, dis-je, que cet un se refuse à constituer un
genre, en restant lui-même un et en souhaitant ne
pas être divisé.

10. – Comment donc chaque espèce relève-t-elle de l'être un ?

– En ce sens qu'elle est quelque chose d'un, et non pas l'un – car elle est déjà multiple en étant quelque chose d'un – et chaque chose n'est une que par le nom. Chaque espèce en effet est une multiplicité, de sorte que, ici-bas, « un » est dit comme il l'est d'une armée ou d'un chœur[95]. L'un de là-bas n'est certes pas en eux, de sorte que l'un n'est pas un terme commun [5], et que ce n'est pas le même un non plus qui est observé dans l'être et dans les êtres particuliers[96]. Dès lors, l'un n'est pas un genre. Car dans tous les cas où l'on attribue un genre à un terme quel qu'il soit, on ne peut plus lui attribuer ses opposés[97]. Or, de tout être quel qu'il soit, l'un est affirmé en même temps que ses opposés, et pour cette raison, l'un lui sera attribué autrement que comme genre. [10] Il s'ensuit qu'il n'est pas vrai qu'il puisse être affirmé comme genre ni[98] des genres premiers – car « l'un qui est » n'est pas plus un que multiple[99], et puisque aucun des autres genres n'est un au point de n'être pas multiple –, ni des genres qui viennent ensuite et qui sont tout à fait multiples. De façon générale, aucun genre n'est un. Dès lors, si l'un était un genre, son unité serait détruite[100]. Car « l'un n'est pas un nombre[101] ». [15] Mais il sera un nombre s'il devient un genre. De plus, l'un est un en nombre[102], car s'il était un en genre, il ne serait pas un en un sens premier[103]. Un point encore : tout comme l'un ne se trouve pas dans les nombres à titre de genre qu'on leur prédique, mais qu'il est dit se trouver parmi eux, sans être leur genre, de même, bien que l'un se trouve parmi les êtres, il ne sera le genre ni de l'être, ni des autres genres, ni de toutes les choses. Un dernier point : de la même façon, ce qui est simple peut être le principe de ce qui n'est pas simple, [20] sans pourtant pouvoir en être aussi le genre – car s'il en allait ainsi, ce qui n'est pas simple serait également simple –, de même pour l'un, si l'un est principe, il ne pourra être en outre le genre des choses qui viennent après lui. Il ne sera donc le genre ni de l'être ni des autres choses. Mais s'il doit être genre, il le sera des particuliers qui sont « un », à condition que l'on ait par exemple estimé convenable [25] de séparer l'un de la réalité. Il sera alors le genre de certaines espèces. Car, tout de même que l'être est le genre non pas de toutes choses, mais des espèces dont chacune est un « être », de même aussi l'un est le genre des espèces dont chacune est un « un ». Or, quelle différence y aura-t-il entre une espèce et une autre en tant qu'elles sont « une », sinon la différence qu'il y a du point de vue de l'être entre l'une et l'autre ?

– Mais si l'un se partage à la façon de l'être et de la réalité, et si l'être, dans cette division, [30] est considéré en plusieurs choses comme un seul et même genre, pourquoi l'un, puisqu'il se manifeste en autant de choses qu'il y a de réalités et qu'il se partage en autant de parties, ne serait-il pas un genre ?

– D'abord, il n'est pas nécessaire, à supposer que quelque chose se trouve en plusieurs choses, que cette chose soit le genre ni des choses dans lesquelles elle se trouve, ni d'autre chose. Il n'est pas nécessaire non plus, de façon générale, qu'un caractère commun soit dans tous les cas un genre. [35] Quoi qu'il en soit, le point qui se trouve dans les lignes n'est pas un genre, ni leur genre, ni un genre en général ; de même, nous venons de le dire [104], l'un qui se trouve dans les nombres n'est un genre ni pour les nombres ni pour les autres choses. Car le caractère commun [105] qui se trouve dans plusieurs choses doit pouvoir se servir des différences qui lui sont propres pour pouvoir produire des espèces, et il doit se trouver dans leur définition [106]. Mais quelles sont les [40] différences de l'un et quelles espèces engendre-t-il ? S'il produit les mêmes espèces que celles que l'on trouve dans l'être, il sera identique à l'être, et l'un des deux ne sera qu'un nom ; or l'être suffit.

11. Il faut nous demander comment l'un est dans l'être et comment se produit ce que nous appelons « division », la leur et plus généralement celle des genres, et si c'est la même division ou une autre qui se produit dans l'un et l'autre cas. Première question : comment, de manière générale, chaque chose, quelle qu'elle soit, est-elle dite une et comment est-elle une ? Deuxième question : employons-nous ce terme dans le même sens lorsqu'il est dit de « l'un qui est [107] » [5] et de l'un de là-bas [108] ? Le terme « un » ne présente pas le même sens dans tous les cas. Il n'a pas le même sens en effet selon qu'il s'agit des sensibles ou des intelligibles – mais en fait l'être non

plus [109] –, et il n'a pas non plus le même sens
lorsqu'il s'agit des sensibles considérés les uns par
rapport aux autres. En effet, il n'est pas le même
dans le chœur, dans l'armée, dans le navire [110],
dans la maison ; et il n'est pas non plus le même
dans ces choses [111] et dans le continu. Et pourtant
toutes ces choses [10] imitent le même un, même
si les unes ne l'imitent que de loin, tandis que
d'autres le font de plus près ; et c'est dans l'Intellect que l'imitation est d'emblée la plus véritable.
Car l'âme est une, et l'Intellect est encore plus un,
tout comme l'être.

– Eh bien, est-ce que pour chaque chose,
lorsque nous disons qu'elle « est », nous disons
aussi qu'elle est « une » ? Et en ira-t-il de son être
comme il en va de son unité [112] ?

– Il peut arriver que cela se produise par accident, mais une chose n'est pas une à proportion
de son être, [15] et une chose peut ne pas avoir
moins d'être qu'une autre, tout en ayant moins
d'unité. Car une armée ou un chœur n'ont pas
moins d'être qu'une maison, et pourtant ils ont
moins d'unité. Il semble donc que l'unité qui est
en chaque chose ressemble davantage au bien, et
autant la chose obtient de bien, autant aussi elle
est une ; de ce fait, il y a plus ou moins d'unité
suivant qu'il y a plus ou moins de bien. Car ce
que désire chaque chose, [20] ce n'est pas simplement être, mais être avec le bien [113]. Voilà pourquoi les choses qui ne sont pas unes s'efforcent,
autant qu'elles le peuvent, de devenir unes ; dans
la nature, les choses cherchent, en vertu de leur
nature propre, à s'unir pour former une seule et

même chose, parce qu'elles veulent être unies à elles-mêmes[114]. Car les choses particulières ne cherchent pas à s'écarter les unes des autres, mais à aller les unes vers les autres et vers elles-mêmes. Et toutes les âmes voudraient ne faire qu'une en suivant leur [25] réalité[115]. L'Un, lui, se trouve des deux côtés, car c'est de lui que vient l'âme et vers lui qu'elle va ; c'est en effet de l'Un qu'elle tire son origine et vers l'Un qu'elle tend, et ainsi c'est aussi vers le Bien qu'elle tend. Car parmi les choses qui viennent à l'existence, il n'en est aucune qui, une fois venue à l'existence, supporterait d'exister[116] sans consacrer ses efforts à tendre vers l'Un. Ainsi en va-t-il pour les êtres naturels[117]. Pour ce qui est des produits de la technique, [30] chaque technique cherche à conduire chacun de ses produits vers l'un et le bien, dans la mesure où elle le peut et dans la mesure où les produits le peuvent[118]. L'être y parvient mieux que tous, car il est tout près[119]. C'est ce qui explique qu'on appelle les autres choses par leur seul nom, « homme » par exemple : car même s'il nous arrive de dire « un homme », c'est par distinction d'avec « deux hommes ». Et si nous employons le terme « un », dans un autre contexte, [35] c'est par ajout à partir d'« homme »[120]. Mais, s'il s'agit de l'être, nous disons « l'un qui est[121] » en mettant ensemble l'un et l'être, et en présentant l'être comme un nous tenons à indiquer qu'il est en étroite relation avec le bien. Ainsi l'un qui est aussi en lui joue le rôle de principe et de fin, non pas de la même manière que dans les autres choses, mais autrement, si bien que dans ce qui est un aussi il y a de l'antérieur et du postérieur.

– Qu'est-ce donc que [40] l'unité qui est dans l'être ? Ne se retrouve-t-elle pas de la même manière dans toutes ses parties, n'est-ce pas un caractère commun que l'on observe en elles toutes ?

– Il faut répondre d'abord, que dans les lignes le point est quelque chose de commun, sans en être le genre des lignes [122] ; dans les nombres aussi il y a quelque chose de commun, l'un sans aucun doute, qui n'est pas un genre. Car l'Un lui-même n'est pas l'un qui se trouve dans l'unité, dans le deux [45] et dans les autres nombres. Il faut dire ensuite que, dans l'être, rien n'empêche qu'il y ait des choses qui viennent en premier et d'autres qui viennent à leur suite, des choses qui soient simples et d'autres composées. Enfin, si c'est le même un qui se retrouve dans toutes les choses qui sont, il ne peut produire les espèces dans la mesure où il n'y a pas en lui de différence ; et s'il ne produit pas d'espèces, il ne peut être lui-même un genre.

12. Assez sur ce point.

– Comment pour les nombres serait-ce un bien dans chaque cas de se trouver dans l'unité, alors qu'ils n'ont pas d'âme ? Cette question vaut également pour tout ce qui n'a pas d'âme.

– Et si quelqu'un soutenait que les nombres ne sont absolument pas des êtres [123], nous répliquerions que nous avons voulu parler des êtres selon que chacun est un.

– [5] À supposer que l'on se demande comment un point peut participer du bien, s'ils disent
qu'il est par lui-même et qu'il est dépourvu
d'âme, la question reste la même que celle qui a
déjà été posée dans les cas semblables.

– Mais s'il s'agit d'un point qui se trouve dans
d'autres choses, dans un cercle par exemple ?

– Pour le point, le cercle est le bien ; c'est vers
lui que se porte son désir, et c'est vers là-bas qu'il
tend, autant qu'il le peut, grâce au cercle [124].

– [10] Mais comment les genres sont-ils ce
qu'ils sont ? Faut-il qu'ils soient aussi chacune
des choses en lesquelles ils se détaillent [125] ?

– Non. Le genre existe tout entier dans chacune de ces choses.

– Et comment peut-il encore rester un ?

– Il s'agit d'une unité générique, qui s'apparente à celle d'un tout présent en plusieurs parties.

– N'est-il donc que dans les choses qui en participent ?

– Non, il est à la fois en lui-même et dans les
choses qui en participent, mais cette question
sera sans doute éclaircie plus loin [126].

13. – Alors, il faut se demander pourquoi la
quantité ne figure pas parmi les genres premiers [127], et pourquoi la qualité n'y figure pas
non plus.

– Eh bien, la quantité n'est pas un genre premier comme le sont les autres, parce que eux, ils
viennent simultanément avec l'être. Le mouvement en effet accompagne l'être, car il en est
l'activité et la vie [128]. [5] Le repos entre en même

temps [129] que le mouvement dans la réalité elle-même [130]. Et le fait d'être différents et identiques se joignent encore plus étroitement à eux, de sorte que l'identité et la différence aussi doivent être pris en considération conjointement [131]. Et l'être est encore plus uni à ces genres qui sont à la fois différents et identiques [132], de sorte que c'est ensemble qu'ils sont vus. Mais le nombre est postérieur à ces genres et à lui-même ; le postérieur vient de l'antérieur, les nombres viennent à la suite les uns des autres et le postérieur est compris dans l'antérieur. Dès lors, [10] le nombre ne peut figurer parmi les genres premiers. Et il faut même se demander si c'est un genre tout court. Remarquez bien que la grandeur est davantage postérieure [133] et plus composée que lui. Car la grandeur, c'est le nombre que l'on trouve dans telle ou telle chose : deux dans une ligne et trois dans une surface [134]. Si donc la grandeur continue tient sa quantité du nombre, et si le nombre n'est pas un genre, comment pourra-t-elle être un genre ? [15] Il y a aussi de l'antérieur et du postérieur dans les grandeurs. Mais si l'on dit que la grandeur et le nombre ont en commun d'être des quantités, il faut saisir ce que c'est que la quantité, et l'ayant trouvée, la poser comme un genre postérieur, et non comme l'un des genres premiers. Et si c'est un genre qui ne se trouve pas parmi les genres premiers, il doit être ramené à l'un des genres premiers ou à l'un des genres qui se ramènent aux genres premiers. Il est sans doute clair que [20] la quantité a pour nature d'indiquer le combien de chaque chose, c'est-à-dire d'indiquer combien mesure chaque chose, et que la nature de la quantité c'est d'être un combien. Mais si la quantité est quelque chose de commun au nombre et à la grandeur, alors ou bien le nombre est premier et la grandeur en vient, ou bien le nombre est dans sa totalité un mélange de mouvement et de repos, tandis que la grandeur est un mouvement ou quelque chose qui provient du mouvement, [25] le mouvement progressant indéfiniment, et le repos produisant une unité en arrêtant le mouvement dans sa progression. Mais il restera à considérer plus tard [135] la génération du nombre et de la grandeur, ou plutôt à nous demander s'ils existent ou bien si ce sont des notions [136].

– Mais peut-être le nombre fait-il partie des genres premiers ? La grandeur lui est postérieure, puisqu'elle est composée. [30] En outre, le nombre fait partie des choses au repos, tandis que la grandeur est en mouvement.

– Nous reviendrons sur ces points plus tard, comme je l'ai déjà dit.

14. – Et la qualité, pourquoi ne figure-t-elle pas parmi les genres premiers [137] ?

– C'est parce qu'elle aussi est postérieure et qu'elle vient après la réalité [138]. La réalité qui est la première doit avoir les qualités comme accompagnements [139], et non pas dépendre d'elles pour sa constitution, ni non plus être complétée par elles, [5] sans quoi elle serait postérieure à la qualité et à la quantité [140]. Dans les réalités composées, qui sont faites de plusieurs choses et qui

se distinguent par leur nombre et par leurs qualités, on doit pouvoir trouver des qualités et
quelque chose qui leur soit commun [141]. Dans les
genres premiers, en revanche, la distinction doit
être faite non pas entre des termes simples [10] et
des termes composés, mais entre des termes
simples et ceux qui apportent un complément à
la réalité, et non pas à une réalité particulière.
Que la réalité particulière en effet trouve bien
son complément dans une qualité, ce n'est sans
doute pas quelque chose d'absurde, dès lors que
cette réalité particulière possède déjà la réalité
avant la qualité et qu'elle reçoit cette qualité de
l'extérieur, tandis que la réalité possède en elle-
même ce qui est essentiel [142]. Pourtant, [15] nous
avons estimé bon de dire ailleurs [143] que les éléments qui contribuent à compléter la réalité ne
sont des qualités que par le nom, et que les qualités proprement dites sont celles qui viennent
de l'extérieur et sont postérieures à la réalité :
les premiers, qui se trouvent dans les réalités,
sont leurs actes [144], alors que les secondes, qui
viennent après les réalités, en sont déjà des affections. Nous ajoutons maintenant que les compléments d'une réalité particulière ne sont en aucune
façon le complément de la réalité en général. Ce
n'est pas, en effet, par une addition de réalité que
l'homme en tant qu'homme [20] devient une réalité, car l'homme est une réalité qui vient d'en
haut, avant de se différencier, de même qu'il est
déjà animal avant de devenir raisonnable.

15. – Comment donc les quatre genres com-
plètent-ils la réalité alors même qu'ils n'en font
pas encore une réalité qualifiée ? Car ils n'en font
même pas une réalité particulière.

– On a dit [145] bien sûr que l'être est un genre
premier, et il est clair qu'il n'en ira pas autrement
pour le mouvement ou pour le repos, pour l'autre
ou pour le même. Il est sans doute manifeste que
ce mouvement ne produit pas la qualité, **[5]** mais
la chose sera plus claire si on y ajoute une explication. Car s'il est vrai que le mouvement est
l'acte de la réalité, et s'il est vrai que l'être est un
acte [146], tout comme le sont les genres premiers
en général, alors le mouvement ne sera pas un
accident, mais, étant l'acte de quelque chose qui
est en acte, il ne pourra être dit plus longtemps
complément de la réalité, **[10]** mais il sera la réalité elle-même. Dès lors, le mouvement ne se
ramène pas à quelque chose de postérieur ni à
une qualité de l'être, mais il doit être considéré
comme simultané. Car il n'est pas vrai que l'être
soit, puis qu'il soit mû, ni qu'il soit, puis qu'il
soit au repos, ni enfin que le repos soit une affection. Le même et l'autre ne viennent pas non plus
après, parce que ce n'est pas après coup que l'être
est devenu plusieurs choses, mais il était ce qui
est « un-multiple [147] ». Or s'il est multiple, il est
aussi **[15]** altérité. Et s'il est « un-multiple », il est
aussi identité. Et ces quatre genres suffisent à la
réalité. Et lorsqu'on s'avance vers ce qui est en
bas, alors apparaissent les autres choses qui ne
produisent plus la réalité, mais la réalité qualifiée

et la réalité quantifiée ; c'est alors que doivent apparaître les genres qui ne sont pas premiers.

16. De plus [148], comment « le relatif, qui est une sorte de rejeton [149] », pourrait-il se trouver parmi les genres premiers [150] ? Car il y a relation entre une chose et une autre et non entre une chose et elle-même [151]. Le « où » et le « quand » sont encore plus loin de l'être. Car le « où » indique qu'une chose est dans une autre [152], ce qui fait deux choses. Or le genre doit être un, [5] et non pas un composé. De plus, il n'y a pas de lieu là-bas ; or notre propos concerne les êtres véritables [153]. Et il faut se demander s'il y a du temps là-bas. Il est sans doute plus probable que non. Mais si le temps est une mesure, non pas simplement une mesure mais la « mesure du mouvement [154] », alors il y a deux éléments et l'ensemble est un composé [155] postérieur au mouvement, de sorte qu'il n'est même pas au niveau du mouvement dans la division. [10] L'« agir » et le « pâtir » consistent en un mouvement [156], s'il est vrai qu'il y a du pâtir là-bas. En outre, l'agir implique qu'il y ait deux choses. Et il en va de même pour le pâtir. Ni l'un ni l'autre ne sont donc une chose simple. « L'avoir [157] » implique également une dualité ; quant à « l'être situé [158] », il implique qu'une chose est dans une autre d'une manière déterminée, si bien qu'il y a trois choses [159].

17. – Et le beau, le bien, et les vertus, pourquoi cela ne se retrouve-t-il pas parmi les genres premiers ? Et encore la science, ou l'intellect ?

– Le Bien [160], s'il s'agit du premier, de ce que
nous appelons « la nature du bien [161] » à laquelle
on ne peut donner aucun prédicat – [5] nous
l'appelons ainsi parce que nous n'avons aucun
autre moyen de le désigner –, ne peut être le genre
de rien. Il n'est prédiqué de rien d'autre ; sinon,
on dirait de chacune des choses dont il est prédiqué qu'elle est le Bien. De surcroît, le Bien vient
avant la réalité [162], et il n'est pas dans la réalité.
Et si le bien désigne une qualité, celle-ci ne peut
généralement pas se trouver parmi les genres premiers [163].

– Mais quoi, la nature de l'être n'est-elle pas
un bien ?

– Oui, elle l'est, mais différemment, [10] d'une
autre manière que ne l'est le Premier. En outre, il
n'a pas la bonté à titre de qualité, mais en lui.

– Mais, disions-nous [164], les autres genres eux
aussi sont en lui, et il y a genre quand il y a un
caractère commun qui chaque fois est aperçu en
plusieurs choses [165]. Si donc le bien lui aussi est
vu dans chaque partie de la réalité ou de l'être,
ou dans la plupart d'entre elles, pourquoi ne
serait-il pas un genre et ne se trouverait-il pas [15]
parmi les genres premiers ?

– Le bien est dans toutes les parties [166] de
l'être, mais pas de la même façon : il l'est à titre
premier, ou bien à titre second ou à un titre inférieur. Ou plutôt, il faut dire en effet que l'un procède de l'autre, le postérieur de l'antérieur, ou
mieux encore que tous les êtres procèdent de l'Un
qui est au-delà ; en fait c'est d'une autre manière
que d'autres êtres en participent, en fonction de

leur nature. Mais si l'on souhaite à tout prix soutenir que le bien est lui aussi un genre, il sera un genre postérieur, car la bonté d'un être est postérieure à sa réalité comme à ce qu'il est, [20] même si elle va toujours avec eux, car les genres premiers appartiennent à l'être en tant qu'être et font partie de la réalité. C'est en effet ce qui explique que l'Un soit au-delà de l'être, car l'être, c'est-à-dire la réalité, ne peut s'empêcher d'être plusieurs, puisqu'il faut qu'il comprenne les genres que nous avons comptés [25] et qu'il soit « un-plusieurs [167] ». Si pourtant le bien c'est l'un qui est dans l'être – il ne faut pas hésiter à dire que l'acte de l'être qui, conformément à sa nature, le porte vers l'Un, c'est cela son bien, et que c'est ainsi qu'il peut être une image du Bien –, le bien pour l'être c'est l'acte qui le porte vers le Bien. C'est cela sa vie, c'est cela son mouvement, [30] qui compte déjà parmi les genres [168].

18. À propos du beau [169], si la beauté première [170] est bien l'Un, nous pourrons à son propos dire les mêmes choses ou des choses similaires à celles que nous avons dites sur le Bien. Et si c'est l'éclat qui pour ainsi dire resplendit sur l'idée, on dira de cet éclat qu'il ne brille pas de la même façon sur tous les êtres, et qu'il est postérieur. Mais si le beau [5] n'est rien d'autre que la réalité elle-même, c'est de lui qu'on a parlé en parlant de la réalité. Mais si c'est le beau relativement à nous qui le voyons parce qu'il nous affecte d'une certaine façon, cette activité est un mouvement, et même si cette activité est dirigée vers l'Un, elle reste un mouvement [171]. La science [172], elle aussi, est un mouvement qui se meut lui-même, parce qu'elle est une vision de l'être. Et c'est une activité, non pas un état. Dès lors, cette activité relève [10] du mouvement, et, si l'on veut, du repos, ou même des deux [173]. Si elle relève des deux, c'est qu'elle est un mélange, et s'il en va ainsi, le mélange est postérieur. Mais l'Intellect, puisqu'il est ce qui pense l'être et qu'il est composé de tous les êtres [174], ne peut être l'un des genres. Et l'Intellect véritable est avec tous les êtres et il est d'emblée tous les êtres, tandis que l'être séparé de tout le reste, pris comme un genre, [15] en est un élément. La justice, la tempérance et la vertu en général sont toutes des activités particulières de l'intellect [175]. Dès lors, elles ne peuvent faire partie des genres premiers, elles sont des espèces postérieures à un genre [176].

19. – Si l'on admet que ces quatre termes sont des genres [177] et des genres premiers, est-ce que pris en lui-même chacun de ces genres engendre des espèces [178] ? Par exemple l'être pris en lui-même se divise-t-il déjà en lui-même sans qu'interviennent les autres ?

– Non, puisqu'il faut prendre les différences spécifiques en dehors du genre, et que, même si ces différences [5] appartiennent à l'être en tant qu'être, elles ne sont pourtant pas l'être lui-même [179].

– Où les prendra-t-il donc ?

– Ce n'est certainement pas à des non-êtres. Mais si elles viennent des êtres, et si les trois

genres qui restent sont des êtres, il est clair que
les différences viennent d'eux et qu'elles leur sont
associées lorsqu'ils s'ajoutent à l'être, s'apparient
à lui et font bloc avec lui.

– Mais, en faisant bloc, ils produisent effectivement l'être qui résulte de leur totalité. Comment alors peut-il y avoir « les autres choses »
après ce qui résulte de la totalité des êtres ? [10]
Et comment les genres, puisqu'ils sont la totalité
des êtres, arrivent-ils à engendrer les espèces [180] ?
Comment le mouvement engendre-t-il les espèces
du mouvement, le repos les espèces du repos et
ainsi de suite ? Car il faut se garder de cela : laisser chaque genre disparaître dans les espèces [181],
en ne faisant du genre qu'un prédicat, comme si
on le considérait seulement dans chacune de ces
espèces. [15] Mais il faut le considérer à la fois
dans chacune de ces espèces et en lui-même [182],
et considérer qu'il doit être mélangé et aussi bien
pur et non mélangé, et qu'il ne doit pas se dis-
soudre en contribuant d'une autre façon [183] à la
formation d'une réalité.

– Il faut examiner ces questions. Puis donc que
nous avons soutenu que ce qui est fait de la totalité des êtres, c'est chaque intellect particulier,
tandis que nous posons que l'être ou la réalité
qui se trouve avant tous les êtres, considérés
comme des espèces ou comme des parties, [20]
c'est l'Intellect, nous disons que l'Intellect qui est
déjà tous les êtres est postérieur [184]. Utilisons
donc la difficulté présente pour faire avancer notre
recherche et en l'utilisant comme un exemple,

mettons-nous en route pour arriver à faire comprendre ce que nous voulons dire.

20. Prenons donc pour acquis qu'il y a un intellect qui n'a aucun contact avec les choses particulières et qui n'exerce pas son activité sur telle ou
telle chose, pour éviter qu'il ne devienne un intellect particulier, comme c'est le cas pour la science
avant que n'en apparaissent des espèces particulières et pour la science d'une certaine espèce
avant que n'apparaissent les parties qu'elle comporte [185]. La science dans sa totalité [5] n'est
aucune de ses espèces, mais elle est la puissance
de toutes. Et chaque espèce de science est en acte
ce qu'elle est, tandis qu'elle est en puissance
toutes ses parties, et il en va de même de la
science en général [186]. Les sciences qui appartiennent à une espèce et qui se trouvent en puissance dans la science totale, parce que bien sûr
elles ne saisissent qu'un contenu spécifique, sont
en puissance la science totale. Car la science
totale est affirmée de la science particulière, sans
que la science particulière soit une partie de la
science totale ; il va de soi que cette dernière doit
rester pure [10] et indépendante. Ainsi donc il
faut dire que l'Intellect total, celui qui est antérieur aux intellects particuliers en acte existe
d'une certaine façon, et que les intellects particuliers [187] existent d'une autre façon ; il y a d'un
côté les intellects particuliers qui même si ce sont
des parties constituent un tout complet [188], et
d'un autre l'Intellect qui, les dominant tous, four-
nit [189] aux intellects particuliers ce qu'ils ont. Il

est leur puissance et il les contient dans son uni-
versalité, tandis qu'eux, pour leur part, c'est dans
leur particularité qu'ils contiennent l'Intellect
universel, [15] tout comme une science particulière contient la science. Il faut aussi dire que ce
grand Intellect existe par lui-même tout comme
d'ailleurs les intellects particuliers qui se trouvent
en eux-mêmes, et que, pour leur part, les intellects
particuliers sont compris dans le tout et que le
tout est compris dans les parties. En d'autres
termes, les intellects particuliers existent par eux-
mêmes et ils se trouvent en un autre, tandis que
le grand Intellect existe par lui-même [20] et se
trouve dans les intellects particuliers. Tous ces
intellects particuliers sont en puissance dans
l'Intellect total, qui est en lui-même et qui est en
acte toutes choses ensemble [190], et en puissance
chaque intellect particulier séparément, tandis
que les intellects particuliers sont en acte ce qu'ils
sont, et en puissance Intellect total. Car dans la
mesure où ils sont ce que l'on dit qu'ils sont, ils
sont en acte ce que l'on dit qu'ils sont ; mais en
tant qu'ils sont dans l'Intellect total comme dans
un genre, [25] c'est en puissance qu'ils le sont,
tandis que Lui à l'inverse en tant qu'il est genre,
il est puissance de toutes les espèces qui lui sont
subordonnées, mais il n'est en acte aucune d'elles,
et toutes en définitive restent tranquilles en lui.
En tant qu'il est en acte ce qu'il est avant ses
espèces, il fait partie des êtres qui ne sont pas
particuliers [191]. Si les intellects qui en sont les
espèces doivent exister en acte, il faut bien sûr

que l'activité qui vient de l'Intellect total en soit
la cause.

21. – Comment donc l'Intellect, tout en restant
un dans sa structure [192], produit-il les choses particulières ?

– Cela revient à demander comment des quatre grands genres procède ce qui, dit-on, vient
ensuite. Eh bien, regarde [193] comment dans ce
grand, dans ce formidable Intellect [194], dans cet
Intellect où surabonde non pas la parole mais la
pensée, dans cet Intellect qui est un ensemble
englobant **[5]** toutes choses, et qui n'est ni un
intellect partiel ni un intellect particulier, se
trouvent toutes les choses qui viennent de lui.
Oui, il contient dans sa totalité le nombre [195] qui
se trouve dans les choses qu'il voit, il est un et
plusieurs [196], et cette multiplicité ce sont des puissances, de merveilleuses puissances qui ne
montrent aucun signe de faiblesse, mais qui,
parce qu'elles sont pures, sont les puissances les
plus grandes, des puissances pleines de force [197]
pour ainsi dire, et cela véritablement **[10]** et sans
bornes. Ce sont donc des puissances sans bornes,
qui sont infinité et grandeur. Aussi, si tu vois
comme étant dans l'Intellect cette grandeur
qu'accompagne en lui la beauté de sa réalité [198],
de même que l'éclat et la lumière qui l'entourent,
tu verras aussi la qualité qui déjà s'y épanouit, et
avec son activité continue tu verras une grandeur
qui s'offre **[15]** à ton attention [199] tout en restant
au repos ; cela fait un, deux, et trois êtres [200] ; et
en troisième lieu vient la grandeur, la quantité

tout entière. Et lorsque tu vois la quantité et la qualité, les deux tendant vers l'unité et devenant pour ainsi dire un, vois aussi la figure. Alors l'altérité intervient qui sépare la quantité de la qualité, et on voit apparaître des différences [20] de figures et puis de qualité[201]. L'identité, en s'y joignant, fait être l'égalité, et l'altérité, l'inégalité, que ce soit dans la quantité, dans le nombre ou dans la grandeur ; de celles-ci[202] dérivent les cercles, les quadrilatères et les figures à côtés inégaux, les nombres semblables et dissemblables, les pairs et les impairs. Car puisqu'il s'agit de la vie d'un intellect, [25] et d'une activité dépourvue d'imperfection, elle ne laisse de côté rien de ce que maintenant nous découvrons[203] être l'œuvre de l'Intellect, mais elle possède toutes choses, au titre d'êtres, dans l'activité qui est la sienne comme peut le faire un intellect. L'Intellect possède toutes choses comme dans un acte d'intellection, mais un acte d'intellection qui n'est pas discursif. Il ne laisse de côté absolument rien de ce dont il y a des raisons ; mais il est pour ainsi dire [30] une « raison » unique, grande, parfaite, qui possède toutes les « raisons », qui les parcourt en leur totalité en commençant par les premières en lui, ou mieux, qui les a toujours parcourues, de sorte qu'il n'est jamais vrai de dire qu'il les parcourt[204]. Car en général, partout, tout ce qu'on peut appréhender par le raisonnement comme étant dans la nature, on découvrira que cela existe sans raisonnement dans l'Intellect[205], si bien qu'on peut croire que l'intellect a ainsi produit l'être par suite d'un raisonnement,

[35] à la manière des « raisons » qui produisent
les vivants [206]. Car ce que le raisonnement le plus
rigoureux peut établir comme étant le meilleur,
cela se trouve déjà réalisé pour toutes choses,
dans leurs « raisons », avant tout raisonnement.
Que faut-il attendre de ce qui est antérieur à la
nature et aux « raisons » qui s'y trouvent [207] ? Car
dans les principes où la réalité n'est rien d'autre
que l'Intellect, et auxquels ni l'être [40] ni l'intellect ne s'ajoutent de l'extérieur, tout sera pour le
mieux sans effort [208], s'il est vrai que tout se
trouve en accord avec l'Intellect et qu'il en va
comme l'Intellect le veut et comme il est [209]. Voilà
pourquoi tout cela est véritable et premier. Car si
cela vient d'un autre, cet autre, c'est l'Intellect.
Puis donc que c'est dans l'être que toutes les
figures et la qualité dans son ensemble [45] sont
apparues à nos yeux – il ne s'agit pas d'une qualité particulière, car il n'est pas même possible
qu'une qualité particulière soit une, puisque la
nature de l'altérité s'y trouve, mais elle est une et
plusieurs, car l'identité est là aussi ; un et plusieurs, l'être l'est même depuis l'origine, de sorte
que l'un et le multiple se trouvent dans toutes les
formes [210] ; diverses sont les grandeurs, diverses
les figures et diverses les qualités, car il n'est ni
possible ni permis [50] de rien laisser de côté ;
là-bas en effet, le tout est parfait, sans quoi ce ne
serait pas le tout – et puisque la vie court en lui
ou mieux l'accompagne partout, tous les vivants
doivent nécessairement naître, de même que tous
les corps, dès lors qu'il y a matière et qualité [211].
Puisque toutes les choses naissent toujours et

restent toujours ce qu'elles sont, puisqu'elles sont comprises dans l'être de toute éternité, puisque chacune d'elles séparément [55] est ce qu'elle est et qu'en même temps elles se retrouvent toutes ensemble dans l'unité, alors cette sorte de combinaison, cette association de tous les êtres dans l'unité, c'est cela l'Intellect[212]. Et puisqu'il contient en lui les êtres, il est un « Vivant total », le « Vivant-en-soi »[213]. Mais parce qu'il se donne à voir à ce qui vient de lui, il devient intelligible et donne ainsi à l'intellect de là-bas[214] le nom qui lui convient.

22. Et c'est à mots couverts[215] que Platon s'exprime en disant : « pour autant que l'intellect contemple les formes qui sont dans le vivant total, et voit ce qu'elles sont et combien il y en a »[216]. Car l'âme, qui vient après l'Intellect et qui possède en elle les formes, dans la mesure où elle est âme, les voit mieux dans ce qui vient avant elle[217]. [5] Et notre intellect, même s'il les a en lui, les voit mieux dans ce qui vient avant lui. Car en lui, il se contente de voir, alors que dans ce qui vient avant lui il voit aussi qu'il voit[218]. Cet intellect qui est le nôtre, dont nous déclarons qu'il voit, parce qu'il n'est pas séparé de ce qui est avant lui et de ce dont il vient (dans la mesure où il est une multiplicité qui provient de l'unité et qu'il possède la nature de l'autre qui vient avec la multiplicité), [10] vient à l'être « un-multiple ». Mais parce qu'il est un et multiple, l'Intellect produit la multiplicité des intellects sous l'effet d'une semblable nécessité[219]. Mais en général, il n'est pas possible de saisir ce qui est un en nombre et indivisible ; ce que tu saisis en effet, c'est une forme, car c'est quelque chose qui est dépourvu de matière [220]. Voilà pourquoi Platon dit cela à mots couverts, lorsqu'il déclare que « la réalité se morcelle en parties illimitées [221] ». [15] Car aussi longtemps que l'on va vers une autre espèce, à partir d'un genre par exemple, il n'y a pas encore d'illimité, car le processus est limité par les espèces qui ont été engendrées. Mais l'espèce ultime qui ne se divise plus en espèces, est plus près de l'illimité. C'est ce que veut dire Platon : « À ce moment, il faut la laisser se disperser dans l'illimité et l'abandonner [222]. » Tant que l'on en reste à ces espèces ultimes, on est dans l'illimité ; mais dès qu'elles sont comprises dans l'unité [20], elles constituent désormais un nombre. L'Intellect contient donc ce qui vient après lui, l'âme, de sorte que l'âme aussi est dans le nombre jusque dans ce qu'il y a de plus bas en elle [223], même si ce qu'il y a de plus bas en elle est déjà totalement illimité [224]. Et un intellect de cette sorte est une partie, même s'il contient toutes les choses et l'Intellect total [...] [25] [...] [225]. L'âme est une partie de partie, mais comme une activité qui procède de l'Intellect. Quand il est actif en lui-même, les produits de son activité sont d'autres intellects, tandis que quand il agit à l'extérieur de lui-même, le produit c'est l'âme [226]. Et puisque l'âme est active à titre de genre ou d'espèce, les autres âmes sont actives comme des espèces. Et les activités de ces âmes sont de deux sortes [227] : [30] l'une est dirigée vers le haut, et c'est l'intellect, tandis que l'autre est dirigée vers le bas, et c'est l'ensemble des autres facultés qui sont disposées hiérarchiquement [228]. La plus basse de ces facultés touche déjà à la matière qu'elle informe. Et le fait qu'il y ait quelque chose d'elle-même qui est en bas n'empêche pas tout le reste d'être en haut. Ou plutôt, même cette soi-disant partie inférieure est une image [229] de l'âme elle-même, qui n'en est point séparée, mais qui en est comme un reflet [35] dans un miroir [230], lequel dure aussi longtemps qu'est présent à l'extérieur l'objet reflété.

– Mais comment doit-on entendre « à l'extérieur » ?

– C'est le monde intelligible qui s'étend jusqu'à ce qui se trouve avant l'image [231] ; c'est un tout parfait, car il se compose de l'ensemble des intelligibles, comme notre monde qui est l'imitation de ce monde-là, dans la mesure où il est possible pour l'image d'un vivant de rester fidèle au Vivant-en-soi, comme le dessin ou le reflet dans l'eau sont la représentation [40] de ce qui paraît être là avant qu'il n'y ait le reflet dans l'eau ou le dessin. L'imitation qui est dans le dessin ou dans l'eau n'est pas l'imitation des deux éléments du composé, mais l'imitation de celui qui a reçu de l'autre sa configuration [232]. Ainsi l'image de l'intelligible contient des représentations non de celui qui l'a produite, mais de ce qui se trouvait en celui qui l'a produite, par exemple un homme ou [45] tout autre vivant. Le modèle et celui qui produit sont un vivant, mais chacun à titre différent, même s'ils se trouvent tous les deux dans l'intelligible.

TRAITÉ 44
Sur les genres de l'être III [1]

1. Nous avons exposé notre position sur la réalité véritable, et sur la manière dont une telle position peut s'accorder avec celle de Platon [2]. Il faut poursuivre la recherche [3] en la faisant porter aussi sur le sensible, pour savoir s'il faut y poser les mêmes genres que ceux que nous avons posés là-bas, ou s'il y en a davantage ici-bas, ce qui nous forcerait à en ajouter [5] d'autres à ceux de là-bas, ou bien encore s'ils sont totalement différents de ceux de là-bas ou s'il s'en trouve qui sont semblables, et d'autres différents [4]. Il faut comprendre l'expression « les mêmes genres » en un sens analogique et par homonymie [5]. C'est ce qui apparaîtra quand nous en aurons pris connaissance. Notre point de départ est le suivant : puisque notre exposé porte sur les choses sensibles, et puisque tout ce qui est sensible est contenu dans ce monde-ci [6], [10] il est nécessaire de faire porter la recherche sur notre monde en soumettant à la division sa nature et ses éléments constitutifs, pour en distinguer les genres, en

faisant comme si nous divisions le son, qui est
quelque chose d'illimité, en ses constituants
déterminés [7], en ramenant à un seul terme ce qui
se trouve à l'identique dans plusieurs termes [8], en
passant ensuite à un autre terme, qui pour sa part
est différent, jusqu'à ce que nous ayons ramené
chacun d'eux à un nombre déterminé, en appe-
lant « espèce » [15] ce sous quoi se rangent les
individus, et « genre » ce sous quoi se rangent les
espèces. Eh bien, dans le cas du son articulé, il
est possible de ramener à l'unité chaque espèce et
en même temps tout ce qui s'y manifeste, en donnant à tout cela comme attribut « lettre » ou
« son ». Mais dans le cas des choses sur lesquelles
porte notre recherche, c'est impossible, comme
on l'a montré [9]. Voilà pourquoi il faut se mettre
à la recherche de genres plus nombreux, [20] des
genres qui dans cet univers sont différents de
ceux qui se trouvent dans l'intelligible [10], puisque
cet univers est différent de l'intelligible, car même
s'il porte le même nom que lui il ne renvoie pas
à la même chose, car il n'en est qu'une image.
Mais, puisque ici-bas, le mélange ou le composé
comprend une âme et un corps, puisque cet univers est un vivant, et puisque l'âme se trouve dans
le monde intelligible et ne peut se trouver au
même rang que [25] ce que l'on appelle réalité
ici-bas, il faut pourtant, même si cela est difficile,
laisser l'âme en dehors de la recherche en cours,
comme le ferait quelqu'un qui, désirant classer
les citoyens d'une cité, suivant leur rang [11] et suivant leur métier, ne tiendrait pas compte des
étrangers résidents [12]. En ce qui concerne les

affections que [30] subit l'âme conjointement avec
le corps ou à cause de lui, il faudra se demander
plus tard [13], quand nous nous interrogerons sur
les choses d'ici-bas, quel rang leur donner [14].

2. Tout d'abord, il faut considérer ce qu'on
appelle « réalité », en reconnaissant que la nature
qui se trouve dans les corps n'a de réalité que le
nom, et qu'elle ne devrait même pas du tout être
appelée « réalité », car, rattachée à la notion de
flux, elle ne peut, au sens propre, être qualifiée
que de « devenir » [15]. Ensuite, il faut considérer
que, dans le devenir, [5] certaines choses sont
d'une sorte et d'autres d'une autre sorte. Il y a
d'un côté les corps que l'on ramène à l'unité,
qu'ils soient simples ou composés, et de l'autre
les accidents ou les accompagnements, parmi lesquels il faut introduire de nouvelles distinctions.
On peut distinguer entre la matière et la forme
qui est en elle, que chacune soit considérée
comme un genre séparé ou qu'elles appartiennent
toutes les deux à un même genre, puisqu'elles
sont l'une et l'autre « réalité », même si ce terme
n'est qu'un nom, car il s'agit alors du « devenir ».
  – Mais [10] qu'y a-t-il de commun entre la
matière et la forme [16] ? Comment la matière peut-
elle être un genre ? De quelles espèces est-elle le
genre ? Quelle est sa différence spécifique ? Et
dans quel genre faut-il placer ce qui est un composé de matière et de forme ? Si le composé des
deux est lui-même la réalité corporelle, alors
qu'aucun de ces deux composants n'est un corps,
comment ces deux composants pourront-ils être

rangés sous un seul et même genre, qui serait de
plus celui du composé ? Et comment les éléments
d'un mot peuvent-ils être rangés dans le même
genre que [15] lui ? Commencer par les corps, ce
serait commencer par les syllabes. Pourquoi ne
pas procéder par analogie ? Même si la division
ne porte pas sur les mêmes choses, pourquoi ne
pas dire que [17], répondant à la matière de là-bas,
il y a la matière qui se trouve ici-bas ; que, répondant au mouvement de là-bas, il y a la forme qui
se trouve ici-bas, laquelle est pour ainsi dire une
vie et un perfectionnement de la matière ; que,
répondant au repos de là-bas, [20] il y a le fait
que la matière ne sort pas d'elle-même ; et enfin,
que, répondant au même et à l'autre de là-bas, il
y a ici-bas beaucoup d'altérité et encore plus de
dissemblance [18] ?

   – Il faut répondre d'abord que la matière n'est
pas comme l'être et qu'elle ne reçoit pas la forme
comme si c'était sa vie ou son activité, mais que
c'est d'ailleurs que la forme vient en elle et qu'elle
ne lui appartient pas. Il faut dire ensuite [25] que,
tandis que là-bas la forme est acte et mouvement,
ici-bas le mouvement est autre chose : il est un
accident. La forme est plutôt le repos de la
matière, et pour ainsi dire sa tranquillité [19], car
elle donne une limite à la matière qui reste indé-
terminée [20]. Là-bas, le Même et l'Autre appartiennent à une seule chose qui est à fois même et
autre, tandis que, ici-bas, une chose est autre par
participation et en rapport avec quelque chose
d'autre ; et ici-bas c'est quelque chose de particulier qui est même ou autre, [30] mais pas au sens

où là-bas quelque chose de particulier parmi les réalités postérieures pourrait être une chose particulière même ou autre.

– Mais comment peut-il y avoir un repos de la matière, quand elle est tirée en tous sens en direction de toutes les grandeurs[21], qu'elle reçoit les figures qu'elle revêt de l'extérieur, et qu'elle ne peut par ses propres forces engendrer les autres choses qui vont avec ces grandeurs et ces formes ? Cette division doit donc être abandonnée.

3. – Que répondre ? D'abord, il faut faire la distinction suivante[22]. Il y a la matière, il y a la forme, il y a le composé qui est fait des deux[23], et il y a les choses qui s'y rapportent[24]. Et parmi ces choses, les unes sont de simples attributs[25], tandis que les autres sont des accidents[26]. Parmi les accidents, les uns sont dans les choses[27], tandis que les autres ont les choses en eux[28], [5] les unes sont des actions de ces choses, les autres des affections[29], d'autres encore des accompagnements[30]. La matière est ce qu'il y a de commun à toutes les « réalités[31] », mais elle n'est pas un genre, parce qu'elle ne comporte pas de différences spécifiques[32], à moins de considérer comme différence spécifique le fait de prendre la forme du feu ou celle de l'air. Mais si l'on se contentait [10] de ce qu'il y a de commun, à savoir le fait qu'il y a de la matière dans toutes les choses qui sont, ou qu'elle est comme un tout à l'égard de ses parties, la matière serait un genre en un autre sens[33] ; et cela[34] ce serait un élément unique, car l'élément peut aussi être un genre[35].

Quant à la forme, dont on dit par ailleurs qu'elle
est « près de la matière » ou « dans la matière »,
pour la distinguer des autres formes, elle
n'englobe certainement pas la forme [15] véritable
en son ensemble [36]. Mais si par « forme » nous
entendons ce qui produit la réalité, et par « raison » la formule véritable qui correspond à la
forme, nous n'avons pas encore dit en quel sens
il faut comprendre le terme « réalité ». Mais, si
c'est seulement le composé de matière et de forme
qui est réalité, ni la matière ni la forme ne seront
réalité. Ou si elles le sont aussi, il faut chercher
ce qu'il y a de commun aux trois. Les attributs
qui ne sont qu'attributs se trouveront dans la
catégorie du relatif, [20] par exemple être cause,
être élément [37]. Et les accidents qui sont dans ces
trois choses [38], ce seront la quantité et la qualité,
dans la mesure où elles sont bien en elles. Et ceux
qui ont les choses en eux, ce sont par exemple le
lieu et le temps ; leurs actions et leurs affections,
ce seront par exemple les mouvements ; et ce qui
les accompagne [39] ce sera le temps et le lieu, le
lieu qui accompagne les composés, et [25] le
temps qui accompagne le mouvement [40]. Et les
trois [41] ne feraient qu'une seule et même chose, si
l'on arrivait à trouver quelque chose qui leur soit
commun, ce à quoi ici-bas on accorde le nom de
réalité ; puis viendrait en ordre le reste, le relatif,
la quantité, la qualité, dans le lieu, dans le temps,
le mouvement, le lieu, le temps. Ou encore, si l'on
met dans cette liste le lieu et le temps, « dans le
temps » et « dans le lieu » deviennent superflus [42],
de sorte que cela fait cinq genres, si l'on prend

pour acquis que [**30**] les trois premiers n'en font qu'un [43]. En revanche, si les trois premiers ne font pas une seule et même chose, il y aura la matière, la forme, le composé, le relatif, la quantité, la qualité et le mouvement. Ou plutôt ces derniers peuvent se placer sous la catégorie de la relation ; car elle est plus englobante.

4. – Qu'y a-t-il donc d'identique [44] dans les trois termes dont on vient de parler [45], autrement dit qu'est-ce qui fait qu'ils sont « réalité » pour les choses d'ici-bas [46] ? Est-ce le fait d'être une assise [47] pour les autres ?

– Non, si la matière paraît jouer pour la forme le rôle d'assise et de siège, la forme ne pourra plus être rangée sous la réalité. Si le composé est [**5**] une assise et un siège pour les autres choses, la forme prise avec la matière deviendra une assise pour les composés et pour tout ce qui vient après les composés, la quantité, la qualité et le mouvement par exemple.

– Mais alors est-ce le fait de ne pas être ce que l'on est dit être d'autre chose [48] ?

– Blanc et noir se disent en effet d'autre chose, à savoir de ce qui est teinté de blanc ; le double se dit d'autre chose, je ne veux pas dire ici que c'est [**10**] de la moitié, mais je veux parler d'un morceau de bois dont la longueur est double ; et le père est le père d'un autre homme, dans la mesure où il est père [49]. Par ailleurs, la connaissance est celle d'un autre, l'homme dans lequel cette connaissance se trouve ; le lieu est la limite d'autre chose ; et le temps est la mesure d'autre

chose. Mais le feu ne se dit pas d'autre chose, ni
un morceau de bois dans la mesure où c'est un
morceau de bois [50], ni un homme, ni non plus
Socrate et c'est le cas en général de la réalité composée [51], et de la forme [15] qui se trouve dans
cette réalité, parce que ce n'est pas une affection
d'autre chose. La forme n'appartient pas à la
matière, mais elle est une partie du composé [52].
De surcroît, la forme de l'homme et l'homme
c'est la même chose [53]. Pour sa part, la matière
est une partie de l'univers, et si elle est dite
matière d'autre chose, c'est au sens où elle est
matière de l'univers, et non pas au sens où elle
serait autre chose que ce dont elle est la matière.
En revanche, le blanc [20] est ce qu'il est dit être
d'autre chose. Il s'ensuit que n'est pas une réalité
ce qui appartient à autre chose, et ce qui est dit
d'un substrat. La réalité en définitive, c'est ce qui
est à soi-même son être [54], ou, si c'est la partie
d'un composé, c'est la partie constitutive du composé en question, puisque chacune des deux parties de ce composé et celle-là en particulier sont
à elles-mêmes leur être ; et parce qu'elle a rapport
avec le composé, chaque partie est dite appartenir
au composé en un sens différent [55].

– Si la réalité est une partie [25], elle est ainsi
qualifiée par relation avec autre chose, mais en
elle-même elle réside naturellement dans son être,
et elle n'est pas dite d'autre chose [56]. D'ailleurs,
le substrat est quelque chose de commun à la
matière, à la forme et au composé [57].

– Mais c'est en un sens que la matière est substrat pour la forme, et en un autre sens encore

différent que la forme et le composé sont substrats pour les affections. Ou plutôt, la matière
n'est pas substrat pour [30] la forme – car la
forme est un achèvement pour la matière en tant
que matière, c'est-à-dire en tant que la matière est
en puissance ; la forme n'est pas non plus dans
la matière [58]. Car, lorsque quelque chose s'ajuste
aussi exactement à quelque chose d'autre, aucune
de ces deux choses n'est dans l'autre, mais les
deux, la matière et la forme, sont en même temps
substrat pour autre chose ; par exemple,
l'Homme [59] et n'importe quel homme particulier
sont substrats pour leurs affections, et comme
tels ils précèdent [35] leurs actions et les conséquences qui accompagnent ces dernières. Oui, la
réalité est ce de quoi vient tout le reste et c'est
grâce à elle que tout le reste existe ; elle est le
substrat des affections et la source des actions.

5. – Il faut entendre cela comme s'appliquant
à ce qui est appelé « réalité » ici-bas. Mais ces
traits se retrouvent-ils d'une façon ou d'une autre
dans la réalité qui est là-bas [60] ?
   – Peut-être, mais c'est de façon analogue et
parce que le nom est le même [61]. C'est ainsi que
le mot « premier » se dit de ce qui vient après ce
qui est premier. Il ne s'agit pas en effet du « premier » au sens propre ; en vérité, d'autres termes
qui viennent après lui peuvent être qualifiés de
« premiers » [5] si on les considère par rapport à
ceux qui viennent en dernier. Le terme « substrat » lui aussi a là-bas un sens différent, et on
peut se demander s'il y a là-bas du pâtir et, s'il y

en a, déterminer si ce n'est pas une autre sorte de pâtir [62]. Et la proposition « n'être pas dans un substrat s'applique à toute réalité [63] » est vraie si ce qui est dans un substrat doit « ne pas être une partie de ce en quoi il est [64] », **[10]** et ne pas non plus être pris au sens de « concourir avec lui à achever une seule et même chose ». Ce qui concourt avec autre chose à mener à son achèvement une réalité composée [65] ne se trouve pas dans cette chose comme dans un substrat. Dès lors, la forme n'est pas dans la matière comme dans un substrat, ni l'humanité dans Socrate, alors qu'elle est une partie de Socrate [66]. Ce qui n'est pas dans un substrat, voilà ce qu'est la réalité. Mais si nous disons que la réalité, c'est « ce qui n'est ni **[15]** dans un substrat ni prédiqué d'un substrat [67] », il faut ajouter « en tant que c'est d'un autre substrat », pour faire que l'humain aussi, lorsqu'il est prédiqué d'un être humain particulier, puisse être inclus dans notre formule grâce à cet ajout « non prédiqué d'autre chose ». Car lorsque je dis que Socrate est un homme, je dis « homme » non pas dans le sens où je dis que ce morceau de bois est blanc, mais au sens où je dis que cet objet blanc est **[20]** blanc [68]. Car en disant que Socrate est un homme, je veux dire que cet homme particulier est un homme, en prédiquant « homme » de l'homme qui est en Socrate. Cela revient à dire que Socrate est Socrate, ou encore à prédiquer « animal » de tel animal rationnel.

– Mais si Aristote dit [69] que ne pas se trouver dans un substrat est le propre de la réalité, **[25]** il

faut reconnaître que la différence spécifique, elle
non plus, ne se trouve pas parmi les choses qui
sont dans un substrat[70].

– C'est parce qu'il considère ce bipède-ci
comme une partie de la réalité qu'il dit qu'il n'est
pas dans un substrat[71]. Car, si l'on ne veut pas
parler du bipède qui est une réalité qualifiée, mais
de la propriété d'être bipède qui n'est plus une
réalité, mais une qualité, bipède se trouvera dans
un substrat.

– Mais ni [30] le temps ni le lieu ne se trouvent
dans un substrat.

– Si l'on prend le temps comme la mesure du
mouvement s'appliquant à ce qui est mesuré[72],
la mesure sera dans le mouvement comme en un
substrat, de même que le mouvement dans le
mobile, tandis que, si on le prend comme faisant
référence à ce qui mesure, la mesure sera dans ce
qui mesure. Pour sa part, le lieu, qui est la limite
du contenant[73], [35] est dans le contenant.

– Mais que dire de la réalité, dont nous parlons ici ?

[Il se fait que l'on peut tenir des propos
contraires sur le sujet, suivant que l'on considère
une seule, plusieurs ou toutes les caractéristiques évoquées, puisque ces caractéristiques
conviennent parfaitement aussi bien à la matière
et à la forme qu'au composé des deux[74].]

6. – Et si quelqu'un faisait cette remarque :
« J'admets que ce sont bien là des observations
sur la réalité, mais on n'a pas dit ce qu'elle est »,
c'est sans doute qu'il demanderait en plus à faire

usage de ses yeux. Mais ce « il est », cet « être »
ne peut être vu par les yeux [75].

— Quoi ? Le feu n'est pas une réalité, ni l'eau ?

— Oui, l'un et l'autre sont bien des réalités. [5]
Parce qu'ils sont vus, non. Parce qu'ils sont pourvus de matière, non. Parce qu'ils sont pourvus de
forme, non plus. Et non plus enfin parce que ce
sont des composés.

— Pour quelle raison, alors ?

— En raison de leur être.

— Mais la quantité elle aussi « est », et la qualité aussi.

— Oui, répondrons-nous, c'est bien le même
mot, mais pas la même chose.

— Que veut donc dire « il est », lorsque
l'expression est appliquée au feu, à la terre et à
des choses de ce genre, et quelle différence [10] y
a-t-il entre ce cas et les autres [76] ?

— C'est que, dans un cas, l'expression signifie
purement et simplement « être [77] », c'est-à-dire
« ce qui est purement et simplement », et que
dans l'autre elle veut dire « être blanc ».

— Quoi, le mot « être » ajouté au blanc serait
la même chose que le mot « être » tout seul ?

— Non, dans un cas, il s'agit bien de l'être au
sens premier, tandis que dans l'autre il s'agit de
l'être par participation, et donc de l'être en un
sens second. Car, en s'ajoutant à l'être, le blanc a
fait que [15] cet être est blanc, tandis que l'être
en s'ajoutant au blanc a fait « être blanc [78] ».

— Dès lors, si l'on prend en considération l'un
et l'autre cas, il faut dire que si le blanc est un

accident de l'être, l'être à son tour est un accident du blanc[79].

— Non, ce n'est pas ce que nous voulons dire. Car si l'on dit que Socrate est blanc et que ce blanc est Socrate, Socrate reste le même dans les deux cas, [20] tandis que blanc n'est pas du tout la même chose. En effet, dans la proposition « ce blanc est Socrate », Socrate est compris dans le blanc, alors que dans la proposition « Socrate est blanc », le blanc n'est rien de plus qu'un accident de Socrate. De même ici, la proposition « cet être est blanc » veut dire que l'être a le blanc comme accident, tandis que la proposition « le blanc est un être » veut dire que le blanc est compris dans l'être. [25] Et de façon générale, le blanc tient son être du fait qu'il se rapporte à l'être et qu'il est en lui. C'est de l'être auquel il se rapporte et en qui il est qu'il tient le fait d'être. L'être a l'être par lui-même, tandis qu'il reçoit du blanc la blancheur, non parce qu'il se trouve dans la blancheur, mais parce que la blancheur est en lui[80]. En vérité, puisque cet être qui se trouve dans le monde sensible n'a pas l'être par lui-même, il faut dire [30] qu'il tient son être de l'être véritable, et qu'il tient sa blancheur du blanc véritable, étant donné que sa blancheur tout comme son être il les a par participation à ce qui se trouve là-bas.

7. — Et si quelqu'un soutient que toutes les choses d'ici-bas se trouvent dans la matière et que c'est d'elle qu'elles tiennent leur être[81] ?

– D'où la matière tirera son être, lui demande-rons-nous ? Que la matière ne vient pas en pre-mier, nous l'avons dit ailleurs [82].

– Mais si quelqu'un renchérit en disant que les autres choses ne pourraient être constituées si la matière n'était pas prise en compte ?

– Oui, répondrions-nous, pour ce qui est des choses sensibles. [5] Mais rien n'empêche que la matière, même si elle est antérieure [83] aux choses sensibles, ne vienne après plusieurs autres choses et notamment après toutes les choses qui se trouvent là-bas, puisqu'elle possède l'être sous une forme obscure et inférieure aux choses qu'elle reçoit [84], dans la mesure où ces choses sont des « raisons » et qu'elles dérivent surtout de l'être, tandis qu'elle est totalement privée de raison, c'est-à-dire qu'elle est une ombre de « raison », une « raison » qui a chuté [85].

– Mais supposons encore que quelqu'un dise qu'elle donne l'être aux choses qui sont en elle, [10] comme Socrate donne l'être au blanc qui est en lui.

– Il faut répondre que ce qui a plus d'être peut donner à ce qui en a moins le moins d'être qu'il a [86], mais que ce qui a moins d'être ne peut en donner à ce qui en a plus.

– Mais si la forme a plus d'être [87] que la matière, l'être n'est plus quelque chose de com-mun aux deux, et la réalité n'est plus un genre qui contient la matière, la forme et le composé [88] ; [15] la matière, la forme et le composé auront beaucoup d'autres choses en commun, celles dont nous venons de parler [89], et pourtant leur être sera différent. Car quand quelque chose qui a plus d'être est rapproché d'une chose qui a moins d'être, l'ensemble prend le premier rang, mais vient après sous le rapport de la réalité[90]. Dès lors, si l'être n'appartient pas de façon égale à la matière, à la forme et au composé, la réalité ne sera pas pour eux quelque chose de commun à titre de genre.

– Mais il en ira autrement [20] pour les choses qui viennent après[91] la matière, la forme et le composé, au sens où la réalité conserve quelque chose de commun avec ces trois termes par le biais de leur être[92], car il y a pour la vie, une vie obscure et une vie plus claire, et parmi les images, il y a une image qui n'est qu'une esquisse et une autre qui est une œuvre plus accomplie. Mais si l'on prend pour mesure de l'être ce qu'il y a d'obscur en l'être[93], en ne tenant pas compte qu'il y a plus d'être dans les deux autres termes[94], alors de nouveau il y aura [25] quelque chose de commun en ce groupe, à savoir l'être.

– Ce n'est certainement pas ainsi qu'il faut procéder. Car chacun de ces trois termes constitue un tout différent, et l'obscurité ne leur est pas quelque chose de commun ; et il en va de même dans le cas de la vie, car il n'y a rien de commun entre la vie nutritive, la vie sensitive et la vie intellective. Ici-bas aussi, par conséquent, l'être est différent dans la matière et dans la forme, et pourtant les deux proviennent de l'Un [30] s'écoulant de façon diverse. Car il n'est pas seulement nécessaire qu'une chose de second rang procède d'une chose de premier rang, et qu'une

chose de troisième rang procède d'une chose de
second rang pour qu'il y ait entre elles une différence de supérieur à inférieur, mais, même dans
le cas où deux choses viennent de la même chose,
elles peuvent participer plus ou moins à cette
même chose, par exemple l'argile qui devient
céramique pour avoir subi davantage l'effet du
feu, et qui ne devient pas céramique pour l'avoir
subi moins. D'ailleurs, il est même possible que
la matière et la forme ne viennent pas de la même
chose[95], [35] puisque parmi les intelligibles[96]
aussi, ce sont des choses distinctes.

8. Mais peut-être faut-il abandonner ces divisions en forme et matière[97], surtout quand on
parle de la réalité sensible qu'il convient de saisir
par la sensation plutôt que par la raison, et faire
comme si[98] la forme et la matière dont elle est
composée n'existaient pas, – car la forme et la
matière ne sont pas des réalités, en tout cas pas
des réalités sensibles –, en mettant dans un seul
et même genre ce qu'il y a de commun à la pierre,
à la terre, à l'eau [5] et aux plantes qui sont
constituées de ces éléments, et même aux animaux, étant donné que ce sont des choses sensibles. Si nous procédons ainsi, ni la matière ni
la forme ne seront laissées de côté, car la réalité
sensible les contient toutes les deux. Le feu, la
terre et les éléments qui se trouvent entre eux[99]
sont en effet matière et forme ; et les composés
résultent de la réunion de plusieurs réalités réu-
nies en une seule et même chose. Et ce qu'il y a
de [10] commun à toutes ces choses, c'est la façon

dont elles se distinguent des autres [100]. Ce sont en effet des substrats pour les autres choses, et elles ne sont ni dans un substrat ni substrat d'autre chose. Et tout ce qui a été dit [101] s'applique dans le cas présent.

– Mais s'il n'y a pas de réalité sensible sans grandeur ni qualité, comment pourrons-nous encore mettre les accidents à part [102]? Car si nous mettons à part les choses suivantes, la grandeur, [15] la figure, la couleur, la sécheresse, l'humidité, qu'allons-nous retenir comme étant la réalité même? Car les réalités sensibles, ce sont des réalités qualifiées.

– Mais qu'est-ce qui reçoit les propriétés qui font de la réalité brute une réalité qualifiée? Ce n'est pas le feu qui dans son ensemble sera réalité, mais quelque chose de lui, une partie pour ainsi dire, n'est-ce pas [103]?

– Et qu'est-ce que cela peut bien être?

– C'est la matière [104].

– Mais alors la réalité [20] sensible se réduit-elle à un conglomérat de qualités et de matière? Rassemblées toutes ensemble en une matière unique, ces choses constitueraient une réalité, mais prises chacune à part, ce ne serait que qualité et quantité, ou au mieux une pluralité de qualités [105]. Et est-ce que ce qui, lorsque le manque s'en fait sentir, ne permet pas encore la venue à l'être d'une existence achevée est une partie de la réalité, tandis que [25] ce qui vient s'ajouter à une réalité déjà venue à l'être trouve la place qui lui est propre au lieu de rester caché dans le mélange qui produit ce qu'on appelle

« réalité » ? Je ne veux pas dire qu'est une réalité
ce qui, avec les autres constituants, contribue
ici [106] à compléter une masse unique pourvue de
quantité et de qualité [107], tandis qu'ailleurs,
quand cette même chose ne contribue pas à cette
tâche, c'est une qualité ; pourtant, même ici, ce
qui est une réalité ce n'est pas [30] non plus
chaque constituant, mais l'ensemble qui provient
de tous les constituants [108]. Il ne faut pas être
choqué par le fait que nous produisons la réalité
sensible à partir de choses qui ne sont pas des
réalités véritables [109]. L'univers sensible lui-même
en effet n'est pas une réalité véritable, mais une
image de la réalité véritable, qui ne tient l'être
d'aucune des autres choses qui se rapportent à
elle, alors que c'est d'elle que viennent les autres
choses, parce qu'elle est véritablement. [35] Mais
ici, ce qui est sous-jacent est stérile et dans l'incapacité d'être un être véritable, parce que les autres
choses n'en viennent pas, car c'est une ombre, et
que, sur ce qui n'est qu'une ombre, n'apparaît
qu'un dessin, une apparence [110].

9. Voilà ce qu'il en est pour ce qu'on appelle
« réalité sensible », prise comme un seul et même
genre. Mais quelles en sont les espèces, et comment les diviser [111] ? Eh bien, il faut considérer
que, dans son ensemble, elle est un corps [112] ; or,
parmi les corps, les uns sont seulement matériels,
tandis que les autres sont organiques [113]. Sont
matériels, le feu, la terre, [5] l'eau, l'air ; et sont
organiques les corps des plantes et des animaux,
qui diffèrent en fonction de leur aspect extérieur.

Puis il faut [114] tenir compte des espèces de terre
et de celles des autres éléments [115] ; et parmi les
corps organiques il faut distinguer entre les
plantes et les corps des animaux en considérant
leur aspect extérieur, ou mieux suivant que certains vivent sur la terre [10] ou dans la terre, c'est-
à-dire suivant l'élément particulier dans lequel
l'animal vit [116]. Parmi les éléments qui constituent les corps [117], il faut encore distinguer entre
ceux qui sont légers, lourds ou qui se trouvent
entre les deux [118] ; il faut également distinguer
entre ceux qui se tiennent au centre de l'univers,
ceux qui se tiennent à la périphérie et ceux qui se
situent dans une position intermédiaire [119]. Et
dans chacun de ces groupes, les corps sont déjà
différenciés d'après leur aspect extérieur, car il y
a les corps des vivants célestes [120], et ceux qui
sont en rapport avec les autres éléments. [15] Ou
bien encore, après les avoir répartis entre quatre
espèces, il faut s'arranger pour les combiner
d'une autre façon en faisant un mélange de leurs
différences suivant le lieu qu'ils occupent, l'aspect
extérieur qu'ils présentent et le mélange dont ils
sont constitués, en les qualifiant par exemple
d'« ignés » ou de « terreux » selon l'élément
dominant et prévalant en eux [121]. L'expression
« réalités premières », par exemple tel ou tel
feu particulier, et « réalités secondes » [122], par
exemple le feu, indique bien une différence d'un
autre type, [20] à savoir celle qui oppose le particulier à l'universel, mais non pas une différence
par rapport à la réalité [123]. Car dans la qualité
aussi, on fait une distinction entre « quelque

chose de blanc » et « blanc », entre « une compétence littéraire particulière » et « la compétence
littéraire ». « La compétence littéraire » n'est pas
postérieure à « une compétence littéraire particulière », mais c'est parce que le « savoir » existe
qu'il y a « un savoir particulier ». De plus,
qu'est-ce que « la compétence littéraire » a de
moins qu'« une compétence littéraire particulière », et « le savoir » qu'« un savoir particulier » ? [**25**] « La compétence littéraire » en effet
n'est pas postérieure à « une compétence littéraire
particulière », mais c'est plutôt parce que « la
compétence littéraire » existe qu'elle peut être en
toi. Même si « la compétence littéraire » en toi
est particulière parce qu'elle se retrouve en toi,
elle n'en reste pas moins identique à « la compétence littéraire » en général. Et ce n'est pas
Socrate lui-même qui donne à ce qui n'est pas un
homme le fait d'être un homme, mais le fait d'être
un homme qui donne à Socrate d'être un homme.
Car l'être humain particulier est homme par participation à l'Homme [124].

  – Par suite, [**30**] que peut bien être Socrate,
sinon un homme qualifié, et en quoi le fait d'être
qualifié ferait-il qu'il soit plus réalité ?

  – Si, en fait, c'est parce que « l'Homme est une
forme pure », tandis que Socrate est « une forme
dans la matière », Socrate sera moins homme de
ce point de vue, car dans la matière, la « raison »
se situe à un niveau inférieur. Si en revanche
l'Homme est une forme qui ne subsiste pas en elle-
même, [**35**] mais qui se trouve dans la matière,
qu'est-ce que l'Homme aura de moins que

l'homme qui se trouve dans la matière, puisqu'il est lui aussi la « raison » de l'homme dans une matière particulière ?

– Mais encore, ce qui est plus près du genre est antérieur par nature, de sorte que l'espèce est antérieure à l'individu [125]. Et ce qui est antérieur par nature est antérieur purement et simplement [126]. Comment alors cela sera-t-il inférieur ?

– Le particulier est plus facile à connaître pour nous ; il est donc antérieur [127]. Mais cette antériorité [40] ne constitue pas une différence dans la réalité. Qui plus est, s'il en était ainsi, il n'y aurait pas une seule définition de la réalité, car la définition de la réalité première et celle de la réalité seconde [128] ne seraient pas les mêmes ; en outre, la réalité première et la réalité seconde ne tomberaient pas non plus sous le même genre.

10. Il est également possible de diviser la réalité sensible ainsi [129] : chaud et sec, sec et froid, humide et froid et tous les couples qu'il [130] souhaitera former avec ces qualités, et en faisant ensuite une composition ou un mélange à partir des éléments qui présentent ces qualités [131]. On peut aussi s'arrêter au composé, ou bien poursuivre la division [5] en prenant en considération le fait de vivre dans la terre ou sous la terre, l'aspect extérieur ou les différences entre les animaux, en distinguant ainsi non pas entre les animaux, mais entre leurs corps, considérés comme des instruments. Cette division en fonction de l'aspect extérieur n'a rien de déplacé, pas plus que ne l'est la division suivant les qualités, chaleur, froid et ainsi de suite. **[10]** Mais si quelqu'un [132] allait dire : « C'est selon les qualités que le corps agit [133] », il faudrait répondre que le corps agit aussi suivant les mélanges, les couleurs et les figures. Car puisque nous parlons de la réalité sensible, il ne serait pas déplacé de la considérer avec toutes les différences que permet de saisir la sensation. Cette réalité en effet n'est pas purement et simplement un être, mais l'être sensible en quoi consiste cet ensemble. **[15]** Étant donné que nous avons dit [134] que son existence apparente consiste en une association de choses sensibles, c'est la perception sensible qui garantit leur être. Et puisque la composition des réalités sensibles varie à l'infini, il vaut mieux diviser ces composés en fonction des formes que présentent les animaux, par exemple la forme de l'homme considérée dans son corps. Comme ce genre de forme n'est que la qualité d'un corps, **[20]** il n'y a rien de déplacé à mener la division en fonction de la qualité. Mais s'il est vrai que nous avons dit [135] que certains corps sont simples tandis que d'autres sont composés, en opposant, dans le cours de notre division, le composé au simple, nous avons aussi dit [136] qu'il y avait des corps matériels et des corps organiques, sans faire intervenir le composé. Dans la division, il n'y a pas non plus opposition entre le composé et le simple. En réalité, nous avons, en opérant une première division, pris en considération **[25]** les corps simples, nous les avons mélangés, suivant un principe inférieur et nous avons introduit une différence entre ces corps composés suivant le lieu où ils se trouvent ou la forme qu'ils présentent, en distinguant par exemple entre corps célestes et corps terrestres. En voilà assez sur la réalité dans les choses sensibles, c'est-à-dire sur le devenir.

11. En ce qui concerne le combien, c'est-à-dire la quantité[137], on a souvent dit qu'il faut les situer dans le nombre et la grandeur, dans la mesure où chaque chose a une quantité, laquelle consiste en un nombre de choses qui se trouvent dans la matière et dans l'extension d'un substrat, car la discussion porte non sur la quantité séparée[138], mais sur la quantité qui fait que [5] le morceau de bois est de trois coudées, ou que le nombre cinq s'applique à des chevaux ; il faut par ailleurs préciser que seuls le nombre et la grandeur sont des quantités, tandis que le temps et le lieu ne doivent pas être considérés comme relevant de la quantité[139] ; en fait, le temps, parce qu'il est « mesure du mouvement[140] » doit être rapporté au relatif, tandis que le lieu, qui est le « contenant du corps[141] », consiste en un rapport, et [10] doit lui aussi être rangé sous le relatif. Voilà pourquoi le mouvement continu n'a pas lui non plus été placé dans la quantité[142].

– Mais pourquoi « le grand et le petit » ne se trouvent-ils pas dans la quantité[143] ?

– Parce que le grand est grand du fait d'une certaine quantité, et que la grandeur ne se trouve pas dans le relatif ; ce sont au contraire « le plus grand » et « le plus petit » qui se trouvent dans le relatif, car, comme le double, ils se disent par comparaison avec autre chose[144].

– Pourquoi alors dit-on « qu'une montagne est petite, [15] ou qu'un grain de millet est grand [145] » ?

– C'est d'abord parce que l'on dit « petit » au lieu de « plus petit ». Si en effet on s'entend pour dire que la montagne et le grain de millet sont « petits » en relation avec des choses de même genre et avec elles-mêmes, il faut admettre que « petit » est dit au lieu de « plus petit ». De même un grain de millet n'est pas « gros » purement et simplement, mais c'est « un gros grain de millet », ce qui revient à dire qu'il est « gros » pour les choses de même genre [20] ; par nature il peut être dit « plus gros » que les choses de même genre.

– Pourquoi alors ne pas soutenir que le beau se trouve parmi les relatifs ?

– C'est en fait parce que, comme qualité, le beau existe en lui-même, et que c'est « plus beau » qui fait partie des relatifs.

– Et pourtant une chose que l'on qualifie de « belle » peut paraître laide comparée à une autre, par exemple la beauté d'un homme comparée à celle d'un dieu. [25] « Le plus beau des singes, dit Platon, est laid si on le compare à un animal d'une autre espèce [146]. »

– Eh bien, « beau » est pris en lui-même, et c'est « plus beau » et son contraire qui sont relatifs à autre chose. Ici-bas aussi « grand » est donc pris en lui-même parce qu'il a une grandeur, et ce n'est pas en relation avec autre chose qu'il est ce qu'il est. Sinon, il faudra faire disparaître le « beau », parce qu'une autre chose est plus belle. De même donc, il ne faut pas faire disparaître

[30] le « grand », parce qu'une chose est plus grande que celle-là. D'ailleurs, rien ne serait « plus grand », s'il n'y avait rien de grand ; rien ne serait « plus beau », s'il n'y avait rien de beau.

12. Il faut donc admettre qu'il y a aussi de la contrariété dans le combien [147]. Le sens commun [148] reconnaît qu'il y a de la contrariété et, lorsque nous disons « grand » comme lorsque nous disons « petit », il le reconnaît, en produisant des représentations contraires, tout comme lorsque nous disons « beaucoup » et « peu » ; car c'est quelque chose de similaire qu'il nous faut dire [5] pour « beaucoup » et « peu ». On dit en effet « qu'il y a beaucoup de monde à la maison », au lieu de dire : « plus de monde », ce qui est un relatif ; de même, on dit « qu'il y a peu de monde au théâtre », au lieu de dire : « moins de monde ». Et de façon générale, il faut dire, quand on parle de plusieurs choses, que c'est une pluralité, une pluralité exprimée par un nombre – et comment une pluralité pourrait-elle faire partie des relatifs ? « Beaucoup » indique une [10] « expansion [149] du nombre », et « peu » une « contraction [150] ». Et il en va de même pour le continu, en ce sens que notre notion du continu prolonge la grandeur au loin. Cela étant, il y a quantité, quand l'un ou le point [151] continuent de progresser ; mais si l'un et l'autre s'arrêtent rapidement, nous avons dans un cas « le peu », et dans l'autre « le petit » ; si en revanche la progression ne s'arrête pas rapidement, nous avons [15] dans un cas « le beaucoup », et dans l'autre « le grand ».

– Mais où est leur limite ? Quelle est la limite du beau ? Et celle du chaud ?

– Dans le cas de la chaleur aussi il y a du plus et du moins. Mais, dit-on, « plus chaud » est un relatif, tandis que « chaud » est tout simplement une qualité. Et, de façon générale, comme il y a une « raison » du « beau », il y a une « raison » du « grand », qui, quand elle est participée rend grand, tout comme la « raison » du beau rend beau. De ce point de vue donc, il y a du contraire [20] dans la quantité. Mais il n'y en a plus dans le lieu, parce que le lieu n'appartient pas à la quantité[152], car, même si le lieu appartenait à la quantité, « le haut » ne serait le contraire de rien, puisqu'il n'y a pas de « bas » dans notre univers[153]. Mais quand on parle de « haut » et de « bas » à propos des parties de l'univers, on ne veut rien dire d'autre que « plus haut » et « plus bas », et il en va de même [25] pour « à droite » et « à gauche » ; ils font partie des relatifs. En réalité « syllabe » et « mot » ont des quantités pour accidents et peuvent être sujets de la quantité, car le son peut être quantifié, c'est un mouvement. Il faut donc en général rapporter le son au mouvement[154], comme on le fait pour l'action.

13. Le continu se distingue donc du discontinu[155] suivant que l'un a une limite commune[156] et l'autre non[157], on l'a dit avec raison[158]. Qui plus est, dans le cas du nombre[159], il faut distinguer entre l'impair et le pair[160]. Si, en outre, il y a des différences dans chacun de ces deux groupes, il faut les laisser à ceux qui [5] s'intéressent au nombre [161] ; le fait est que ces différences doivent trouver leur place dans les nombres qui se composent d'unités [162], et non pas dans ceux qui se trouvent dans les choses sensibles. Mais si, par la raison, on sépare les nombres des choses sensibles auxquelles ils sont attachés, rien n'empêche d'y trouver par la pensée les mêmes distinctions. Mais comment faire des distinctions dans le continu, s'il faut tenir compte de la ligne, de la surface et [10] du volume [163] ? Dire qu'ils sont d'une, de deux ou de trois dimensions, ce n'est pas, semble-t-il, diviser le continu en ses espèces, puisqu'on ne fait que compter les dimensions. Car entre les nombres pris selon l'antérieur et le postérieur, on ne trouve rien de commun qui soit leur genre, et il n'y aura rien de commun non plus entre la première, la deuxième et la troisième dimension [164]. [15]

– Pourtant, en tant que quantités, les nombres sont sans doute sur un pied d'égalité, et l'un n'est pas plus quantité, alors que l'autre le serait moins, même si ses dimensions sont plus importantes que l'autre. Tous les nombres en tant que nombres pourraient donc avoir un caractère commun. Ce n'est sans doute pas la monade qui produit la [20] dyade, et la dyade qui produit la triade, mais c'est le même principe qui produit tout. Même s'il est vrai que le nombre n'est pas engendré, mais qu'il est, notre pensée le saisit comme engendré, le premier nombre devant être plus petit, et le dernier plus grand. Mais, en tant

que ce sont tous des nombres, ils tombent sous
un seul et même genre. Et il faut donc appliquer
aux grandeurs, ce qu'on vient de dire des
nombres. Nous distinguerons alors les uns des
autres, la ligne, [25] la surface et le volume, ce
qu'il a appelé « corps [165] », comme étant des
grandeurs qui diffèrent par l'espèce. Et il faut
chercher à savoir s'il convient de diviser chacune
de ces espèces, la ligne en droite, courbe et spirale,
la surface en rectangulaire ou circulaire, le solide
en ces figures solides qu'il s'agisse d'une sphère
ou d'une figure à arêtes droites, [30] puis, comme
le font les géomètres, il faut continuer de diviser
chacune de ces espèces en d'autres espèces,
triangles, quadrilatères, et celles-ci à leur tour en
d'autres.

14. – Mais qu'est-ce qu'une ligne droite [166] ?
N'est-ce pas une grandeur ?

– Oui, on peut dire que la ligne droite, c'est
une grandeur qualifiée [167].

– Mais alors qu'est-ce qui empêche que
« droite » soit une différence spécifique de la ligne
en tant que ligne, car le « droit » n'appartient à
rien d'autre qu'à la ligne en tant que ligne ; nous
empruntons bien à la qualité les différences spécifiques de la réalité [168]. [5] Si donc une ligne est
droite, c'est une quantité avec une différence spécifique, et pour cette raison la ligne droite n'est
pas un composé de « droiture » et de ligne ; mais
si c'est un composé, c'est à la manière d'un genre
avec une différence spécifique.

– Et si une figure est faite de trois lignes, le triangle par exemple, pourquoi ne pas la mettre dans la quantité [169] ?

– Parce que le triangle, ce n'est pas purement et seulement trois lignes, mais trois lignes disposées d'une certaine façon ; et [10] que le quadrilatère, c'est quatre lignes disposées d'une certaine façon.

– La droite, c'est bien et une ligne disposée d'une certaine façon et une quantité. Mais si l'on dit que la droite n'est pas seulement une quantité, qu'est-ce qui nous empêche de dire que la droite limitée n'est pas seulement une quantité ?

– On ne peut le dire. La limite de la droite c'est le point, et le point ne se peut trouver que du côté de la quantité [170].

– Mais alors la surface limitée est une quantité, puisque [15] ses limites, ce sont des lignes, qui se trouvent du côté de la quantité, plus encore que le point. Par conséquent, la surface limitée, carré, hexagone ou polygone, et toutes les figures sont donc dans la quantité.

– Mais si, parce que nous disons que les triangles sont du côté de la qualité tout comme le quadrilatère, nous les plaçons dans la qualité, rien ne nous empêche de mettre la même figure [20] dans plusieurs catégories [171]. En tant que c'est une grandeur et une grandeur d'une certaine taille, cette figure se trouve dans la quantité, mais en tant qu'elle présente telle forme, elle se trouve dans la qualité [172].

– Non, parce que c'est le triangle en tant que triangle qui présente une telle forme [173].

– Mais alors, qu'est-ce qui empêche la sphère
d'être elle aussi une qualité ? Et si l'on continuait
dans cette voie, la géométrie ne porterait donc
pas sur les grandeurs, [25] mais sur la qualité.
Pourtant, on est d'avis qu'il n'en va pas ainsi, et
que la géométrie [174] porte bien sur les grandeurs.
Le fait que les grandeurs aient des différences
n'amène point à nier que ce sont des grandeurs,
tout comme le fait que les réalités présentent des
différences n'empêche pas les réalités de rester des
réalités [175]. De surcroît toute surface est limitée,
car il ne peut y avoir de surface illimitée [176]. [30]
De plus tout comme, lorsque je saisis une qualité
attachée à une réalité, je dis que c'est une qualité
« essentielle [177] », de même, et à plus forte raison,
quand je saisis des figures, je saisis des différences
dans la quantité. Une chose encore : si l'on ne
veut pas considérer ces différences comme des
différences de grandeurs, de quoi seront-elles des
différences ? Et si ce sont [35] des différences des
grandeurs, les différentes grandeurs qui en résul-
teront devront être mises au rang d'espèces.

15. – Mais comment Aristote peut-il dire que
« l'égal et l'inégal sont le propre de la quantité [178] » ? On parle bien de triangles semblables,
n'est-ce pas ?
– Oui, et on parle aussi de grandeurs semblables, et la similitude dont on parle n'empêche
pas le semblable et le dissemblable de se trouver
dans la qualité, car ici dans le cas des grandeurs,
[5] « semblable » a, je suppose, un tout autre sens
que dans le cas de la qualité [179]. De plus, s'il dit

que « l'égal et l'inégal sont le propre de la quantité [180] », il n'interdit pas de prédiquer le semblable
à certaines grandeurs.

– En vérité, s'il dit que « le semblable et le dissemblable sont le propre de la qualité » alors,
comme nous venons de le rappeler [181], il faut que
« semblable » soit pris dans un autre sens
lorsqu'il s'applique à la quantité. En revanche, si
c'est dans le même sens que « semblable »
s'applique aussi aux quantités, il faut chercher à
savoir [10] s'il existe d'autres « propres » pour
chacun de ces genres, la quantité et la qualité.

– À cette question, il faut répondre que « semblable » se dit aussi de la quantité, en tant que
ces différences spécifiques se trouvent en elle, et
parce que, en règle générale, il faut placer les différences qui aident à compléter quelque chose
sous ce dont elles sont des différences, et notamment dans le cas où la différence spécifique en
tant que différence spécifique n'appartient qu'à
cette chose. [15] Mais si la différence spécifique
contribue à compléter la réalité dans un cas, mais
pas dans l'autre, elle doit dans le premier cas
lui [182] être subordonnée, tandis que, dans l'autre
cas, il faut la considérer seulement en elle-même.
Je veux parler non pas de ce qui complète purement et simplement la réalité, mais de ce qui
complète « telle » réalité, le mot « telle » indiquant que l'ajout ne relève pas de la réalité en
tant que réalité [183]. Il faut aussi remarquer que
[20] nous disons que ce triangle et ce quadrilatère
sont égaux et que nous appliquons ce qualificatif
à toutes les figures, planes ou solides. Dès lors, il

faut poser que l'égal et l'inégal sont le propre de
la quantité.

Mais il faut chercher à savoir si le semblable et
le dissemblable appartiennent à la qualité [184]. Sur
la qualité on a dit que, mélangées avec ces deux
choses, la matière et la quantité, [25] elle contribue
à compléter la réalité sensible, et que cette soi-
disant réalité [185] risque d'être faite de plusieurs
choses, et de n'être pas seulement « quelque
chose », mais plutôt « quelque chose de qualifié ».
Et la « raison [186] », celle du feu par exemple,
indique plutôt un « quelque chose », mais la forme
qu'elle met en œuvre est plutôt une qualité.

Et la « raison », celle d'un homme, est un
« quelque chose », [30] mais ce qui trouve son
achèvement dans la nature d'un corps qui est
l'image de cette « raison » est plutôt un « quelque
chose de semblable » [187]. C'est comme si, alors que
Socrate est cet homme que l'on voit, on appelait
Socrate son portrait, [35] une image de lui fabri-
quée avec des pigments colorés [188]. De même
donc, puisqu'il y a une « raison » qui fait que
Socrate existe, le Socrate sensible ne peut à bon
droit être appelé « Socrate », et il faut plutôt dire
que le Socrate sensible [189] est fait de couleurs et de
formes qui sont les images de ce qu'il y a dans sa
« raison », et que cette « raison » entretient d'ores
et déjà le même rapport avec cette « raison » qui
est la plus véritable, celle de l'homme [190]. Voilà ce
qu'il en est sur ce point.

16. Si chacune de ces catégories [191] qui se rapportent à ce qu'on appelle « réalité » est consi-

dérée séparément, on trouve parmi elles la qualité
qui désigne non pas le « quelque chose », ni la
« quantité », ni le « mouvement », mais qui
indique un caractère comme « tel » et « quel »,
[5] par exemple « beau » et « laid » appliqués aux
corps [192]. Car le beau ici-bas n'a que le nom en
commun avec celui de là-bas, et il en va de même
pour la qualité en général ; le blanc et le noir sont
eux aussi différents [193].

– Mais est-ce que la qualité qui est dans la
semence, c'est-à-dire dans la « raison » qui correspond à cette qualité, est identique à la qualité
manifestée [194], ou bien n'a-t-elle avec elle que le
nom en commun ? Faut-il la placer parmi les
choses de là-bas ou parmi les choses d'ici-bas ?
[10] Et qu'en est-il de la laideur de l'âme ? Car
que la beauté de l'âme soit quelque chose de différent [195], c'est clair d'entrée de jeu. Mais si l'on
place la laideur de l'âme parmi les qualités d'ici-
bas, il faudra dire si on doit aussi y placer la
vertu.

– Il y a des vertus qui se trouvent parmi les
qualités d'ici-bas, et des vertus qui se trouvent
parmi celles de là-bas [196]. Au sujet des techniques
aussi, qui sont des « raisons », on peut se demander en effet si elles se rangent parmi les choses
d'ici-bas, car même si ce sont des « raisons » qui
se trouvent dans une matière, leur matière, [15]
c'est l'âme [197].

– Mais quand elles rejoignent la matière, comment sont-elles alors ? Prenons pour exemple le jeu
de la cithare. Cette technique porte sur les cordes
de la cithare ; et le chant du citharède, fait de son

sensible, est d'une certaine manière l'une des com-
posantes de cette technique, à moins de supposer
que le choc sur les cordes et le chant sont des
actions, non des parties. Il n'en reste pas moins que
ce sont là des actions sensibles. La beauté qui se
trouve dans le corps est un incorporel, mais
lorsqu'elle est perçue par les sens, nous la ran-
geons [198] [20] parmi les choses qui se rapportent au
corps et qui lui appartiennent. Quant à la géométrie et à l'arithmétique, nous supposons qu'elles
sont de deux sortes ; il faut ranger la première dans
la qualité sensible, tandis que l'activité de l'âme
dirigée vers l'intelligible doit être rangée dans
l'intelligible. Et tout naturellement Platon dit la
même chose de l'astronomie et de la musique [199].
Pourtant, même si ce sont des dispositions de
l'âme, [25] les techniques qui intéressent le corps
et qui se servent d'instruments sensibles et de la
sensation doivent être rangées comme qualités
dans le sensible, puisque ce sont des dispositions
de l'âme qui s'incline vers le bas. Et tout naturellement, rien n'empêche de situer ici-bas les vertus
pratiques, celles qui intéressent l'action politique,
toutes celles qui ne contribuent ni à séparer l'âme
ni [30] à la diriger vers les choses de là-haut, mais
qui s'efforcent d'agir comme il faut ici-bas [200], en
considérant cette tâche comme préférable [201], mais
non comme nécessaire [202]. Il faut aussi ranger
parmi les qualités sensibles la beauté qui est dans la
« raison séminale », et plus encore le blanc et le noir.

   – Quoi, et cette âme particulière qui est celle où
se trouvent ces « raisons », faut-il la situer au
niveau de la réalité sensible [203] ?

– Je n'ai pas dit que [35] les choses dont nous parlons sont des corps, mais comme les « raisons » sont des puissances productrices qui se rapportent aux corps et qui appartiennent aux corps, nous les avons placées [204] parmi les qualités d'ici-bas. Et puisque nous avons soutenu [205] que la réalité sensible est faite de toutes les choses que nous venons d'évoquer, nous ne rangerons en elle aucune réalité incorporelle. Même si nous soutenons que toutes les qualités qui se trouvent dans la réalité sensible sont incorporelles [206], nous les avons comptées [207] parmi les choses d'ici-bas, puisque ce sont des affections inclinant vers ici-bas [40] et des « raisons » appartenant à une âme particulière. Car puisque l'affection se partage entre ce à quoi elle se rapporte [208] et ce en quoi elle est, à savoir l'âme, nous l'avons attribuée [209] à la qualité qui n'est pas corporelle, même si elle se rapporte au corps. Et nous n'allons plus rapporter l'âme à la réalité d'ici-bas, parce que nous avons déjà attribué à la qualité cette affection de l'âme qui se rapporte au corps [210]. Mais quand l'âme est conçue sans [45] cette affection et sans cette « raison », nous l'attribuons à ce dont elle est venue, sans laisser en aucune manière subsister une réalité intelligible ici-bas.

17. Si les choses se présentent bien ainsi, il faut distinguer entre les qualités qui se rapportent à l'âme et celles qui se rapportent au corps, parce que ce sont des qualités du corps [211]. Mais si l'on souhaite laisser toutes les âmes là-bas, on peut se contenter de diviser les qualités d'ici-bas, en

fonction des sens, les unes étant perçues par les
yeux, [5] les autres par les oreilles, et d'autres
encore par le toucher, le goût et l'odorat [212]. Et
une fois ces distinctions faites, on peut poursuivre
la division, en fonction des couleurs pour la vue,
des sons pour l'audition, et ainsi de suite pour le
reste des sens. Les sons, dans la mesure où ils
peuvent être qualifiés, sont agréables, durs,
doux [213].

– Mais puisque nous introduisons des différences entre les réalités d'après leurs qualités, et
que nous faisons de même pour les activités et
[10] les actions qui sont belles, mauvaises et qui
en général ont telles ou telles qualités [214], car la
quantité n'intervient que peu, voire pas du tout
dans les différences qui servent à produire les
espèces, et puisque nous introduisons des différences dans la quantité d'après les qualités qui lui
sont propres, on peut se demander comment l'on
pourrait aussi diviser la qualité en espèces, en faisant usage de qualités comme différences spécifiques et cela à partir du genre de la qualité. Car
il est absurde de diviser un genre [15] par lui-
même ; cela reviendrait à dire que les différences
spécifiques d'une réalité sont encore des réalités [215].

– Alors, par quoi distinguera-t-on entre le
blanc et le noir ? Par quoi, de façon générale, distinguera-t-on entre les couleurs ? À partir des
goûts et des qualités tactiles ? Si c'est par le
moyen d'organes des sens différents, la distinction ne se trouvera plus dans les substrats. Mais
alors, comment opérer des distinctions entre les

sensations obtenues par un même sens ? [20] Supposons que c'est parce que pour les yeux telle couleur [216] provoque une association telle autre une dissociation, et que pour la langue, telle saveur provoque une dissociation et telle autre une association [217]. D'abord on disputera, à propos des affections elles-mêmes, pour savoir si ce sont des dissociations et des associations ; ensuite, on remarquera qu'il n'a pas dit par quoi les affections se distinguent [218].

– Et si l'on répond « par ce qu'elles peuvent produire [219] », [25] – et répondre « par ce qu'elles peuvent produire » n'est pas déraisonnable –, il faut sans doute préciser que les choses que l'on distingue par « ce qu'elles peuvent produire », ce sont des choses qui ne sont pas visibles, par exemple les savoirs ; mais alors pourquoi les choses qui peuvent être perçues par les sens devraient-elles se distinguer d'après ce qu'elles peuvent produire ? En outre, en distinguant entre les savoirs d'après ce qu'ils peuvent produire et de façon générale en considérant comme différentes les facultés de l'âme d'après l'action qu'elles peuvent produire, [30] nous pouvons saisir par la raison leurs différences, en considérant non seulement à quoi elles se rapportent, mais aussi leurs « raisons ».

– Nous serons alors en mesure de distinguer les techniques en fonction de leurs « raisons » et de leurs objets d'étude, mais comment allons-nous distinguer les qualités qui sont dans les corps ?

– Même dans ce cas, il faut se poser la question de savoir, en ce qui concerne les raisons qui

sont différentes, de quelle manière elles sont différentes. Il est bien évident que [35] le blanc et le
noir diffèrent. Mais par quoi diffèrent-ils, voilà
ce que nous cherchons à savoir.

18. En fait [220], toutes ces difficultés [221]
montrent qu'il faut pour le reste rechercher des
différences, par le moyen desquelles nous pourrons distinguer les espèces les unes des autres,
tandis que chercher à trouver des différences
entre les différences est une entreprise impossible
et absurde, car il n'est pas possible de trouver des
réalités de réalités, des quantités de quantités, [5]
des qualités de qualités ou des différences de différences. En vérité, il faut, quand la chose est
possible, établir ces différences en dehors du
genre, à partir des modes d'action ou par quelque
chose de tel. Mais lorsque cela n'est pas possible,
par exemple lorsqu'il s'agit de distinguer le vert
tendre du jaune pâle – puisqu'ils disent que c'est
un mélange de blanc et de noir – que faut-il dire
alors [222] ? Que ces couleurs sont différentes en
effet, la sensation ou l'intellect le disent bien,
mais sans donner [10] de raison [223] : la sensation,
parce qu'elle n'est pas pourvue de raison, se
borne à donner seulement des informations différentes ; et l'intellect, parce qu'il procède par intui-
tions qui en lui sont simples et que, en aucun cas,
il ne fait usage de raisonnements, si bien que dans
chaque cas il se borne à dire « ceci est ceci »,
« cela est cela » [224]. Oui, il y a dans les mouvements de l'intellect une altérité [225] qui distingue
une chose d'une autre, [15] mais cette altérité elle-

même n'a pas besoin d'une autre altérité pour la
distinguer du reste.

– Toutes les qualités peuvent-elles, oui ou non,
être des différences [226] ? La blancheur en effet et
de façon générale les couleurs, de même que les
qualités se rapportant au toucher et à l'odorat,
peuvent bien être des différences d'autres
choses [227], même si elles sont elles-mêmes des
espèces ; mais pour l'étude littéraire [228] et pour le
domaine des Muses, comment est-ce possible [229] ?
[20]

– Par le fait qu'une âme est portée vers l'étude
littéraire ou vers le domaine des Muses, surtout
si c'est par nature, de sorte qu'elles deviennent
ses différences qui produisent des espèces [230].

– Il faut aussi chercher à savoir si une différence spécifique peut effectivement relever du
genre auquel elle se rattache ou d'un autre. Si elle
relevait du même genre, ce serait une différence
entre des choses qui relèvent du même genre, les
qualités relevant des qualités par exemple. Car la
vertu et le vice sont des états [231] ; l'un est ainsi
qualifié et l'autre autrement. Dès lors, puisque les
états [25] sont des qualités, les différences seront
des qualités [232].

– À moins de dire que l'état sans la différence
n'est pas une qualité, mais que c'est la différence
qui produit la qualité.

– En réalité, si l'on dit que le doux est béné-
fique, et l'amer nuisible, on les distingue par une
relation, non par une qualité [233].

– Et qu'en est-il si l'on dit que le doux est
dense, et que l'âcre est subtil [234] ?

– On veut probablement dire qu'est dense non pas ce qui est doux [30], mais ce en quoi se trouve la douceur. Et il en va de même pour l'âcre. Dès lors, il faut chercher à savoir si, dans tous les cas, la qualité est une différence de ce qui n'est pas une qualité, comme la réalité n'est pas une différence de la réalité ni la quantité une différence de la quantité [235].

– Mais cinq diffère de trois par deux.

– Non, il faut dire « il le dépasse de deux », et non « il en diffère » ; comment en effet [35] pourrait-il en différer par deux, qui se trouve en trois ? En fait, le mouvement non plus ne peut différer du mouvement par le mouvement, et l'on trouve qu'il en va de même pour les autres genres [236]. Dans le cas de la vertu et du vice, il faut comparer l'ensemble avec l'ensemble, et les distinguer de cette façon. Ce qui les distingue provient du même genre, la qualité, et non d'autre chose. Mais si on établit une distinction entre les vertus et les vices [40] suivant qu'ils sont relatifs au plaisir, à la colère ou à l'acquisition de biens [237], et si l'on admet qu'il est convenable de procéder ainsi pour établir des distinctions, il est évident que peuvent être des différences même des non-qualités [238].

19. Il faut, comme il lui a semblé bon de le faire [239], ranger avec la qualité les êtres qualifiés qui lui correspondent, dans la mesure où la qualité se rapporte à eux, sans cependant les prendre en considération eux-mêmes, pour éviter d'avoir deux catégories, mais en remontant des êtres qualifiés vers la qualité dont ils tirent leur nom. Le non-blanc [240], [5] s'il indique une autre couleur, est une qualité. Mais si c'est seulement une négation [241], ce ne sera rien, sinon le son, le nom ou la définition qui portent la réalité à laquelle il s'applique. Et si c'est un son, c'est un mouvement, tandis que si c'est un nom ou une définition, c'est un relatif, en tant que le nom et la définition désignent quelque chose [242]. S'il ne s'agit pas seulement [10] d'énumérer des réalités, genre par genre, mais s'il faut aussi prendre en considération les mots et leurs significations, en indiquant quel genre chaque mot désigne, il nous faudra dire que certains mots affirment quelque chose en se contentant de montrer, tandis que d'autres nient quelque chose. Peut-être vaut-il mieux cependant, en ce qui concerne ce point, ne pas prendre en compte les négations, dès lors en tout cas que l'on ne prend pas en compte les affirmations parce que ce sont des composés [243].

– Mais [15] qu'en est-il des privations [244] ?

– Si ce dont elles sont privations, ce sont des qualités, ce sont elles aussi des qualités, par exemple « édenté » et « aveugle ». Mais « nu » et « habillé » ne sont ni l'un ni l'autre une qualité ; c'est plutôt une manière d'être, qui consiste en définitive en une relation avec quelque chose d'autre.

Aussi longtemps qu'elle est éprouvée, une affection [245] n'est pas une qualité, mais un mouvement ; mais si une affection [20] qui a été éprouvée est déjà devenue un état permanent, c'est une qualité [246]. En revanche, si une affection

qui est dite avoir été éprouvée n'est tout simplement plus éprouvée, il s'agit d'un mouvement
achevé, ce qui revient à dire : « on était en mouvement ». Mais il ne faut prendre en considération que le mouvement, en mettant de côté le
temps [247]. Car il ne convient pas non plus de faire
intervenir le « maintenant ». « De belle manière »
et les qualificatifs de ce genre doivent être [25]
ramenés à la notion unique d'un genre. Il faut se
demander si le fait de rougir doit être ramené à
la qualité, alors que ce ne serait pas encore le cas
de « rouge » [248]. On aurait tort en effet de ramener « être en train de rougir » à une qualité ; c'est
une affection subie ou plutôt en général un mouvement.

— Mais si quelqu'un n'est plus en train de rougir, mais est déjà tout rouge, pourquoi ne
serait-ce pas une qualité ?

— De fait, la qualité n'a rien à voir avec le
temps, sinon [30] dans quelle limite ? Elle consiste
dans le fait d'être tel ou tel, et lorsque nous
disons « rouge », nous parlons d'une qualité [249].
Sinon, seuls les états [250] seraient des qualités, et
les dispositions [251] n'en seraient plus. Par suite,
chaud serait une qualité et non ce qui s'échauffe,
être malade et non devenir malade.

20. Il faut voir si, pour toute qualité, il n'y a
pas une autre qualité contraire [252]. Car, dans le
cas de la vertu et du vice, le moyen terme paraît
être le contraire des extrêmes [253]. Mais il n'en va
pas ainsi pour les couleurs, où les intermédiaires
ne sont pas le contraire des extrêmes [254].

– N'est-ce donc pas parce que, dans ce cas, les intermédiaires résultant de la combinaison des extrêmes ? S'il en va bien ainsi, il ne faut pas faire d'autres distinctions que celle impliquant [5] le blanc et le noir, les autres couleurs venant de leurs combinaisons [255].

– Et pourtant, nous distinguons les couleurs en les opposant, parce qu'une couleur donnée parmi celles qui sont intermédiaires est différente, même si on peut la considérer comme résultant d'une composition.

– Mais est-ce que, dans le cas des couleurs intermédiaires, nous ne reconnaissons pas une couleur donnée en l'opposant à n'importe quelle autre, même si elles résultent d'un mélange [256].

– C'est que les contraires ne se contentent pas de différer, mais que, entre eux, la différence est au maximum [257].

– Et ce maximum de différence risque bien de n'être saisi que si [10] les intermédiaires ont déjà été posés. Car, si on enlève la série des intermédiaires, par quoi définira-t-on le maximum [258] ?

– C'est que le gris est plus près du blanc que du noir, ce dont la vue nous avertit. Et il en va de même pour le goût [259] et le toucher : il y a le doux et l'amer, le chaud et le froid, et rien entre les deux [260].

– Nous sommes habitués [15] à comprendre les choses ainsi, c'est clair, mais il se peut que quelqu'un ne soit pas prêt à nous accorder ce qui précède [261]. Or, le blanc et le jaune – et de façon semblable n'importe quelle couleur comparée à n'importe quelle autre – sont totalement diffé-

rents les uns des autres et, parce qu'ils sont différents, ce sont des qualités contraires. Leur
contrariété tient non pas au fait qu'il existe des
intermédiaires entre elles, mais au fait qu'elles
sont différentes [262]. Entre la santé et la maladie
en effet il n'y a aucun [20] intermédiaire, même
s'il n'en reste pas moins que ce sont des
contraires [263].

   – C'est parce que, entre ce qui provient de chacune d'elles, il y a le plus grand écart possible.

   – Comment est-il possible de dire « le plus
grand possible » si, entre les deux, il n'y a pas de
différences qui soient moins importantes ? On ne
doit donc pas dire « le plus grand possible » dans
le cas de la santé et de la maladie. Par conséquent, le contraire doit être défini par autre chose
que par « le plus grand possible ». Si « le plus
grand possible » est défini par « beaucoup », et si
« beaucoup » est dit à la place [25] de « plus »
en comparaison avec « moins », de nouveau les
contraires – qui ne comportent pas d'intermédiaires – échapperont à la définition. Mais si on
veut tout simplement dire « plus », en admettant
qu'il y a « beaucoup » d'écart entre chaque réalité, on ne peut mesurer cet écart en ayant recours
à « plus ».

   – Alors il faut chercher à savoir comment il se
fait qu'il y a des contraires.

   – Est-ce donc parce que les choses qui entretiennent une certaine ressemblance – je ne parle
ni de la ressemblance selon le genre [264] ni en
aucun cas de celle qui résulte d'un mélange
d'autres choses, [30] de leurs formes en quelque

sorte [265] – ne sont pas des contraires – que cette
ressemblance soit plus ou moins grande –, tandis
que les choses qui ne sont en rien identiques selon
leur forme spécifique sont des contraires ? Et il
faut ajouter : dans la qualité comme genre. Par là
en effet s'explique aussi que, parmi les contraires,
certains sont dépourvus d'intermédiaires et ne
présentent aucune ressemblance, puisqu'on ne
trouve entre eux aucun autre trait qui pour ainsi
dire aille avec l'un et avec l'autre et qui permette
une ressemblance, tandis que [35] d'autres ont
quelques traits seulement qui ne présentent pas
de ressemblance mutuelle. Si tel est le cas, il ne
peut y avoir de contraire parmi les couleurs qui
ont une communauté d'espèce. Mais rien
n'empêche qu'une couleur soit ainsi le contraire
d'une autre, sans que pour autant tout couleur
soit ainsi le contraire de toute autre. Et il en va
de même pour les saveurs. Assez pour ce qui est
de l'examen des difficultés que nous avons rencontrées sur ce point.

Pour ce qui est du « plus [266] », il apparaît qu'il
se trouve dans les choses qui participent [267]. [40]
En revanche, on peut se poser la question au sujet
de la santé et de la justice en elles-mêmes [268]. Il
est certain que si chacune admet une variation de
plus et de moins, il faut dire que c'est aussi le cas
pour les états [269]. Mais là-bas [270], chaque chose
est pleinement ce qu'elle est [271] et aucune n'admet
le « plus » [272].

21. En ce qui concerne le mouvement, on doit
se demander s'il faut en faire un genre [273]. Dans

ce but, il faut répondre aux trois questions suivantes : ne convient-il pas d'abord de ramener
le mouvement à un autre genre [274] ? Ne peut-on
ensuite prédiquer de lui, en « ce qu'il est », un
genre plus élevé [275] ? Et enfin produira-t-il des
espèces s'il reçoit plusieurs différences [276] ?

[5] À quel genre rapportera-t-on le mouvement [277] ? Il n'est ni la réalité ni une qualité des
êtres où il se trouve. On ne le rapportera certainement pas non plus à l'agir, car il y a plusieurs
mouvements dans le pâtir, ni au pâtir, car beaucoup de mouvements sont des actions. Ce sont
plutôt les actions et les passions qui se ramènent
à lui. Il n'est pas correct non plus de le ramener
au relatif, parce que le mouvement est mouvement de quelque chose [278] [10] et qu'il n'existe pas
en lui-même [279]. Car, s'il en était ainsi, la qualité
aussi se trouverait dans le relatif. La qualité en
effet est qualité de quelque chose et elle se trouve
en quelque chose. Et il en va de même pour la
quantité. Si l'une s'appelle « qualité » et l'autre
« quantité », parce toutes les deux sont quelque
chose de particulier, même si, dans la mesure où
elles existent, elles sont qualité et quantité de
quelque chose, de même puisque, même s'il est
mouvement de quelque chose, le mouvement est
quelque chose avant d'être mouvement de
quelque chose, [15] alors il faut saisir ce qu'il est
en lui-même. De façon générale, il faut tenir pour
relatif non pas ce qui dans un premier temps est,
avant d'être relativement à autre chose, mais ce
que la relation fait naître, sans qu'il y ait rien
d'autre en dehors de la relation dont il reçoit son

nom [280]. Par exemple, le double [281], qui est appelé
« double » parce qu'il tire son origine et son existence de la comparaison avec la longueur d'une
coudée, et [20] dont on n'a aucune idée avant que
ne soit établie cette comparaison, le double dis-je
est qualifié de « double » – et il est double – en
fonction d'une comparaison établie avec quelque
chose d'autre [282].

– Qu'est-ce donc que cela [283], qui, même s'il
appartient à quelque chose, est quelque chose
pour pouvoir appartenir à quelque chose, comme
la qualité, la quantité et la réalité ?

– Avant de répondre à cette question, il faut
comprendre que rien ne peut lui être prédiqué à
titre de genre.

– Mais si quelqu'un disait que le changement
est antérieur au mouvement ?

– D'abord, rétorquerait-on, ou bien il parle
[25] de la même chose ou bien, s'il dit que le
changement est un genre, il en fera un genre différent de ceux dont on a parlé auparavant [284].
Ensuite, il est clair qu'il fera du mouvement une
espèce et qu'il opposera au mouvement une
espèce différente, sans doute la génération, en
disant que la génération est une sorte de changement qui n'est pas un mouvement [285].

– Et pourquoi [30] la génération n'est-elle
donc pas un mouvement ?

– Si c'est parce que ce qui est engendré n'est
pas encore, et que le mouvement n'a rien à voir
avec le non-être [286], il est clair que la génération
elle non plus ne pourra être un changement. Mais
si c'est parce que la génération n'est rien d'autre

qu'une altération et un accroissement, du fait que
la génération intervient quand certaines choses
s'altèrent ou s'accroissent [287], alors il présuppose
ce qu'il y a avant la génération. [35] Or ici-bas,
pour qu'il y ait génération, il faut qu'il y ait
acquisition d'une forme différente. Le fait d'être
engendré, c'est-à-dire la génération, ne consiste
pas dans le fait de subir une altération [288], par
exemple être chauffé ou devenir blanc. Même
après que ces altérations sont survenues, il est
possible en effet qu'il n'y ait pas encore eu de
génération au sens fort du terme, qu'en fait seul
un trait particulier soit venu à l'être, processus en
quoi consiste le fait même d'être altéré [289]. En
fait, il y a génération quand un animal ou une
plante acquiert une forme particulière. [40]

– Mais quelqu'un pourrait dire qu'il est plus
approprié de faire du changement une espèce du
mouvement, parce que, en parlant du changement, on veut dire qu'une chose en remplace une
autre qui en est différente, tandis que le mouvement inclut aussi dans sa signification le déplacement qui n'implique pas une modification de la
nature propre d'une chose, par exemple le mouvement local. Mais si l'on n'accepte pas [45]
cet exemple, prenons à la place le fait d'apprendre
ou de jouer de la cithare, ou de façon générale le
mouvement qui résulte d'un état. Dès lors, l'altération sera une espèce de mouvement, ou mieux,
un mouvement qui fait sortir d'un état [290].

22. – Eh bien prenons pour acquis que l'idée
que l'on se fait de l'altération est la même [291],

étant donné que le mouvement a pour conséquence de rendre autre [292]. Alors, en quoi doit
donc consister le mouvement [293] ?

– Prenons pour acquis que le mouvement,
c'est, pour le dire en peu de mots, le passage de
la puissance vers ce dont elle est dite être en puissance [294]. Car si un être [5] est en puissance, c'est
parce qu'il est capable de parvenir à une forme
particulière – le fait d'être une statue en puissance
par exemple [295] – ou parce qu'il est capable de
passer à l'acte, – par exemple marcher ; et quand
il est en train de devenir une statue, c'est ce processus qui est mouvement, tandis que quand il est
en train de marcher, c'est la marche elle-même
qui est mouvement ; et il en va de même pour la
danse chez celui qui peut danser, chaque fois qu'il
danse [296]. Et [10] dans la première sorte de mouvement, celle qui concerne la statue, une autre
forme est acquise que le mouvement met en
œuvre, tandis que l'autre sorte, la danse, qui est
la forme pure de la puissance, ne garde rien de ce
mouvement après qu'il a cessé.

Dès lors, il ne serait pas absurde de dire que le
mouvement est une forme « éveillée [297] », dans la
mesure où parmi les formes les unes demeurent
ce qu'elles sont [15] et les autres non [298], et qu'il
est la cause des autres formes, chaque fois que
l'une apparaît après qu'il s'est produit. Et si l'on
peut dire que le mouvement dont nous sommes
en train de parler est la vie des corps, on doit
aussi dire qu'il porte le même nom que les mouvements de l'intelligence et de l'âme [299]. Et la
preuve que c'est un genre, c'est avant tout qu'il

est difficile, pour ne pas dire impossible, de le saisir [20] dans une définition [300].

– Mais comment le mouvement peut-il être
une forme, dans le cas où il mène au pire [301], ou
quand c'est une affection ?

– C'est quelque chose de semblable au
réchauffement qui, venant du soleil, fait croître
certaines choses et en mène d'autres dans la
direction contraire ; dans les deux cas il y a
quelque chose de commun [302], le mouvement qui
reste toujours le même, et c'est aux substrats qu'il
doit [25] sa différence apparente [303].

– Recouvrer la santé et tomber malade, c'est
donc la même chose [304] ?

– Oui, dans la mesure où il s'agit d'un mouvement, c'est la même chose.

– Mais où se trouvera la différence, dans les
substrats ou en autre chose ?

– Nous parlerons de cela plus tard [305], quand
nous nous interrogerons sur l'altération. Mais,
pour l'heure, il nous faut examiner ce qu'il y a
d'identique en tout mouvement. Car c'est ainsi
que le mouvement pourra être considéré comme
un genre, [30] sinon ce sera un terme pouvant être
pris en plusieurs sens, comme c'est le cas pour
« être » [306]. Il nous faut sans doute nous interroger aussi sur la difficulté soulevée plus haut :
alors que tous les mouvements, qui mènent vers
ce qui est conforme à la nature ou qui exercent
leur activité dans ce qui est conforme à la nature,
doivent être considérés comme des formes, on l'a
dit [307], ceux qui mènent à ce qui est contre-nature

doivent être appréciés en fonction des effets qu'ils entraînent. [**35**]

– Mais qu'y a-t-il de commun entre l'altération, l'accroissement, la génération et leurs contraires, et même le changement selon le lieu, en vertu de quoi[308] ce sont tous des mouvements[309] ?

– C'est que chaque chose n'est plus dans l'état dans lequel elle était auparavant, et qu'elle n'est plus ni immobile ni dans un repos total, mais que, dans la mesure où le mouvement est là, elle ne cesse [**40**] d'être entraînée vers quelque chose d'autre ; elle devient différente parce qu'elle ne reste pas ce qu'elle est, car le mouvement disparaît quand elle ne devient plus autre. Voilà pourquoi l'altérité[310] ne consiste pas à parachever son devenir pour subsister dans cet autre état, mais à être toujours altérité. Par suite, si le temps est toujours autre, c'est parce que c'est le mouvement qui le produit ; et parce qu'il est mesuré[311] [**45**], c'est un mouvement qui ne reste pas ce qu'il est. Le temps court donc de concert avec le mouvement, comme s'il le chevauchait. Ce qu'il y a de commun à tous les mouvements, c'est d'être une progression, un entraînement, qui conduit de la puissance, c'est-à-dire de ce qui est en puissance, à l'acte[312], car tout ce qui se meut d'un mouvement quelconque, est en puissance de faire ou de subir cela, avant même de se mettre en mouvement.

23. Et le mouvement qui affecte les choses sensibles vient d'un autre ; il secoue[313], chasse,

éveille et pousse les choses qui en participent [314],
pour éviter qu'elles ne s'endorment [315] et qu'elles
ne restent dans l'identité, et pour faire qu'elles
s'en tiennent ensemble à cette inquiétude et pour
ainsi dire à cet affairement [5] qui est une image
de la vie. Mais il ne faut pas croire que les choses
en mouvement sont le mouvement [316]. La marche
en effet, ce n'est pas les pieds, mais c'est l'acte
qui, dans les pieds, vient d'une puissance [317]. Or,
comme cette puissance ne se voit pas, forcément
on ne voit que les pieds qui sont en acte ; non pas
les pieds sans plus, comme s'ils étaient immobiles,
mais les pieds qui sont déjà [10] avec autre
chose [318], qui même si elle reste invisible peut,
parce qu'elle se trouve avec autre chose [319], être
vue par accident quand on regarde les pieds qui
vont d'un lieu à un autre, sans s'arrêter. L'altération se voit dans ce qui s'altère, parce que la qualité ne reste pas la même [320].

– Mais alors, en quoi réside le mouvement,
lorsqu'il meut autre chose, et lorsqu'il passe de la
puissance qui est en elle [15] à l'acte ? Est-ce dans
ce qui meut ? Alors comment ce qui est mû, et
donc affecté, y a-t-il part ? Est-ce au contraire
dans ce qui est mû ? Alors, pourquoi le mouvement n'y reste-t-il pas une fois qu'il y est [321] ?

– C'est qu'il ne doit ni être séparé de l'agent,
ni se trouver en lui, mais il doit aller de l'agent
vers ce qui est mû ; et il doit se trouver dans ce
qui est mû sans être coupé de lui ; [20] en fait, il
va de l'un à l'autre, comme le fait un souffle qui
va vers autre chose [322]. Cela étant, quand la puissance de se mouvoir est celle de marcher, elle

« pousse[323] » pour ainsi dire et provoque un changement incessant de place ; quand c'est celle de chauffer, elle chauffe. Et chaque fois que la puissance prend de la matière et l'organise pour en faire une chose sensible[324], c'est l'accroissement. En revanche, chaque fois qu'une autre puissance retranche quelque chose[325], c'est la diminution [25] qui intervient dans ce qui a la puissance de subir une diminution. Et chaque fois que la nature qui engendre[326] entre en acte, c'est la génération, et chaque fois au contraire que la nature qui engendre est dans l'incapacité d'agir et que prévaut la puissance de corrompre, c'est la corruption, non pas celle qui intervient dans ce qui est déjà engendré, mais celle qui intervient dans ce qui est sur le chemin de la génération[327]. Et il en va de même pour la guérison, lorsque ce qui a la puissance de produire la santé[328] est en acte et [30] qu'elle prévaut ; la puissance contraire produit des effets contraires[329]. Dès lors, ce n'est pas seulement des choses dans lesquelles il se trouve, mais de ce dont il vient et à travers quoi il agit, que dépend cette propriété du mouvement d'avoir telle ou telle caractéristique propre[330] dans telles ou telles circonstances.

24. Au sujet du mouvement local, s'il est vrai que se mouvoir vers le haut est le contraire de se mouvoir vers le bas, et que se mouvoir en cercle diffère de se mouvoir en ligne droite, on se demandera en quoi consiste la différence[331].

– Prenons un exemple : on jette quelque chose au-dessus de sa tête, et quelque chose sous ses pieds. La puissance qui imprime la poussée[332] est unique, à moins que quelqu'un [5] ne prétende que la poussée vers le haut est une chose, et la poussée vers le bas, une autre et qu'elle agit différemment si on la compare au mouvement vers le haut, surtout s'il s'agit d'un mouvement naturel, où dans un cas intervient la légèreté et dans l'autre la lourdeur[333]. Mais ce qu'il y a de commun et d'identique, c'est que le mobile est transporté vers son lieu propre[334], de sorte que la différence risque alors de dépendre de caractères extérieurs[335].

– Prenons le cas du mouvement [10] circulaire et du mouvement en ligne droite ; si parcourir un trajet en cercle est similaire à se mouvoir en ligne droite, en quoi consiste la différence ?

– La différence dépend de la configuration de la trajectoire, à moins que quelqu'un ne prétende que le mouvement en cercle résulte d'un mélange[336], en ce sens que ce n'est pas totalement un mouvement et qu'il ne s'éloigne pas du tout de son centre[337]. Mais de façon générale il semble que le mouvement local soit un mouvement unique dans lequel les différences proviennent de caractères extérieurs.

25. – Qu'en est-il de l'association et de la dissociation[338] ? Est-ce que ce sont des mouvements différents de ceux dont on vient de parler, génération, corruption, croissance et décroissance, mouvement local et altération[339] ? Faut-il les ramener à ces mouvements, ou faut-il considérer seulement certains d'entre eux comme des associations et [5] des dissociations ?

– Eh bien, donc, si l'association implique le déplacement d'une chose vers une autre et leur rapprochement, et si inversement la dissociation [340] implique le retrait d'une chose par rapport à une autre, on peut dire que ce sont là des mouvements locaux [341], en faisant valoir qu'il s'agit là de deux choses qui se meuvent pour en former une seule ou qui s'éloignent l'une de l'autre.

– Mais s'ils [342] veulent parler d'une fusion [343], d'une combinaison ou d'un alliage, c'est-à-dire d'une association [10] tendant à constituer une chose à partir d'une autre [344], d'une association, dis-je, en train de se produire et non d'une association qui s'est déjà produite, auxquels des mouvements dont on a parlé peut-on ramener ceux-là ?

– Le processus commencera bien par un mouvement local, mais ce sera un autre mouvement qui prendra la suite ; par exemple, dans le cas de l'accroissement, c'est un mouvement local qui marque le début, [15] mais c'est un mouvement quantitatif qui prend la suite [345]. Dans ce cas précis, c'est bien le mouvement local qui est au point de départ, mais il ne s'ensuit pas nécessairement qu'il y ait association ou dissociation. En réalité, il y a association quand il y a union entre les choses qui se rencontrent, dissociation quand les choses qui constituent un ensemble se séparent ; et souvent même, [20] le mouvement local suit la dissociation ou se produit en même temps qu'elle.

Il faut considérer que l'affection que subissent les
choses qui se dissocient est une chose, qui n'est
pas un mouvement local, et que c'est une autre
affection, la combinaison, que subissent les
choses qui s'associent, le mouvement local étant
un autre élément qui accompagne ce processus.

   – Est-ce qu'il faut alors, d'une part, poser que
ces mouvements existent en eux-mêmes, [25] et,
d'autre part, y ramener l'altération ? Car quand
une chose devient dense, il y a altération, ce qui
revient à dire qu'elle « s'associe ». À rebours,
quand une chose se raréfie, il y a altération, ce
qui revient à dire qu'elle se dissocie. Et quand le
vin et l'eau se mélangent, chacun des deux composants devient autre que ce qu'il était auparavant. Et cela, c'est une association qui a produit
une altération.

   – Dans ce cas aussi, il faut soutenir [30] que
ce sont des associations et des dissociations qui
entraînent des altérations, et que celles-ci sont
différentes de l'association et de la dissociation.
Il ne faut en effet soutenir ni que les autres altérations sont telles ni que la condensation et la raré-
faction sont de façon générale une association et
une dissociation, ni qu'elles proviennent d'une
association et d'une dissociation. Si tel était le
cas, il faudrait admettre l'existence [35] du
vide [346].

   – Mais qu'en est-il du noir et du blanc [347] ?

   – Si l'on introduit le doute sur ce point,
d'abord on détruit les couleurs et sans doute les
qualités, la plupart en tout cas, sinon toutes. Car
si on dit que toute altération, que nous appelons

« changement selon la qualité [348] », est une association ou une dissociation, le résultat [40] n'en sera en rien une qualité, mais seulement des parties rapprochées l'une de l'autre ou éloignées. De surcroît, comment expliquer qu'apprendre et s'instruire sont des associations [349] ?

26. Il faut examiner ces questions bien sûr et revenir sur les mouvements qui ont été considérés comme des mouvements spécifiques [350]. Prenons par exemple le cas du mouvement local ; on peut se demander s'il ne se divise pas en mouvement vers le haut et vers le bas, en mouvement rectiligne ou circulaire, comme nous nous le sommes déjà demandé [351], ou entre mouvement d'êtres animés et mouvement d'êtres inanimés – car leur mouvement [5] n'est pas similaire –, et si le mouvement des êtres vivants ne se divise pas encore en marche, nage et vol [352]. Ou bien encore on pourrait certes diviser chaque espèce de mouvement en mouvement conforme à la nature et mouvement contre-nature [353]. Cela voudrait dire que, pour ce qui est des mouvements, leurs différences ne viennent pas de l'extérieur [354] ; ou plutôt, que les mouvements eux-mêmes produisent ces différences, qu'ils ne peuvent exister sans elles, et que la nature semble être leur principe [355]. Autres divisions possibles : mouvements qui dépendent [10] de la nature, de la technique, de la volonté ; mouvements qui dépendent de la nature, comme la croissance et la décroissance ; de la technique, comme la construction de maisons et de navires ; de la volonté, comme rechercher,

apprendre, faire de la politique, et en général faire
usage de la parole, agir. Et encore, accroissement,
altération et génération peuvent se diviser en
mouvements conformes suivant la nature ou
contre nature, ou plus généralement en fonction
des sujets qui les mettent en œuvre.

27. Au sujet du repos [356], qui est l'opposé du
mouvement [357], ou de l'immobilité [358] que faut-il
dire [359] ? Faut-il en faire un genre particulier, ou
faut-il le ramener à un genre parmi ceux que nous
avons évoqués ? Peut-être vaut-il mieux réserver
le terme « repos » aux choses de là-bas et ne chercher ici-bas que l'immobilité ? À propos de
l'immobilité, il faut tout d'abord se demander ce
qu'elle est. **[5]** Si elle paraît être identique au
repos, on a tort de la chercher ici-bas où rien n'est
en repos, et où ce qui semble être en repos n'est
qu'un mouvement plus paisible ; si au contraire
nous disons que l'immobilité est différente du
repos, parce que le repos consiste à être totalement dépourvu de mouvement, tandis que
l'immobilité consiste pour une chose à être arrê-
tée, chaque fois que **[10]**, tout en étant vouée par
nature au mouvement, son mouvement cesse [360] ;
en réalité, si on dit que « être immobile » c'est
« devenir immobile », on veut dire par là qu'il
s'agit d'un mouvement qui n'a pas encore cessé,
mais qui est en train de s'arrêter [361] ; et si enfin
l'on dit que c'est une immobilité qui s'applique à
ce qui ne se meut plus, on doit en premier lieu
chercher à savoir s'il y a ici-bas quelque chose qui
n'est pas en mouvement. **[15]**

– Mais s'il n'est pas possible pour une chose de se mouvoir selon toutes les espèces de mouvements et s'il faut plutôt qu'elle ne se meuve pas selon certaines espèces de mouvement pour que nous soyons en mesure de désigner par « cela » ce qui est en mouvement[362], que peut-on dire d'autre d'une chose qui n'a pas de mouvement local, mais qui est immobile par rapport à ce type de mouvement, sinon ceci : « elle n'est pas en mouvement » ? Dans ce cas, l'immobilité sera la négation du mouvement, ce qui signifie [20] qu'elle ne sera pas dans un genre[363].

– Mais quelque chose est immobile seulement par rapport à cette espèce de mouvement qu'est le mouvement local. L'immobilité signifie donc la négation de ce mouvement.

– Et si l'on disait : « Pourquoi ne pas soutenir que c'est le mouvement qui est la négation du repos ? »

– Parce que, répliquerions-nous, le mouvement vient en apportant quelque chose avec lui, il est quelque chose d'autre qui agit, pousse pour ainsi dire [25] le sujet et produit ou détruit mille choses, tandis que l'immobilité de chaque chose n'est rien en dehors de cette chose, et indique seulement qu'il n'y aura pas de mouvement.

– Pourquoi donc, dans les intelligibles, ne pas dire également que le repos est la négation du mouvement ?

– Parce qu'il n'est même pas possible de dire que le repos est l'abolition du mouvement, puisque l'existence du repos [30] n'est pas déterminée par l'arrêt du mouvement, mais que, alors que le

mouvement existe, le repos existe aussi. De plus,
là-bas, le repos ne se dit pas d'une chose qui ne
se meut pas, bien qu'il soit dans sa nature de se
mouvoir [364], mais d'une chose, qui, dans la mesure
où le repos la tient, est en repos, et qui étant en
mouvement, ne cessera de se mouvoir [365]. Voilà
pourquoi elle est au repos par le Repos et elle est
en mouvement par le Mouvement. Mais ici-bas
une chose est mue par le mouvement, [35] mais elle
est immobile par son absence, privée du mouvement qui lui est dû. Ensuite, il faut voir ce qu'il en
est du repos ici-bas, en procédant ainsi. Chaque
fois que quelqu'un passe de la maladie à la santé,
il guérit ; mais quelle espèce d'immobilité oppose-
rons-nous donc à ce mouvement qu'est la guérison [366] ? Si c'est son point de départ, il s'agit de la
maladie, non du repos. Si en revanche c'est son
point d'arrivée, c'est la santé, ce qui n'est pas la
même chose que [40] le repos. Or, dire que la santé
ou la maladie est une sorte de repos, cela revient à
dire que la santé et la maladie sont des espèces de
repos, ce qui est absurde. Et dire que le repos est
un accident de la santé, cela revient à dire que,
avant le repos, la santé n'est pas la santé ? Mais sur
ces questions, que chacun ait l'opinion qu'il veut.

28. On a dit [367] qu'agir et pâtir doivent être
appelés des mouvements ; parmi les mouvements,
on peut soutenir que les uns sont absolus,
d'autres sont des actions, d'autres des affections [368]. Quant aux autres genres dont nous
avons parlé, ils se ramènent à ceux qui ont été
pris en considération [369]. Le relatif est la [5]

disposition qu'a une chose d'entrer en rapport
avec une autre, et il suppose que ces deux choses
entrent en relation toutes les deux[370] en même
temps[371]. Il y a relation quand la disposition
d'une réalité l'a produite ; la réalité ne sera pas
relative en tant que réalité, mais seulement en
tant qu'elle est partie de quelque chose – la main
ou la tête par exemple –, ou cause[372] ou principe
ou élément. Il est aussi possible de diviser les relatifs, comme cela a été fait par les anciens[373],
en distinguant ceux qui produisent, ceux qui
mesurent, ceux qui consistent en un excès ou en
un défaut, et ceux qui permettent en général
d'établir une séparation entre la ressemblance et
la différence[374]. Voilà pour les genres de l'être[375].

NOTES

TRAITÉ 42

1. Les plus anciens manuscrits ne comportent pas la mention *prôton*.

2. Il s'agit en fait de la question des genres de l'être ; voir Aristote, *De l'âme* II 1, 412a6, I 1, 402 a23 et *Catégories* 8, 11 a 38. Dans les *Topiques* I 9, 103b20, Aristote parle de *génē tôn kategoriôn* et dans l'*Éthique à Eudème* 1217b 10 de *ptôseis*. Le premier chapitre est un chapitre d'introduction. Il se divise en deux parties. On y trouve d'abord une doxographie sur les genres de l'être chez les philosophes antérieurs (lignes 1-14). Puis Plotin passe à la première partie qui traite des catégories d'Aristote (jusqu'au chapitre 25). Il évoque les deux problèmes qui ne cesseront de revenir tout au long de l'exposé sur Aristote : 1) le nombre des catégories se réduit-il à dix (lignes 15-19) ? ; quels rapports y a-t-il dans le cas des catégories entre le sensible et l'intelligible (20-30) ?

3. Adaptation d'un membre de phrase du *Sophiste* (242c5-6) de Platon : « déterminer combien (*pósa*) il y a d'êtres (*tà ónta*), et quels ils sont (*poîa*) ».

4. Il s'agit des philosophes qualifiés de « présocratiques ».

5. Pour la même opposition, voir Platon, *Sophiste* 244b-245e pour les doctrines unitaires, c'est-à-dire les Éléates,

Xénophane et Parménide ; et 242b-244b pour les doctrines pluralistes.

6. C'est-à-dire Empédocle, voir Aristote, *Métaphysique* A 3, 984a8. Voir aussi Platon, *Sophiste*, 243b-244b.

7. C'est-à-dire Anaxagore, voir Aristote, *Métaphysique* A 3, 984a11-13.

8. C'est-à-dire Platon, Aristote et les stoïciens ; sur l'historique de ces interprétations, voir la Notice, p. 22-28.

9. Ceux dont on vient de parler, Platon, Aristote et les stoïciens.

10. Voir Aristote, *Métaphysique* A 3, 984a11-13.

11. Sur l'impossibilité de l'infini en acte, voir Aristote, *Physique* A 4, 187b34.

12. Sur cette conséquence, voir Aristote, *Physique* I 4, 187b7-8 et I 6, 189a13 ; voir aussi *Métaphysique* α 2, 994b28-29.

13. Ce membre de phrase est difficile à comprendre. Theiler supprime le *te*, que H.-S. considèrent comme un adversatif, et il ajoute à la fin un *légetai*, appelé par *ouk orthôs*. Ne pourrait-on pas garder le texte en pensant que l'idée que certains êtres sont en nombre infini, alors que les autres seraient en nombre illimité, n'est pas absurde, si on la rapproche de la notion de *stoikheîa* pris au sens de lettres ? Il n'y a que vingt-quatre lettres, mais il y a virtuellement un nombre illimité de A, de B, *etc*. On retrouve cette idée dans plusieurs passages de la *Métaphysique*, par exemple en B 6, 1002b12-32 et encore en M 10.

14. Il s'agit d'Aristote (*Métaphysique* B 3, 999a22-23 : voir 42 (VI, 2), 2, 11), et de certains stoïciens.

15. Il s'agit des stoïciens qui en posent quatre (voir le chap. 25).

16. C'est-à-dire plus de dix. Sur la question de savoir si la division en dix catégories est pertinente ou non, voir Dexippe, *Sur les* Catégories I, 37.

17. Sur la question, voir *supra*, n. 43 ; il s'agit des stoïciens (voir, *infra*, chap. 25).

18. Par opposition à ceux qui font de ce petit nombre de genres des principes, mais qui admettent qu'il existe des êtres, qui, tout en dérivant de ces principes, n'appartiennent pas forcément à l'un de ces genres.

19. Les péripatéticiens. Voir *Topiques* I 9.

20. Sont dites homonymes (*homṓnuma*) ou équivoques les choses qui n'ont de commun que le nom : « Sont dits homonymes les objets dont le nom seul est commun, alors que l'énonciation (*lógos*) correspondant à ce nom est différente » (*Catégories* 1, 1a1-2, ici comme ailleurs, la traduction des *Catégories* est celle de M. Crubellier, C. Dalimier et P. Pellegrin adaptée). Sont dites univoques (*sunṓnuma*) les choses qui ont et le même nom et la même définition. En *Catégories* 1, 1a6-8), on lit : « En revanche sont dits synonymes (*sunṓnuma*) les objets dont le nom est commun et l'énonciation correspondant à ce nom est la même. » On remarquera que les termes équivoque (*homṓnumon*) et univoque (*sunṓnumon*) qualifient des choses et non pas seulement des noms. Voir M. Narcy, « L'homonymie entre Aristote et ses commentateurs néoplatoniciens ».

21. Traité 43 (VI, 3), 5, 1-7.

22. Cette question, fondamentale et récurrente, ne peut être posée que par un platonicien, qui admet une séparation entre le sensible et l'intelligible. Aristote fait allusion à cette séparation en *Métaphysique* A 6, 987b8-10, Γ 2, 1003b5-6, Δ 7, 1017a22-27, Z 1, 1028a1-13, Z 4, 1030a35.

23. Comme nous l'avons dit dans la Notice, p. 36, nous traduisons *ousía* par « réalité ».

24. Le grec dit *homōnúnōs*. La participation ne permet pas l'univocité (*sunṓnumōs*), car les choses sensibles ne présentent pas le même niveau de réalité que les formes intelligibles auxquelles elles participent. Telle est la conclusion de Plotin qui développe cet argument dans les lignes 15 à 30. Si les dix genres de l'être doivent prendre en considération tout ce qui existe, ils devraient tenir compte de la réalité intelligible et de la réalité sensible. Or, c'est impossible, car même si une chose sensible peut avoir le même nom que son modèle intelligible, leur « réalité » n'est pas la même, l'une n'étant qu'une image de l'autre.

25. Aristote, *Métaphysique* B 3, 996a6-7 ; voir aussi *Éthique à Eudème* I 7, 1218a1.

26. Les aristotéliciens.

27. Telle est la critique que Plotin va reprendre tout au long des chapitres consacrés à Aristote.

28. Les deux chapitres suivants portent sur l'*ousía* que nous avons traduit par « réalité » (voir, *supra*, note 23) et

non par le terme devenu technique (dans la scolastique) de
« substance ». L'usage du terme *ousía* chez Aristote est multiple. Il désigne : a) des réalités sensibles et des choses intelligibles, 2) la forme, la matière et le composé, 3) des individus,
comme des genres, et des substances premières et des substances secondes. Il n'y a donc pas d'unité de genre, mais une
hiérarchie de termes qui dérivent les uns des autres (2, 1-15).
D'ailleurs Aristote ne dit jamais « ce qu'est » l'*ousía* (2, 15-3,
18). On trouvera une traduction et un commentaire de ce
chapitre dans R. Chiaradonna, *Sostanza, movimento, analogia*, p. 56-79.

29. Comme le suggère Aristote : « Par conséquent, il n'y
a qu'une seule espèce de réalité dont il puisse y avoir définition et énonciation : c'est la réalité composée, qu'elle soit
sensible ou intelligible » (*Métaphysique* H 3, 1043b29-30, ici
comme ailleurs, la traduction de la *Métaphysique* est celle de
J. Tricot modifiée).

30. Voir, *supra* 1, 26-27.

31. On retombe sous le coup de l'argument du « troisième
homme » (voir *Parménide* 132a-b).

32. Allusion à la critique du « quelque chose (*ti*) » des
stoïciens (voir, *infra*, le chapitre 25).

33. La critique porte sur la réalité sensible, le corps, qui
est un composée de matière et de forme.

34. Comme Aristote en fait l'hypothèse : « D'après cela,
la forme et le composé de matière et de forme sembleraient
être "réalité" bien plutôt que la matière » (*Métaphysique* Z
3, 1029a29-30). Mais Aristote ne justifie pas la priorité de
la forme sur la matière, voir sur ce point R. Chiaradonna
(« Plotinus, on the categories », p. 124-125).

35. Cette distinction se retrouve chez Aristote : « La réalité est ce qui se dit proprement, premièrement et avant tout ;
ce qui à la fois ne se dit pas d'un certain substrat et n'est
pas dans un certain substrat ; par exemple tel homme ou tel
cheval. Mais se disent par ailleurs une seconde sorte de réalités, les espèces auxquelles appartiennent les réalités dites au
sens premier – celles-là, et aussi les genres de ces espèces.
Par exemple, tel homme appartient à l'espèce homme, et le
genre de ces espèces est l'animal. Donc ces termes se disent
comme une seconde sorte de réalités, à savoir l'homme et

aussi l'animal » (*Catégories* 5, 2a14-19) ; voir également chez Plotin 43 (VI, 3), 9, 19-21.

36. Sur le « propre », voir le livre V des *Topiques*.

37. Telle est la critique plotinienne à la position aristotélicienne : même si l'on parvient à déterminer le propre de la réalité on n'a pas dit « ce que c'est (*tí esti*) » ; c'est un équivalent de *tò tí ễn eînai* voir la note 42. Or cette question est celle à laquelle la réalité devrait apporter une réponse.

38. C'est la définition qu'en donne Aristote : « Mais ce que l'on considère surtout comme propre à la réalité, c'est d'être capable de recevoir les contraires, tout en restant la même et numériquement une » (Aristote, *Catégories* 5, 4 a10-11. Voir, *supra* 3, 19, d'après Aristote, *Topiques*, I 9, 103b5.

39. Comparaison que l'on retrouve en *Métaphysique* I 8, 1058a24.

40. Si on accepte cette définition du genre (*génos*), on revient à la signification primitive de *génos* comme famille, c'est-à-dire un ensemble d'individus qui se réclament d'un ancêtre commun, voir *Métaphysique* Δ 28, 1024a31-36.

41. Le *ephexễs állōs* est difficile à traduire. Les réalités se succèdent entre elles d'une autre façon que les affections aux réalités.

42. La suite rappelle le début de *Métaphysique* Z 3 : « La réalité se prend, sinon en un grand nombre d'acceptions, du moins en quatre principales : on pense d'ordinaire, en effet, que la substance de chaque être est soit "ce qu'elle est" (*tò tí ễn eînai*, voir Z 4-5 et 10-12), soit l'universel (*tò kathólou*, voir Z 13-14), soit le genre (*tò génos*, on peut le rapporter à l'universel), soit, en quatrième lieu, le substrat (*tò hupokeímenon*, voir Z 3) » (1028 b32-35).

43. « Par ailleurs, toute réalité (*pâsa ousía*) passe pour signifier (*sēmaínein*) un "ceci (*tóde ti*)" » (*Catégories* 5, 3b10, nous traduisons).

44. Sur *tò hupokeímenon* comme définissant la réalité, voir Aristote, *Métaphysique* Z 3, 1029a1-7.

45. « D'autre part, un trait commun, assignable à toute réalité, c'est de n'être pas dans un substrat » (*Catégories* 5, 3a7). On retrouve cette position clairement exprimée dans la *Métaphysique* : « Nous avons maintenant donné un exposé schématique de la nature de la réalité, en montrant qu'elle

est ce qui n'est pas attribut d'un substrat, mais que c'est d'elle, au contraire, que tout le reste est prédicat » (Z 3, 1029b8-9).

46. Sur le sujet, voir Aristote, *Physique* IV 11, 219a9 et *De l'âme* I 3, 406b12-13 et Plotin, 45 (III, 7), 7, 19-20.

47. Sur le mouvement qui doit être rapporté à un mobile, voir Aristote critiquant les platoniciens en *Métaphysique* Θ 9, 1050b34-1051a2.

48. La réalité première, c'est l'individu, par exemple « Socrate », et la réalité seconde, le genre, par exemple « homme ». Or, en disant « Socrate est un homme », on attribue une réalité seconde à une réalité première.

49. Plotin semble raisonner ainsi : si la forme est dans le composé avec la matière, et ne peut se trouver hors de lui, alors la forme fait partie du composé ; de ce fait, la « réalité » diffère de la qualité qui peut aussi être attribuée à autre chose.

50. « En effet, la réalité première ne se dit pas d'un substrat et n'est pas dans un substrat. Quant aux réalités secondes, on voit en tout cas, suivant le même critère, qu'elles ne sont pas dans un substrat. Car l'homme se dit d'un substrat, tel homme, mais n'est pas dans un substrat (en effet, l'homme n'est pas dans tel homme) ; et de même l'animal se dit d'un substrat, tel homme, mais l'animal n'est pas dans tel homme. De plus, rien n'empêche que l'on n'applique parfois à un substrat le nom des termes qui sont dans ce substrat, mais c'est impossible pour leur énonciation. Or pour les réalités secondes, leur énonciation s'applique au substrat aussi bien que leur nom : en effet, on appliquera à tel homme l'énonciation de l'homme et celle de l'animal. De sorte que la réalité ne fera pas partie des choses qui sont dans un substrat » (*Catégories* 5, 3a11-21). Cette citation explicite ce qui a été dit dans la note précédente.

51. La catégorie de la quantité (4-5) suit bien celle de la réalité dans les *Catégories* (Aristote en traite au chapitre 6). La critique de Plotin est toujours la même. A) La réunion des différentes sortes de quantité sous un même genre est factice. 1) Le continu n'est quantité que parce qu'il est mesuré par le nombre, d'où deux difficultés : a) c'est par accident qu'il est mesuré par le nombre (4, 1-23) ; b) de quel nombre s'agit-il, du nombre sensible ou du nombre intelli-

gible (4, 23-44) ? 2) Comment par ailleurs expliquer que le continu n'entre pas dans la catégorie de la quantité (4, 44-55) ? B) Le problème est le même pour les espèces de la quantité, qu'il s'agisse du discours (5, 1-15) ou du temps (5, 15-27).

52. Sur la question du continu et du discontinu, voir 34 (VI, 6), 14, 39 et 44 (VI, 3), 13, où cette question trouve sa réponse.

53. À savoir le continu et le discontinu.

54. Pour une reprise du problème, voir 44 (VI, 3), 12. Une coudée (*pêkhus*) mesure 0,444 mètre.

55. Dans le traité 40 (II, 1), 6, 50, *tò sỗma tò phusikón* s'oppose au corps mathématique.

56. Voir 44 (VI, 3), 11, 6-7.

57. Raisonnement similaire, *infra*, en 5, 12.

58. À savoir la réalité (bœufs) et la quantité (deux).

59. Dans le cas du triangle et du quadrilatère.

60. Il s'agit des « nombres idéaux » évoqués dans le traité 34 (VI, 6) et dans le traité 32 (V, 5), 4, 17.

61. Sur cette question, voir 45 (III, 7), 9, 17.

62. La distinction entre nombres nombrés ou nombres nombrables, et les nombres nombrants, ceux dont on se sert pour nombrer, se retrouve en 34 (VI, 6), 15, 37-42 et en 47 (III, 2), 1, 25 sq. et 2, 1 sq. Elle vient d'Aristote (*Physique*, IV, 11, 219b5-9). Mais Plotin adapte cette distinction à son système. Il associe les nombres nombrés ou nombrables au nombre essentiel et les nombres nombrants au nombre monadique (voir 34 (VI, 6), 9, 34-35) ; cette distinction recoupe celle faite ici entre les nombres qui sont des réalités (*ousíai*) et ceux qui permettent de compter (*kath'hoùs arithmoûmen*). Sur le sujet voir E. Amado, « À propos des nombres nombrés et des nombres nombrants chez Plotin ».

63. On retrouve là le paradoxe de la participation ; sur le sujet, voir la Notice, p. 22-23.

64. Voir, *infra*, en 5, 15 et 45 (III, 7), 9, 82-85.

65. De parties.

66. Comme l'affirme Aristote, rien ne peut être dit grand ou petit en soi (*Catégories* 6, 5b 16-25) : « Car c'est par rapport à autre chose que l'on considère le grand et les petits ; de sorte qu'il est manifeste que ces termes font partie des relatifs » (*Catégories* 6, 5b27-29, voir la note de

R. Bodéüs à sa traduction de ce passage ; voir aussi, *infra*,
en *Catégories* 6, 6a8-11).

67. Ce sera le cas en 44 (VI, 3), 11-14.

68. On trouve ici une distinction claire entre genre (au
sens propre) et catégorie. Voir, *supra*, 3, 5.

69. Les platoniciens.

70. Voir, *supra*, 1, 18.

71. Pour une définition du *lógos*, voir Aristote : « Un discours (*lógos*) est du son vocal signifiant dont une partie,
prise séparément, est signifiante en tant que parole (*phásis*)
sans pour autant être une affirmation » (*De l'interprétation*
4, 16b26). Dès lors, le discours est une quantité dans la
mesure où il se compose de parties, comme on le verra.

72. Amplification de la question posée, *supra*, au début
du chapitre 4, et les références dans la note 51.

73. On remarquera la seconde personne du singulier dans
le dialogue.

74. H-S. proposent de transposer *metreîtai mèn gár* à la
ligne suivante. Ils fondent leur décision sur ce texte des *Catégories* : « Que le discours, en effet, est une quantité, c'est
manifeste ; car il est mesuré (*katametreîtai gár*) par la syllabe
brève ou longue. Nous voulons parler ici du discours qui
s'accompagne d'émission vocale (*metà phōnễs*) » (*Catégories*
6, 4b32-34). Cela ne modifie par le sens. Pourtant, on notera
la fin de la phrase : « qui s'accompagne d'émission vocale
(*metà phōnễs*) », sur laquelle porte la suite chez Plotin.

75. Sur les dix lignes qui suivent, voir 44 (VI, 3), 12, 25-28
et 19, 8-9 ; voir aussi Aristote, *De l'interprétation* 2, 16a19,
b6, et 4, 16b26. La forme (*morphễ*) du discours, c'est la signification, et sa matière (*húlē*), c'est l'air.

76. Le signifiant (*sēmantikón*), c'est le choc, alors que le
signifié (*sussēmantikón*, seule occurrence du terme chez Plotin), c'est l'affection produite par ce choc ; il semble que ce
soit là l'interprétation de Simplicius (*Commentaire sur les
Catégories d'Aristote*, p. 131, 8-10). Comme le signifié se
trouve du côté de l'*érgon*, et le signifiant du côté du *páthos*,
on est, dans le discours, en présence de deux catégories (voir,
infra, les chap. 15-22), et non pas d'une seule.

77. Sur cette question, voir 45 (III, 7), 9. Le « maintenant » joue, pour le temps, le rôle d'unité de mesure.

78. Nous ne pouvons dire qu'il y a cinq moutons que parce qu'il y a cinq bêtes qui broutent dans le pré. Et nous ne pouvons dire qu'il y a trois mètres de tissu que parce qu'il y a un rouleau d'un certain matériau sur la table. Cela revient à dire que la quantité dépend d'une réalité qui est autre chose que la quantité.

79. Voir 44 (VI, 3), 11, 6-7.

80. Tout ce qui peut être compté se ramène à des réalités, de sorte que, si l'on appelle « quantité » tout ce qui peut-être compté ou mesuré, les deux domaines auront la même extension.

81. Comme le soutient Aristote : « Mais ce qui est surtout le propre de la quantité, c'est d'être dite égale et inégale » (*Catégories* 6, 6a26) ; voir 44 (VI, 3), 15, 1 et 6.

82. Il n'est pas grand, car il mesure $3 \times 0,444$ m $= 1,332$ m.

83. La traduction de cette fin de chapitre est difficile. L'homme de trois coudées se rapporte à deux genres : réalité et quantité, mais il doit être rangé, étant donné qu'il mesure trois coudées, sous une catégorie unique, celle de la quantité.

84. Les chapitres 6 à 9 portent sur la relation. A) Plotin s'interroge d'abord sur l'existence même de la relation et sur leur inclusion dans un seul et même genre (6-1-17). Avant de répondre à ces questions, il distingue entre les relations du type agent/patient, les relations du type semblable/dissemblable, et les pseudo-relations (état, disposition) qui sont éliminées d'entrée de jeu (6, 18-36). À la question relative à l'existence de la relation, il donne d'abord une réponse négative (qui prend la forme d'une digression) qu'il rejette (7, 1-22), puis une réponse positive (7, 22-40). Plotin passe ensuite à la question de l'unité. Il n'y a pas d'unité entre les relatifs. Suit alors une digression sur la position des stoïciens sur la question des relatifs. Puis Plotin revient à la question de l'unité (8) : 1) Il n'y a rien de commun pour ce qui est de la relation entre le sensible et l'intelligible (9, 1, 8) et 2) c'est la participation qui explique les degrés en ce domaine (9, 8-20). De surcroît, Aristote fait entrer beaucoup d'autres choses dans la catégorie du relatif. Sur cette section, voir l'analyse de S. Maskaleut, « Critique du relatif par Plotin. Le traité des genres de l'être VI, 1 [42], 6-9 ».

85. Voir, *supra* 2, 1 et 3 ; 3, 4.

86. Aristote définit ainsi la catégorie du relatif : « Se disent relativement à quelque chose les termes de cette sorte : tous ceux dont on dit qu'ils sont cela même qu'ils sont "d'autre chose", ou qui se rapportent de quelque autre façon à autre chose » (*Catégories* 7, 6a36-39). Voir 44 (VI, 3), 28, 10-11.

87. Dans la *Métaphysique*, Aristote aborde la question du relatif en Δ 15.

88. Comme H.-S. à la suite de Dörrie, nous supprimons *pròs tò toû epistētoû eîdos* qui n'est qu'une variante du *pròs epistētón* de la ligne précédente, et que nous avons traduit : « par rapport à la forme qui est son objet ».

89. Kirchhoff voulait supprimer *tēn métrēsin* comme glose interpolée. Cilento, invoquant, *infra*, 9, 24 propose de le garder. Plotin ne ferait que se répéter ; mais cela donnerait la traduction suivante : « de la mesure et du mesuré dans l'opération de mensuration ».

90. Voir, *infra*, 12, 30-31. Aristote écrit dans les *Catégories* : « Les situations couché, debout ou assis sont des positions, et la position fait partie des relatifs » (7, 6b11-12).

91. C'est tout simplement parce que l'on est qualifié par eux que l'état et la disposition peuvent être considérés comme des qualités, comme le dit lui-même Aristote : « Disons, donc, que l'état et la disposition sont une première espèce de qualité » (*Catégories* 8, 8b26-27).

92. Voir, *supra*, ligne 22.

93. Pour Aristote, *keîsthai*, la position, le positionnement, est une catégorie (*Catégories* 4, 1b27).

94. Le *légomen* de 7, 1 reprend le *enoḗsemen* de 6, 34. Cela indique, comme y insiste É. Bréhier dans sa traduction, que la coupure entre le chapitre 6 et le chapitre 7 est largement arbitraire.

95. Voir, *supra*, ligne 22.

96. Il s'agit de chacun des deux substrats qui se trouvent dans le temps. Voilà pourquoi nous ajoutons : « dont ils sont les attributs », formule qui n'est pas dans le texte.

97. Voir, *supra*, 6, 19.

98. Notre intuition néglige le substrat qui est la réalité au profit de la relation qui est l'élément le plus évident pour nous.

99. De commun (*koinón*), voir, *infra*, 8, 18.

100. Jusqu'à la fin de ce chapitre, Plotin suit Aristote, *Catégories* 7, 7b15-21 ; voir aussi 44 (VI, 3), 21, 15-21.

101. Voir encore 44 (VI, 3), 17, 5-6. Aristote remarque : « On estime que les termes relatifs sont simultanés par nature (*háma têi phúsei*) » (*Catégories* 7, 7b15).

102. Après la parenthèse que constitue le chapitre 7, Plotin revient à la question posée, *supra,* en 7, 16. Comment expliquer que le relatif présente un caractère commun, alors qu'il comporte des éléments aussi disparates.

103. Comme il s'agit de termes, nous gardons les épithètes « synonyme » et « homonyme » que nous essayons d'éviter, quand il s'agit de choses. Le terme *sunónumon* (« synonyme » ou « univoque ») désigne habituellement les choses qui sont identiques en nature et en nom, et qui donc sont contenues dans le même genre. Pour sa part, le terme *homónumon* désigne les choses qui n'ont en commun que le nom, voir *supra* la note 24.

104. Le terme *hetoimótēs* est un *hapax*.

105. Il s'agit de l'asymétrie qui caractérise une relation comme père/fils par exemple. Le père produit le fils, mais à sa naissance le premier fils ne change que le nom de son géniteur qui alors peut être dit « père ».

106. C'est une réponse à la question posée, *supra*, ligne 3.

107. On trouve ici une référence au *Phédon* : « Donc, c'est par la Grandeur que les choses grandes sont grandes, et plus grandes les plus grandes, et par la petitesse que les plus petites sont plus petites » (*Phédon* 100e). Il faut replacer cette référence dans le cadre de la pensée de Plotin, où l'Intelligible se situe au niveau de l'âme dans les *lógoi* qui agissent dans le monde sensible.

108. Sur ce sens de *lógos*, voir L. Brisson, « *Logos* et *logoi* ». Le *lógos* représente la raison *eîdos* au niveau de l'âme, et de ce fait transmet l'activité en quoi consiste cet *eîdos*, y compris lorsqu'il s'agit d'une relation (sur le sujet, voir la Notice, p. 29-35).

109. Comme les stoïciens.

110. En tant que platoniciens.

111. Voir, *supra*, 7, 5.

112. Comme Igal, nous interprétons le *kaì* comme prolongeant l'explication introduite par *légontes*.

113. Par participation dans un cadre plotinien, c'est-à-dire par l'intermédiaire des *lógoi*.

114. Cette question pose le problème des formes « négatives ». Sur le sujet voir Aristote, *Catégories* 7, 619-27 ; et le traité 5 (V, 9), 10, 1-6 et les notes de F. Fronterotta.

115. Le sens de *krateîn* appliqué aux formes intelligibles, et notamment à celle de la beauté, se trouve très clairement exprimé dans ce passage : « La beauté simple d'une couleur s'explique par la domination d'une figure sur la matière et grâce à la présence d'une lumière incorporelle qui est raison (*lógou*) et forme (*eídous*) » (1 (I, 6), 3, 16-18). L'intervention active des *lógoi* fait que la participation comporte des degrés. Par suite, la domination de l'intelligible sur le sensible peut être plus ou moins importante ; une domination minimale équivalant à un défaut.

116. Cette interprétation de la privation s'inspire probablement d'Aristote : « car la privation est forme en quelque façon (*eîdós pós estin*) » (*Physique* II, 1, 193b19. Ici comme ailleurs la traduction de la *Physique* est celle de P. Pellegrin).

117. Comme pour Aristote, pour lequel la science s'identifie aux objets du savoir et la sensation aux objets sensibles. D'où cette conclusion : « ce n'est pas la pierre qui est dans l'âme, mais sa forme. Aussi l'âme est analogue à la main : comme la main est un instrument d'instruments, l'intellect à son tour est forme des formes, tandis que les sens sont formes des qualités sensibles » (*De l'âme* III 8, 431b28-a3, ici comme ailleurs la traduction de *De l'âme* est celle de R. Bodéüs).

118. Harder a proposé de supprimer le *lógos tis* ; nous l'avons conservé en le faisant précéder d'une ponctuation forte, comme Bréhier notamment.

119. Aristote, *Catégories* 7, 6b2 ; voir 43 (VI, 3), 28, 4-5.

120. Voir, *supra*, ce chapitre, ligne 10.

121. Le *autoîs* de la ligne 32 renvoie aux aristotéliciens.

122. L'expression *tà paronomazómena* est un *hapax* chez Plotin. Il correspond à *parónuma* et à *paronúmōs legómena* chez Aristote : (*Catégories* 1, 1a12 ; 8, 10a28-29). Pour les distinguer, nous traduisons *tò diplásion* par « le double » et *ho diplásios* par « ce qui est double ». Le premier c'est la « raison » et le second, c'est l'individu qui participe à cette raison.

123. Comme le dit Aristote : « En même temps, ces dernières catégories (quantité et qualité) ne sont même pas des êtres proprement dits, mais des qualités et des mouvements, ou, alors, même le non-blanc et le non-droit seraient des êtres : du moins leur conférons-nous à eux aussi l'existence quand nous dirons, par exemple : "le non-blanc est" » (*Métaphysique* Λ 1, 1069a22-24).

124. Voir Aristote, *Catégories* 8 et 44 (VI, 3), 19, 1-2.

125. « Mais la qualité fait parties des choses qui se disent de plusieurs façons » (Aristote, *Catégories* 8, 8b25-26). Aristote évoque comme étant des qualités 1) l'état (*héxis*) ou la disposition (*diáthesis*) ; 2) la capacité naturelle (*phusikě dúnamis*) ; 3) la qualité passive (*pathětikě poiótēs*) ; 4) la figure (*skhěma*) ou la forme (*morphé*) ; et les qualités par dérivation. Plotin 1) ne retient de cette distinction que quatre sortes de qualités (10, 1-15) et il montre que ces quatre sortes de qualités ne peuvent être ramenées à la puissance pour les deux raisons suivantes (19, 15-66) : a) dans la qualité, il faut prendre en compte l'impuissance aussi ; et la définition par la puissance ne s'applique pas à la quatrième sorte de qualité, la figure. Puis 2) il montre que les différences spécifiques au moyen desquelles Plotin veut distinguer les qualités ont une valeur nulle (chap. 11). Enfin, 3) il propose une nouvelle division des qualités (12, 1-13) : a) qualités du corps et de l'âme, b) d'après les actions exercées, c) d'après l'utilité et la nuisance. Et le chapitre se termine sur trois apories : a) la qualité pourrait être réalité (12, 13-15), l'état pourrait être classé et dans la qualité et dans le relatif (12, 15-25), et la question de la puissance diffère suivant que l'on se trouve dans le sensible ou dans l'intelligible (12, 25-33).

126. Voir Aristote, *Catégories* 8, 8b27 ; 9a28-29 ; 10a11-12 et 17. Pour une définition comparée de l'état et de la disposition, voir Aristote, *Catégories* 8, 8b36-9a13. Plotin ne parle pas ici des qualités naturelles (Aristote, *Catégories* 8, 9a13-28) qu'il évoquera plus bas.

127. Pour une définition de la qualité passive, voir Aristote, *Catégories* 8, 9a28-10a10. Il s'agit de la qualité associée à une passion, une affection.

128. Pour une définition de la configuration ou de la forme, voir Aristote, *Catégories* 8, 10a10-16. Par la suite, Plotin emploie semble-t-il *morphé* et *eîdos* comme des syno-

nymes, ce qui explique que nous ayons rendu à plusieurs reprises *morphē* par « forme » et non pas seulement « figure ».

129. « En effet chacun de ces termes (bons pugilistes ou bon coureurs, sains ou maladifs) se dit non parce que l'on est disposé de telle ou telle façon, mais parce que l'on possède une certaine capacité naturelle de faire quelque chose facilement, ou de n'être nullement affecté par quelque chose » (*Catégories* 8, 9a16-19).

130. Pour l'association *dúnamis phusikē* et *adunamía*, voir Aristote, *Catégories* 8, 9a16.

131. Pour *tò òn hēî ón*, voir Aristote, *Métaphysique* Γ 1. Le raisonnement de Plotin semble être, comme le suggère M. Crubellier, une *reductio ad absurdum*. L'être en tant qu'être n'aurait aucune qualité ; ce serait quelque chose comme la matière, quelque chose de passif qui attendrait d'un agent extérieur qu'il lui attribue ou lui impose une réalité. Or, les actes des réalités expriment quelque chose qui dépend d'elles, et elles ne sont pas indifféremment n'importe quoi.

132. Cette phrase est très difficile à traduire, parce qu'il manque un verbe fléchi à quoi rattacher la séquence qui commence par *tò poioû*. H.-S. proposent une traduction latine qui a l'avantage de calquer le grec ancien, mais qui, à nos yeux, n'a pas plus de sens. Nous avons pris pour acquis que le verbe manquant est « être ». Cet ajout minimal nous paraît donner un sens acceptable à la phrase.

133. Comme l'explique déjà Aristote, *Catégories* 8, 9a19-21.

134. L'exemple du pugilat (*puktikē*, qui est un combat au poing ressemblant à notre boxe) est donné par Aristote pour illustrer les qualités naturelles : « Un second genre de la qualité est ce d'après quoi nous disons que certains sont bons pugilistes ou bon coureurs, ou encore sains ou maladifs, et en un mot tout ce que l'on dit d'après une certaine capacité ou incapacité naturelle » (Aristote, *Catégories* 8, 9a14-16).

135. Voir 17 (II, 6 = *Sur la réalité ou sur la qualité*), 1, 15-29 et 2, 1-5 ; 43 (VI, 2), 14, 14-23 ; et 44 (VI, 3), 15, 15-18 et 17, 8-10. Plotin fait cette distinction : « Ou alors, il faut diviser la qualité de sorte que l'une soit la qualité réelle qui est le propre de la réalité, et l'autre seulement qualité par laquelle la réalité est qualifiée, cette qualification ne produi-

sant pas de différence dans la réalité, pas plus qu'à partir d'elle, mais une manière d'être ajoutée de l'extérieur à la réalité déjà complète, et un supplément à la chose qui est postérieure à sa réalité, qu'il s'agisse de l'âme ou du corps » (17 (II, 1), 1, 24-29).

136. Peut-être une allusion au fait que les raisons sont complexes, voir 44 (VI, 3), 15, 36-38 ?

137. Voir, *supra*, ligne 8.

138. C'est ainsi que *hekatéra* est rendu.

139. C'est-à-dire l'état ou la disposition, la capacité naturelle, la qualité affective, et la figure ou la forme, voir, *supra*, la note 125.

140. L'agir et le pâtir.

141. Seule occurrence de *anepistēmosúnē* chez Plotin. La traduction par « absence de science » est destinée à faire ressortir le caractère négatif du *an-* initial.

142. Reprise dans un autre contexte de la définition de la justice dans la *République* de Platon.

143. Nous lisons *tò kállos* comme dans les manuscrits et non *takallès* comme Igal le propose dans *Emerita* 43, 1975, 184).

144. On a ici une définition de la *morphḗ* comme *eîdos* dans la réalité. La *morphḗ* (forme dans la chose au sens aristotélicien) est l'aspect qu'offre à la vue tout composé (*súnolon*) produit par l'action sur la matière d'un *lógos*, qui est l'équivalent au niveau de l'âme du monde d'une forme platonicienne (*eîdos*). Ainsi se trouve résolu le problème de la participation, par le moyen de la doctrine du *lógos* qui permet d'expliquer comment une forme platonicienne peut agir sur la matière.

145. Traduction du grec *ousiṓdes*.

146. Voir les lignes 56-58.

147. Pour une description de ce processus, voir J.-F. Pradeau, *L'Imitation du principe*, chap. 3.

148. Adaptation par Plotin, qui l'intègre dans sa doctrine des *lógoi*, de cette remarque d'Aristote : « ... ou appelle "dispositions" des qualités qui sont faciles à changer et qui se modifient rapidement, par exemple la chaleur et le refroidissement, la maladie et la santé et toutes les autres qualités de cette sorte » (*Catégories* 8, 8b36-38) Il n'est pas nécessaire, pour qu'il y ait qualité, qu'il y ait un *lógos*, ce qui serait le

cas si tout était contenu dans le *lógos* ; il suffit que les deux critères plus faibles, qui sont mentionnés par la suite, soient réunis.

149. Pour exclure le cas où la disposition est la manifestation de la réalité.

150. Distinction, à l'aide de l'exemple du triangle, entre réalité et qualité ? Le triangle réel est un substrat affecté d'une qualité, « triangulaire » c'est-à-dire limité par trois lignes qui forment trois angles.

151. Voir Aristote, *Catégories* 8, 8b26-28. Simplicius cite *héxis* et *diáthesis* au singulier.

152. C'est *morphé* que nous traduisons ici par « forme ».

153. Voir 44 (VI, 3), 19, 29-32.

154. Sur les puissances naturelles, voir Aristote, *Catégories* 8, 8b26-28. Voir, *supra*, notes 125 et 129-130.

155. Voir, *supra*, 10, 8-11 et 16-21. D'après Aristote, *Catégories* 8, 9a35-b11.

156. C'est-à-dire lorsque la disposition est acquise.

157. Sur ce qui précède de la ligne 16 à 21, voir Aristote, *Catégories* 8, 9a35-b11.

158. Pour rendre l'argument plus clair, nous avons traduit *páthos* par « affection » et *pathētikón* par « passif » ; le terme « passion » en français fait dans de nombreux contextes référence à des situations et à des sentiments qui n'ont rien à voir avec le sens technique que nous voulons rendre ici. La qualité considérée du point de vue du sensible et de celui de l'intelligible porte le même nom, mais sans faire référence à la même réalité.

159. Le terme grec est *homōnúmōs*.

160. Expression presque identique à celle d'Aristote en *Catégories* 8, 10a11-12.

161. Mais une réalité, voir l'explication, *supra*, dans les note 128 (sur la forme) et 135 (sur substrat et qualité).

162. C'est ce qu'on a vu plus haut, en évoquant la définition de la qualité, voir, *supra*, note 150.

163. Voir Aristote, *Catégories* 8, 10a16-22.

164. En 44 (VI, 3), 9, 11.

165. Lorsqu'il s'agit de termes, nous traduisons par « homonymie », voir, *supra*, n. 24.

166. Aristote évoque la possibilité d'une autre espèce en *Catégories* 8, 10a25.

167. Il s'agit des quatre espèces de qualités dont il a été question dans ce qui précède.

168. Sur ces distinctions voir 44 (VI, 3), 17, 1-5.

169. Plotin évoque ici la tripartition de l'âme que l'on trouve chez Platon.

170. Voir 44 (VI, 3), 18, 27-28.

171. En grec, on trouve *theôrêma*. Le terme est étrange, mais Plotin l'emploie pour éviter une objection : l'activité du pugiliste n'a d'autre fin que la pratique plus efficace du pugilat ; elle n'équivaut en aucune façon à l'acquisition d'un savoir.

172. Comme le soutient Aristote, *Catégories* 7, 6b2.

173. Le texte est mal transmis. Nous traduisons la leçon de H.-S., et nous comprenons qu'est envisagé ici le cas de quelque chose qui ne serait rien d'autre que « apte à (- *ikón*) ».

174. Le grec dit *tôn empsúkhôn* que l'on traduit en général par « les êtres animés ». Mais chez Plotin tout est animé, y compris la terre, par la partie inférieure de l'âme du monde. Dans le contexte, *tà empsúkha* désigne les êtres pourvus d'une *psukhê*, c'est-à-dire d'une âme animale (suivant le vocabulaire des stoïciens), d'une âme supérieure qui descend dans l'embryon à la naissance.

175. Sur *proaíresis*, voir J. M. Rist, « *Prohairesis* : Proclus, Plotinus and *alii* ». Voir aussi dans les *Traités 1-6*, note 42, p. 130-131 ; dans les *Traités 7-21*, p. 359 n. 60 ; et dans les *Traités 27-29*, p. 267 n. 383. Le choix préalable exprime non une simple préférence, mais une intention qui détermine l'orientation morale d'un être.

176. Voir, *supra*, 10, 8-9.

177. Dans le *Phédon* 100e5-6.

178. Peut-être à partir de *Catégories* 8, b28-29.

179. Pour le sens de *sunônumon*, voir, *supra* note 24.

180. Les réponses à cette question sont les adverbes de temps : hier, aujourd'hui, demain. Il s'agit là de déterminations du temps. Le « quand » dépend du temps, qui tombe dans la catégorie de la quantité (voir, *supra*, chap. 5, 15-27) ; il n'est donc pas une catégorie.

181. Voir Aristote, *Catégories* 4, 2a2, et Platon, *Timée* 37a3-5.

182. Voir Aristote, *Catégories* 6, 4b24.

183. Les péripatéticiens.

184. Pour une objection semblable, voir, *supra*, 4, 19 et 5, 12.

185. Il sera étranger au temps, et il y aura Socrate + le temps.

186. Au temps et à une partie du temps (voir, *supra*, ligne 12).

187. Reprise d'une expression utilisée au début de ce chapitre.

188. Dans le chapitre suivant.

189. La catégorie du « où » est associée à celle du « quand ». C'est à elle que répondent les compléments circonstanciels de lieu ; il s'agit dans tous les cas de déterminations du lieu, ce qui exclut la qualification de catégorie pour le « où » (14, 1, 10). À la suite de cette objection, Plotin énumère trois difficultés qui valent pour le « où » et le « quand » : 1) Le « où » et le « quand » font intervenir le contenu et le contenant qui sont des relatifs, et de ce fait ils peuvent être considérés comme des relatifs (14, 10-13). 2) Comme par ailleurs le contenu et le contenant sont inséparables l'un de l'autre, le « où » et le « quand » ne peuvent être des catégories simples (14, 13-19) ; 3) enfin, le « où » et le « quand » ne sont que deux espèces d'une même formule : une chose dans une autre, et il n'y a aucune raison d'en faire des catégories (14, 19-24).

190. L'exemple se trouve déjà chez Aristote, *Catégories* 4, 2a1-3. L'Académie n'est cependant pas nommée.

191. Delphes était considéré comme le nombril du monde, le centre du monde où par ses oracles se manifestait la divinité, voir Pindare, *Pythique* IV, 4 ; et IV, 74 (*mésos omphalós*). Voir aussi Platon, *République* IV 427c3-4.

192. Plotin fait allusion à cette remarque d'Aristote : « En effet la chose qui est quelque part est d'abord par elle-même une chose, ensuite en suppose une autre à côté, en laquelle consiste l'enveloppe » (*Physique* IV 5, 212b13-16). Pour l'expression *állo en állōi*, voir 43 (VI, 2), 16, 4.

193. Voir 44 (VI, 3), 9-10.

194. Voir Aristote, *Physique* IV 5, 212b13-16 et 43 (VI, 2), 16, 4.

195. Conséquence sinon absurde, du moins déplorable.

196. Plotin consacre huit chapitres à la critique conjointe des deux catégories que sont pour Aristote l'« agir » et le « pâtir ».

I) Dans un premier temps, il développe deux objections majeures contre Aristote sur la question de l'« agir ». A) Si l'« agir » est considéré comme une catégorie, pourquoi ne pas admettre le mouvement ? Plotin 1) commence, dans le chapitre 15, par montrer contre Aristote que le mouvement est une activité achevée et intemporelle. 2) Dans le chapitre 16, il répond à six objections : a) le mouvement tend vers une fin, tandis que l'activité subsiste (16, 4-14) ; b) le mouvement va vers une forme alors que l'activité la possède ; c) le mouvement est continu et divisible, alors que l'activité est stable et limitée (16, 17-19) ; d) le mouvement est divisible, illimité et indéfini, tandis que l'activité est indivisible, limité et identique (16, 19-25) ; e) le mouvement va d'un contraire à un autre, alors que l'activité est immobile (on ne trouve rien sur le sujet) ; f) le mouvement est progrès alors que l'activité est immobile (16, 25-37). B) Si le mouvement est assimilé à une activité, l'activité ne peut être ramenée à la catégorie du relatif (chap. 17).

II) Puis Plotin A) tente de considérer l'« agir » et le « pâtir » comme des espèces de mouvements ; a) il y a les activités qui s'opèrent sur un patient et d'autres non (18, 1-6) ; b) des activités indépendantes ou non d'un objet extérieur (6-8) ; c) des activités indépendantes ou non d'un patient (8-12) ; d) des activités venant de soi-même (= agir) ou venant d'un autre (= pâtir) (19, 1-12). B) Mais cela n'est pas suffisant pour établir une distinction. 1) Peut-on dire que la « passion » n'est pas seulement une modification qui vient d'ailleurs, mais une modification qui rend l'objet pire qu'il n'était (19, 12-48) ? Cela n'est pas vrai dans beaucoup de cas (20). C) Voilà pourquoi à la fin du chapitre 21 (31-32), et dans le chapitre 22 (1-22), Plotin ramène l'agir et le pâtir à des relatifs. Mais, en ce cas, les activités libres, comme penser, marcher ne peuvent plus entrer dans la catégorie de l'agir (22, 22-34).

197. Voir Aristote, *Catégories* 4, 1b27 et 9, 11b1.

198. Voir Aristote, *Métaphysique* Θ 3, 1047a32 et Λ 5, 1071a1-2.

199. Une référence à Platon, *Sophiste* 254d4-5.

200. Voir 44 (VI, 3), 21, 1.

201. C'est la définition du mouvement par Aristote : « le mouvement, pense-t-on, est une sorte d'acte, mais incomplet, la raison en étant que la chose en puissance dont il est l'acte est incomplète » (*Physique* III 2, 201b31-32 ; voir aussi *Métaphysique* K 9, 1066a20-21).

202. Pour les lignes 10-17, voir Aristote, *Physique* VI 2, 132b20.

203. Plotin emprunte à Aristote les exemples de la marche et de la vision, *Métaphysique* Θ 6, 1048b29 et 33, 10-12. Voir aussi 44 (VI, 3), 22, 8-9.

204. Un stade fait 177,6 mètres.

205. Sur cette question, voir Aristote, *Physique* VI 6, 237a2-3.

206. Comme le dit déjà Aristote, *Physique* VI 2, 232b20.

207. Plotin s'oppose ici à Aristote, pour lequel tout mouvement se fait dans le temps (*Physique* VI 2, 232b20).

208. Le mouvement *eis tosoûton*, c'est le mouvement qui anime un corps dans l'espace et le temps. Ce mouvement est opposé au mouvement « en général (*hólōs*) », c'est-à-dire le mouvement en tant que tel, indépendamment de sa manifestation dans l'espace et le temps. Dès lors qu'il ne se manifeste pas dans le temps, le mouvement peut être assimilé à une *energeía* qui n'est pas dans le temps (*ei en akhrónōi hē enérgeia*). Sur le sujet, voir R. Chiaradonna (« Plotinus, on the categories », p. 127-128).

209. Platon, *Parménide* 156e1.

210. En définitive, comme on l'a vu, Plotin opère une distinction entre le mouvement et le mouvement présentant une certaine étendue dans le temps et dans l'espace. Seul le temps perçu par les sens présente une extension. En lui-même le mouvement n'a rien à voir avec le temps et l'espace. Une telle distinction semble aller contre ce qu'on trouve dans le traité 45 (III, 7) *Sur l'éternité et le temps* sur la définition du temps comme mouvement. Mais pour R. Chiaradonna (« Plotinus, on the categories », p. 129-130) tel n'est pas le cas, car le temps tout comme le mouvement dépendent de l'âme qui est un incorporel ; de ce fait il se trouve en tant que tel dépourvu de toute extension qui ne peut toucher que le corps.

211. Dans le grec, on lit *pántōs*, « en totalité », sans rien laisser de côté, donc.

212. Suivant Aristote, c'est de la même manière que le temps, le mouvement, le fait d'être mû, ce qui est mû et ce en quoi le mouvement a lieu se divisent, voir *Physique* VI 4, 235a10-17. Pour *sunekhés* utilisé dans ce contexte, voir Aristote, *Physique* III 1, 200b17.

213. Le raisonnement semble être le suivant. Pour Aristote, l'acte n'a pas besoin de temps. Il se situe donc hors du temps. Mais le mouvement, qui est un acte, présente une certaine extension dans l'espace et dans le temps. Donc Aristote se contredit.

214. Nous acceptons l'*analogía* (traduit par « analogie ») des manuscrits, et nous refusons la correction par *alogía* (qui se traduirait par « absurdité ») proposée par Theiler et imprimée par H.-S. On pourrait rapporter cette remarque à Aristote, *Physique* VI 4, 235a18-25.

215. Pour rendre le sens plus clair, nous acceptons cet ajout de Bréhier, « une partie plus petite » qui n'a pas de répondant dans le texte grec.

216. C'est la position de Théophraste, selon Simplicius, *Commentaire sur les* Catégories *d'Aristote* 9, p. 304, 32-33. Pour Théophraste, tout acte est mouvement, mais tout mouvement n'est pas acte.

217. Aristote, *Physique* VI 4, 235a11.

218. Aristote, *Physique* VI 4, 235a18. La teneur de l'argument est la suivante : il faut qu'un mouvement ait une certaine durée pour être mouvement ; mais c'est par accident que cette durée est d'une heure, d'un jour ou d'un an. Il en va de même pour l'animal qui doit par nature être sexué, même si c'est par accident qu'il est mâle ou femelle.

219. Citation d'Aristote, *Physique* A 3, 186a15-16. L'ensemble de la discussion entre les lignes 25 et 35 recoupe ce que dit Aristote, en *Métaphysique* Θ 6, 1048b28-35.

220. Aristote fait cette distinction entre *metabállein* et *metabeblēkénai* en *Physique* VI 5, 235b11-12 et 237a11-13.

221. Une hypothèse anonyme évoquée par Simplicius, *Commentaire sur les* Catégories *d'Aristote* 4, *CAG* VIII, p. 63, 9-11.

222. Voir 44 (VI, 3), 21, 9.

223. Pour cette définition, voir Aristote, *Physique* III 1, 200b30-31, VIII 1, 251a9-10.

224. Voir, *supra*, 8, 7-8 et 44 (VI, 3), 21, 15-17.

225. La relation père/fils par exemple n'est pas seulement une affaire de discours.

226. Une position que l'on pourrait retrouver chez Platon, *Théétète* 156a5-7 et 157a4-6. Ce fut celle de Boéthos de Sidon, d'après Simplicius, *Commentaire sur les* Catégories *d'Aristote* 9, p. 302, 15-17 ; Boéthos de Sidon est un philosophe péripatéticien du Ier siècle avant J.-C. (voir « Boéthos de Sidon », par J.-P. Schneider) qui a commenté les *Catégories* d'Aristote, et que cite Simplicius. Voir aussi, *infra*, 20,12-13 et 22, 5-11 ; et 44 (VI, 3), 21, 609.

227. Exemple tiré d'Aristote, *Catégories* 4, 2a3-4.

228. Voir, *supra*, 16, 25-35.

229. Nous traduisons ainsi le *kaì autó*.

230. Voir Aristote, *De l'âme* III 4, 429a17-18.

231. Allusion à la définition de la marche par Aristote : « car le mouvement propre des pieds, c'est la marche » (*De l'âme* I 3, 406a9). H.F. Müller, qui pense que *kaì podôn eînai* « est <l'acte> des pieds » est une glose interpolée, pourrait avoir raison ; mais cela ne change rien à l'argument développé par Plotin.

232. Voir de nouveau, *supra*, 16, 25-35.

233. Voir Aristote, *Éthique à Nicomaque* I 11, 1101a11-13. Voir sur cette question, le traité 36 (I, 5) : « Si le bonheur s'accroît avec le temps ».

234. Voir, *supra* en 16, 27.

235. Exemple emprunté à Sosigène, voir Dexippe, *Commentaire sur les* Catégories *d'Aristote.* I 3, p. 9,2.

236. Le grec dit « est écrite (*gegráphthai*) ».

237. Pour des exemples, voir celui de la tortue écrasée par des danseurs à la fin du chapitre 7 du traité 33 (II, 9) ; et celui des insectes détruits ou écrasés la fin du chapitre 32 du traité 28 (IV, 4).

238. Exemple tiré d'Aristote, *Catégories* 4, 2a4.

239. La traduction de ce texte très difficile s'inspire de celle proposée par A. Macé, dans *Platon, Philosophie de l'agir et du pâtir*, p. 25. Plotin prend une position très différente de celle de Platon qui définit la réalité par sa capacité à agir (*érgon*) et à pâtir (*pathós*). Au contraire, comme l'écrit

A. Macé, « Plotin défait la concordance qui est au cœur des inductions platoniciennes : la forme verbale passive (*gegráphtai*) ne suffit plus à désigner un pâtir. Le pâtir commence avec l'effet produit dans le patient : avec le devenir (*tò genómenon*) produit ».

240. Renvoi à ce qui a été dit, *supra*, en 16, 25-35.

241. Citation de *Physique* V 3, 226a26 ; voir 44 (VI, 3), 25, 38.

242. Une hypothèse attribuée au pseudo-Archytas par Simplicius, *Commentaire sur les* Catégories *d'Aristote* 9, p. 314, 16-18.

243. Voir ce qui a été dit, *supra*, en 17, 15-17.

244. Pour l'exemple du cygne, voir 17 (II, 6), 1, 32.

245. Si l'on en croit Aristote, dans la *Métaphysique* Δ 21, 1022b15.

246. Le bronze est un alliage de cuivre et d'étain.

247. Comme H.-S., nous lisons l'interrogatif *tínos*. Et nous construisons l'argument comme suit. 1) Apprendre (*máthēsis*) est un acte unique. 2) Or cet acte n'est pas une affection. 3) Selon la thèse adverse, celui qui apprend est passif. 4) Il sera donc affecté, sans qu'il existe un acte qui lui communique cette affection. Mais alors d'où proviendra cette affection ?

248. En *Métaphysique* Δ 22, 1022b15-20, Aristote associe l'affection au mal : « On appelle "affection", en un premier sens, la qualité suivant laquelle un être peut être altéré : par exemple le blanc et le noir, le doux et l'amer, la pesanteur et la légèreté, et autres déterminations de ce genre. En un autre sens, c'est l'acte de ces qualités et dès lors les altérations elles-mêmes. On entend aussi par là, particulièrement, les altérations et les mouvements nuisibles, et surtout les dommages fâcheux. Enfin, on appelle "affections" de grandes et cruelles infortunes. »

249. Voir les traités 27-28.

250. Comme le fait remarquer Aristote : « Voilà pourquoi, c'est toujours l'objet désirable qui meut, mais ce peut être un bien véritable ou seulement apparent » (*De l'âme* III 10, 433a28-29 ; voir aussi b 10-11.

251. Les manuscrits ont *apeíē*, ce qui ne donne pas de sens. Dans la marge d'un manuscrit, on trouve *kaì poioî*, une correction qui arrive à sauver le sens, et qui a été adoptée

par Ficin et par Creuzer. Mais déjà Bréhier (qui cependant imprime et traduit *kaì poioî*) avait remarqué que Simplicius, dans son *Commentaire aux* Catégories *d'Aristote* lisait *sépesthai*. Nous traduisons donc le *sapeíē* imprimé par H.-S.

252. L'expression *eis ousían ágein* correspond à l'expression *eis entelékheian ágein* que l'on trouve chez Aristote, *De l'âme* II 5, 417b10. L'expression se trouve déjà dans le *Sophiste* de Platon, où l'Étranger d'Élée tente d'expliquer la causalité impliquée dans *poieîn* : « Pour tout ce que d'un non-être antérieur, on amène à la réalité, le fait d'amener c'est produire, alors que le fait d'être amené c'est, je suppose, être produit » (219b). Voir aussi 17 (II, 6 = *Sur la réalité ou sur la qualité*).

253. Voir 44 (VI, 3), 22, 21.

254. Le terme *sumbebēkós* est le neutre du participe parfait actif du verbe *sumbaínein* qui signifie « aller avec ». Aristote en fait un concept qu'il définit en *Métaphysique* Δ 30. Un accident est ce qui va avec une réalité (*ousía*), qui lui appartient, qui est dit de lui, mais non « par soi (*kath' hautó*) ». On peut en donner la définition suivante : « Accident se dit de ce qui appartient à un être et peut en être affirmé avec vérité, mais n'est pourtant ni nécessaire, ni constant » (*Métaphysique* Δ 30, 1025b14-15).

255. Voir, *supra*, 20, 25-26.

256. Voir *Catégories* 10, 13a22.

257. Nous ne supprimons pas *tēn alloíōsin* comme le font H.-S. à la suite de Kirchhoff, car le texte semble être très bien attesté.

258. Voir, *supra*, 17, 15-19 ; et 44 (VI, 3), 21, 6-9 et 22, 23-25.

259. Nous traduisons le texte édité par H.-S. *táde hoûtos*. Comme souvent chez Plotin, le masculin (*hoûtos*) désigne le sujet du verbe, tandis que le neutre (*táde*) indique son complément (de manière), qui renvoie au *tò autó* de la ligne 10.

260. Ici, c'est le sens pratique et anthropologique du terme prévoyance ; on ne le rend donc pas par « providence », comme c'est le cas dans d'autres traités.

261. Voir Sextus Empiricus, *Contre les savants*, VIII, 406-407.

262. En fait, nous avons compris ainsi cette phrase particulièrement elliptique, *all' ek toû eînai autòn állo ti* : <il a en effet produit ces traces>, mais cela provient du fait qu'il est autre chose <que simplement un marcheur> ; c'est un corps qui a un certain poids, et qui est chaussé de telle ou telle manière. comme cela est expliqué par la suite. L'acte de marcher ne produit en effet des traces que par accident. Nous avons utilisé une périphrase pour rendre compréhensible cette phrase elliptique.

263. Sous la catégorie de l'« avoir », Aristote ne range qu'une partie des sens que le mot peut prendre (1-5). Si l'on fait de l'« avoir » une catégorie, pourquoi ne pas en faire une du « couper », du « brûler » (5-11) ? Pourquoi la possession (*héxis*) relève-t-elle de la qualité et non de l'« avoir » (18-20) ? Quel rapport y a-t-il entre porter des armes pour un homme et pour une statue (20-23) ? Pourquoi introduire une nouvelle catégorie pour des cas si peu nombreux (23-24) ?

264. Aristote, *Catégories* 4, 1b27. En *Métaphysique* Δ 23, Aristote fait un inventaire des sens que peut prendre *ékhein*.

265. Exemple que l'on retrouve chez Aristote, *Catégories* 4, 2a3.

266. Une lacune *huión, kaì ho huiós, hóti ékhei* a été comblée grâce à Simplicius, *Commentaire sur les* Catégories *d'Aristote* 9, p. 368, 5 qui à cet endroit polémique contre Plotin.

267. *Catégories* 4, 2a3 : « L'avoir, par exemple, il est chaussé, il est armé. »

268. *Catégories* 15, 15 b19-22.

269. Allusion à la pratique consistant à utiliser son manteau comme couverture de lit (voir dans le *Banquet* 219b-c).

270. Le terme « état (*héxis*) » vient du verbe « avoir (*ékhein*) ». « État, en un sens, est comme un acte de ce qui a et est eu, quelque chose comme une action ou un mouvement » (*Métaphysique* Δ 20, 1022b4-5).

271. Plotin marque par là qu'il ne veut pas s'étendre sur le sujet.

272. Aristote, *Catégories* 15, 15b23.

273. Aristote, *Catégories* 4, 2a3.

274. Le grec dit *homonúmōs*, voir, *supra*, note 24. Pour un exemple similaire, voir Aristote, *Météorologiques* 389b 32-33.

275. Ces remarques sur les cas peu nombreux ne sont pas à première vue des remarques d'Aristote ; ce serait plutôt Plotin qui soulignerait cela.

276. Aristote, *Catégories* 4, 2a2-3. Les arguments contre la dixième catégorie sont du même type que celles concernant l'« avoir ». Cette catégorie ne recouvre pas tous les cas (1-2). Elle intègre la situation (catégorie « où ») et l'attitude (qualité) (3-6). Inconséquences diverses (6-fin)

277. Suivant la disposition des lits dans une salle de banquet, par exemple.

278. Aristote (*Catégories* 7, 6b11-12) tente de répondre à cette question. Le fait d'avoir une position et la position que l'on a sont deux choses. La première est une détermination accidentelle, non un relatif. En revanche, la seconde est un relatif parce que c'est une affection pour ce qui a une position.

279. On notera que Plotin clôt très brutalement cette section sur les catégories suivant Aristote, pour passer à celles suivant les stoïciens.

280. Les critiques contre les catégories des stoïciens, vont porter sur le « quelque chose » (*ti*) (25, 1-11), le substrat (25, 12-28, 26), la qualité (28), la manière d'être (30, 1-21) et la relation (30, 21-27).

281. L'un des témoignages le plus clair est le suivant : « Les stoïciens jugent bon de réduire les genres premiers à un plus petit nombre et ils reprennent certains de ces genres dans ce plus petit nombre, leur apportant des modifications mineures. Ils font en effet une division quadripartite en substrats, qualités, manière d'être et manière d'être relatives » (*Commentaire sur les* Catégories *d'Aristote*, p. 66,33-67, 2).

282. Il s'agit du *ti*. La critique portée contre le *ti* est simple. Le *ti* n'est pas un genre, puisque, dans la mesure où il n'est pas un corps, il équivaut, dans une perspective stoïcienne, au non-être (25, 1-11). Telle était déjà la position d'Alexandre d'Aphrodise : « Tu pourrais montrer ainsi que les partisans du Portique n'ont pas bien fait de poser le "quelque chose" comme genre de l'être, car s'il est quelque chose, il est évident que c'est aussi un être ; et s'il est un être, il devrait recevoir la définition de ce qui est. Mais ceux-là voudraient échapper à la difficulté en posant d'eux-mêmes la loi selon laquelle l'être se dit des seuls corps. C'est pour

cette raison qu'ils disent que le "quelque chose" est plus général que l'être, étant prédiqué non seulement des corps, mais aussi des incorporels » (Alexandre d'Aphrodise, *Sur les Topiques d'Aristote*, trad. R. Dufour, *Chrysippe*, n° 37).

283. On notera l'« effet de manches ». Mais la critique est claire : comment placer sous un même genre ces contraires que sont les corps et les incorporels ? L'objection sera déclinée de diverses façons dans la suite.

284. Voir l'article de P. Aubenque, « Plotin et le dépassement de l'ontologie grecque classique » ; celui de J. Brunschwig, « La théorie stoïcienne du genre suprême et l'ontologie platonicienne » et la réponse par V. Caston, « Something or nothing ; The stoics on concepts and universals ».

285. La critique lancée contre le substrat est la plus élaborée (25, 12-28, 26). 1) Le substrat n'est pas un genre commun à la matière et au corps, parce que le second dérive de la première (25, 11-25). 2) S'ils répondent que le corps n'est qu'une manière d'être de la matière (25, 25-33), il tombe dans la contradiction. a) La matière devrait d'elle-même passer à l'acte (26, 1-17. b) Si la matière est un corps, elle ne peut être un principe (26, 17-23). c) Enfin, elle n'a ni dimension, ni résistance ni unité comme un corps (26, 23-37). 3) On ne peut faire de la matière un substrat et un principe du réel, car un substrat est relatif à un attribut ; or si l'attribut est non-être, c'est aussi le cas de la matière (27, 1-33). 4) Si la matière est la seule substance, il faut ramener l'âme à la matière (27, 33-47). 5) On peut ajouter à celles qui viennent d'être énumérées d'autres contradictions (28, 10-26).

286. Sur le statut et le rôle de la matière chez les stoïciens, on peut citer ce témoignage : « Ils affirment que la matière première est la substance (*ousía*) de tous les êtres, comme le prétendent Chrysippe, au premier livre des *Physiques*, et Zénon. La matière est ce à partir de quoi n'importe quelle chose est engendrée, et c'est d'une double manière que l'on parle de la substance et de la matière : il y a celle de l'univers et celle de ses parties. ainsi. La matière de l'univers ne s'accroît ni ne diminue, alors que celle de ses parties s'accroît et diminue » (Diogène Laërce VII 150, 1-6, trad. R. Dufour, *Chrysippe*, n° 325).

287. Une impossibilité dénoncée par Aristote : « dans les choses où il y a de l'antérieur et du postérieur, il n'est pas

possible que ce qui est attribué à ces choses existe en dehors
d'elles », *Métaphysique* B 3, 999a6-7 et, *infra*, 1, 27-28.

288. Sur la question du principe dont tout viendrait, voir
Aristote, *Métaphysique* A 3, 983b9-11 et 12. Sur la position
des stoïciens, voir 12 (II, 4), 1, 6-11 et la note à la traduction
de ce passage par R. Dufour. Bref, comme le fait remarquer
J.-B. Gourinat (*La Dialectique des stoïciens*, p. 130), la position de Plotin est la suivante : tout compte fait, pour les
stoïciens, il n'y a que deux genres, la matière en quoi consiste
le substrat, et ses affections (*páthē*) auxquelles doivent être
ramenées qualité, manière d'être et manière d'être relative.

289. Sur *ógkos*, voir L. Brisson. « Entre physique et métaphysique. Le terme *ógkos* chez Plotin, dans ses rapports avec
la matière et le corps ». Chez Plotin, *ógkos* que nous traduisons par « masse » désigne un état de la matière pourvue
de grandeur ; voilà pourquoi la « masse » (*ógkos*) peut être
divisée, alors que ne le peut pas la matière (*húlē*) qui est
dépourvue de grandeur.

290. Ce qui va contre le principe énoncé par Aristote
(*Métaphysique* Θ 8, 1049b5) suivant lequel l'acte doit être
antérieur à la puissance. Ce chapitre développe un certain
nombre d'objections contre la notion stoïcienne de divinité.

291. Dans 25 (II, 5), 3, 28-29, on lit en effet : « Ce qui est
"en puissance" désire en effet être mené "à l'acte" par une
autre chose qui vient en lui, afin qu'il devienne quelque
chose "en acte". »

292. Les stoïciens qui posent comme principes simultanés
le *lógos* (actif) et la matière (passive).

293. Ce que ne peut accepter Plotin, comme il le dit dans
le traité 39 (VI, 8), 14, 41.

294. Sur la question des rapports entre dieu et la matière
dans le stoïcisme, on se reportera à ce témoignage de Plutarque : « Puisqu'ils font de dieu (qui est un principe) un
corps intelligent et un intellect dans la matière, ceux-ci
montrent qu'il n'est ni pur, ni simple, ni incomposé, mais
qu'il vient d'autre chose et existe par autre chose. La matière
étant en elle-même privée de raison et sans qualité, possède
la simplicité et la nature d'un principe. Donc dieu, s'il n'est
pas incorporel et immatériel, participe de la matière comme
d'un principe. Car si la matière et la raison sont une seule
et même chose, ils ont tort de prétendre que la matière est

privée de raison. Mais si elles sont différentes, dieu serait aussi une sorte de gardien pour ces deux choses et il ne serait pas simple, mais composé. Dieu acquerrait la corporéité par l'ajout de l'intelligence à la matière » (Plutarque, *Des notions communes, contre les stoïciens*, 48, 1085b-c, trad. R. Dufour, *Chrysippe*, n° 381). Voir aussi Galien, *Sur les qualités incorporelles* XIX, p. 476, 4-477, 7, traduit dans le n. 321, *infra*.

295. Pour les stoïciens (et notamment Zénon), dieu est un corps, voir Chalcidius, *Commentaire sur le* Timée *de Platon*, 194 ; et Hippolyte, *Réfutations de toutes les hérésies* 21, 1.

296. Pour cette représentation de dieu comme un composé (*súnthetos*), voir Plutarque, *Des notions communes contre les stoïciens* l48, 1085b.

297. Il s'agit de la définition du corps par les stoïciens : « la définition du corps est seulement celle-ci : une étendue dans les trois dimensions et accompagnée de résistance » (Galien, *Sur les qualités incorporelles* XIX, p. 484, 1-2). Pour Plotin, un corps doit être étendu dans les trois dimensions ; voir 40 (II, 1), 6, 47-50. Et dans le traité 17 (II, 6), 2, 12, la résistance (*antitupía*, voir, *infra*, 28, 20) est associée à la tridimensionnalité.

298. Les stoïciens pour qui, selon Plotin, tout est corps. Or tout corps possède une masse (la masse étant définie comme la matière pourvue d'une certaine grandeur) et présente présente les deux caractères suivants : il est pourvu des trois dimensions et il présente une certaine résistance.

299. Le traité 34 (VI, 6) commence ainsi : « Est-il vrai que la multiplicité soit un éloignement de l'Un, et l'illimitation un éloignement total de l'Un, parce qu'elle est une multiplicité à laquelle on ne peut assigner un nombre ? »

300. Le pluriel fait référence aux stoïciens.

301. Résumé de ce qui a été dit dans le chapitre précédent à partir de la ligne 11.

302. Pour *súnthetos*, voir, *supra*, 26, 16.

303. Le *pōs ékhon* est une « catégorie stoïcienne », voir la série, *supra*, en 25, 1-3. On retrouve la formule dans le traité 2 (IV, 7), 4, 16-17 et dans le traité 12 (II, 4), 1, 10. Comme le dit R. Dufour dans une note à sa traduction de ce dernier passage, Sextus Empiricus donne cet exemple de « manière d'être » ; « la connaissance scientifique est la faculté directrice disposée d'une certaine manière, comme le poing est la

main disposée d'une certaine manière » (*Esquisses pyrrho-niennes* II, 81).

304. Pour une critique de la notion de dieu suivant les stoïciens, on se reportera à Alexandre d'Aphrodise, *Sur le mélange* 226, 10-30. Ce passage commence par ces mots : « Ils ont semblé soutenir, à en juger par ce qu'ils disent, que dieu est la forme de la matière. »

305. Pour ce terme qui se trouve à l'extérieur (*éxō*), voir la ligne 8. Il s'agit donc de dieu.

306. Homère, *Iliade* IV 417.

307. Pour l'image, voir 28 (IV, 4), 33, 6 sq. et 34, 30 ; et 38 (VI, 7), 7, 16.

308. On retrouve le *pōs ékhon* de la ligne 7, voir, *supra*, la note 303. Il faut conclure de là que le dieu n'est qu'une manière d'être de la matière.

309. Contrairement à Plotin, pour qui la matière est un non-être, voir le traité 12 (II, 4), 14.

310. Voir 44 (VI, 3), 8, 30.

311. Ils font provenir le monde de la matière qui n'est que puissance, et qui donc n'est pas une réalité (pour cette critique, on se reportera aux lignes 33-34, *supra*). Voir 44 (VI, 3), 8, 30-31.

312. La matière.

313. Voir Galien, *Sur les qualités incorporelles* XIX, 476, 4-477, 7, cité dans la note 321, *infra*.

314. C'est-à-dire de la matière.

315. Il s'agit de la matière, suivant Plotin, voir la Notice au traité 12, p. 234-235.

316. Selon Plotin (12 (II, 4), 1, 7), pour les stoïciens les corps sont bien l'être véritable (*tà sốmata tà ónta*). Sur cette doctrine stoïcienne, voir la note 282.

317. Il s'agit ici de l'*húparxis*. Sur ce terme, voir H. Dörrie, « *Hypostasis*, Wort und Bedeutungsgeschichte » ; et C. Rutten, « *Hyparxis* et *hypostasis* chez Plotin ».

318. Cette image se retrouve dans le traité 27 (IV, 3), 10, 31, 12-14. Mais ici, l'ombre c'est la matière (27 (IV, 3), 10, 5-10 ; voir aussi 9, 28).

319. Ce tout, c'est la matière.

320. Pour *hupobáthra*, voir la note au traité 44 (VI, 3), 4, 3. Il s'agit là d'une interprétation de *Timée* 52b1. Comme le

font H.-S., nous déplaçons le *hupobáthra* de la ligne 17 à la ligne 18.

321. Ce sont les stoïciens selon Galien : « Si chacun des accidents est aussi un corps, que veulent-ils dire lorsqu'ils affirment que le corps seul est divisé à l'infini, et non pas également la configuration et aussi, par exemple, le doux et chacune des autres qualités (et j'entends par là qu'elles sont divisées non pas au sens où elles sont unies à un corps, ni par analogie avec ce qui est familièrement appelé un corps, mais aussi au sens propre du terme) ? Pourquoi, comme je le disais, affirment-ils que la définition du corps est seulement celle-ci : "une étendue dans les trois dimensions et accompagnée de résistance", et ne définissent-ils pas ainsi la couleur, l'odeur, la saveur et chacun des autres accidents ? Mais ils affirment que ceux-ci sont tous des corps (car même s'ils diffèrent par l'espèce, ils disent que ce sont tous, de manière générale, des corps), [...] lorsqu'ils définissent chacun des accidents, ils doivent dire "substance corporelle étendue dans les trois dimensions et accompagnée de résistance" (Galien, *Sur les qualités incorporelles* XIX, 483, 8-484, 5, trad. R. Dufour, *Chrysippe*, n° 394).

322. Dans le traité 12 (II, 4), 6-16 ; et 26 (III, 6) 6-19.

323. Contre la catégorie de la qualité (chap. 29), Plotin dénonce une série de contradictions. 1) Si les qualités sont des corps, elles doivent être constituées de forme et de matière (29, 1-6). 2) Comme qualités et substrat sont des espèces du même genre, elles ne s'excluent pas (29, 6-10). 3) La qualité ne peut être à la fois forme ou raison et matière qualifiée (29, 10-25). 4) L'intellect affirmerait de lui-même qu'il est une manière d'être de la matière (29, 25-36).

324. Par voie de conséquence, la matière est entièrement passive. Sur *drastéria*, voir le traité 2, chap. 4, 11 ; 8^1, 4 ; ce terme est par ailleurs un terme technique stoïcien. Cela revient à donner aux qualités (*poiá*) toutes les caractéristiques des « raisons » (*lógoi*) pour Plotin, ce qui contredit la doctrine stoïcienne où les qualités (*poiá*) sont considérées comme les manières d'être de la matière. Sur le sujet, voir A. Graeser, *Plotinus and the Stoics*, p. 95-96.

325. *Antidiastéllousa* est un *hapax*.

326. Voir ce qui est dit de la division dans le *Politique* (262a-263a).

327. Cette objection recoupe celle d'Alexandre d'Aphrodise, *De l'âme* 17, 15-18, 10.

328. Nous acceptons la correction proposée par H.-S. Le datif *tetártōi* (quatrième) n'a pas de sens dans ce contexte.

329. Le terme est *húpostasis.* Voir, *supra,* la note 317.

330. Le quatrième genre, c'est la manière d'être relative, déjà évoquée, *infra,* en 25, 3. Si le poing est la main disposée d'une certaine manière, le fait d'être à droite ou à gauche pour le poing est une manière d'être relative, voir *SVF* II 416-418.

331. L'intellect considéré comme le *logos* stoïcien.

332. Sur les prosopopées dans les traités, voir la note de J.-F. Pradeau à sa traduction de 30 (III, 8), 4,2.

333. Il s'agit de l'intellect dans l'âme.

334. La manière d'être ne peut être à la fois une catégorie et toutes choses, sauf dans le cas de la matière (30, 1-20).

335. Argumentation similaire chez Dexippe, *Sur les* Catégories *d'Aristote* 38, 34, 19-24.

336. Les lignes 9 à 21 développent une argumentation dont on retrouve la substance chez Dexippe, *Sur les* Catégories *d'Aristote* 38, 34, 19-24. La question évoquée dans les lignes qui précèdent fut discutée chez les stoïciens : « Alors que les philosophes du Portique estiment que la catégorie de l'avoir se ramène à la manière d'être, Boéthos de Sidon (sur ce personnage, voir, *supra,* note 226) soutient le contraire, pensant qu'il ne faut pas la ramener à la catégorie de la manière d'être ni à celle des choses relatives, mais qu'elle est une catégorie à part » (Simplicius, *Commentaire sur les* Catégories *d'Aristote* 9, p. 373, 7-8, trad. R. Dufour, *Chrysippe,* n° 415).

337. Manière d'être se dit *pōs ékhon,* et « avoir » se dit *ekheîn* ; d'où la tentation de rapprocher les deux

338. En l'occurence, le *ti.*

339. Voir le témoignage de Sextus Empiricus : « Que les manières d'être relatives soient seulement préservées par la pensée et qu'elles n'aient pas d'existence, il est possible de le faire voir à partir de l'accord mutuel des dogmatiques. Car lorsqu'ils décrivent le relatif, ils affirment de manière unanime qu'"un relatif est ce qui est conçu par rapport à autre chose" » (Sextus Empiricus, *Contre les savants* VIII 453, trad. R. Dufour, *Chrysippe,* n° 419).

340. Voir, *supra*, chap. 25, 16-17.
341. Les platoniciens.

TRAITÉ 43

1. Les plus anciens manuscrits ne comportent pas la mention *deúteron*.
2. Il s'agit des dix catégories d'Aristote, évoquées dans le traité 42 (VI, 1), 1, 15- 24, 12.
3. Ce sont les stoïciens, dont on a discuté les thèses dans le traité 42 (VI, 1), 25, 1-30, 27.
4. Après la critique de la position stoïcienne, Plotin présente la position platonicienne 1, 1-5). Il commence par évoquer six hypothèses (1, 5-16). Avant de commencer la discussion, il convient cependant de distinguer entre le sensible et l'intelligible (1, 16-33).
5. Dans le *Sophiste* 244b-245c et dans le *Parménide* 141c9-10. Les autres, ce sont Aristote et les stoïciens, voir le traité 42 (VI, 1), 1, 5-9.
6. Le *par' hautoîs* se rapporte au *toû óntos ê tôn óntōn* de la ligne précédente. Dans le traité 45 (III, 7), 6, 29, on trouve la formule *prosthḗkē toû aeí*.
7. Quasi-citation de *Timée* 28a3-4, voir aussi 28a1.
8. À la façon des stoïciens, comme on l'a vu dans le traité précédent, voir la note 282.
9. C'était l'opinion d'un platonicien influencé par le stoïcisme comme Sévère, un platonicien du second siècle de notre ère : « Dans les définitions en effet, nous avons coutume de fixer d'abord ce qu'est (*tí esti*) une chose, et on ne parle pas là d'un genre, comme le pense le platonicien Sévère, qui dit que ce *tí* est ici un genre commun à l'être véritable et à l'être devenu, que par *tí* est désigné l'univers : dans ce cas en effet, et l'être devenu et l'être véritable qui est toujours seraient également l'univers » (Proclus, *Commentaire sur le* Timée I, 227, 13-16, trad. A.J. Festugière modifiée) ; voir aussi le traité 42 (VI, 1), 25, 3-7.
10. Le niveau de réalité n'est pas le même, voir 44 (VI, 3), 15-31-33. Dans un cas il s'agit d'un individu sensible, et dans l'autre de son image ; l'image illustre la différence qui

sépare une chose sensible qui n'est que l'image de la réalité intelligible dont elle participe.

11. *Timée* 27d5 : *prôton diairetéon táde*. Plotin fait servir cette formule à sa critique des stoïciens.

12. Dans la formule *tí tó òn aeí* en *Timée* 27d6. Timée déclare en effet : « Or, il y a lieu, à mon sens, de commencer par faire ces distinctions : qu'est-ce qui est toujours, sans jamais devenir, et qu'est-ce qui devient toujours, sans être jamais ? De toute évidence, peut être appréhendé par l'intellect et faire l'objet d'une explication rationnelle, ce qui toujours reste identique. En revanche, peut devenir objet d'opinion au terme d'une perception sensible rebelle à tout explication rationnelle, ce qui naît et se corrompt, ce qui n'est réellement jamais » (27d-28a). Plotin aborde la question du *aeí* dans le traité 38 (VI, 7), chap. 3 ; voir la note 26 de F. Fronterotta à sa traduction de ce passage.

13. L'être véritable, l'intelligible, ne dément jamais sa nature d'être, par opposition à la matière qui ne cesse d'induire en erreur, voir 12 (II, 5), 5, 23.

14. Dans le traité 44 (VI, 3), 2, 1-4.

15. Sur cette distinction (être véritable/devenir), voir le *Timée* 52d3 et le traité 23 (VI, 5), 2, 11.

16. Voir, *supra*, chap. 1, 13.

17. C'est la question à laquelle vont tenter de répondre les chapitres 2 et 3. La réponse est bien sûr négative en ce qui concerne l'infini. Mais dans le chapitre 2, Plotin affronte deux questions : L'être a-t-il à son sommet un genre unique ou plusieurs genres indépendants ? S'il y en a plusieurs, ces genres sont-ils en même temps des principes ? Plotin répond à ces deux questions surtout à partir du *Sophiste*. Il y a une pluralité de genres indépendants (2, 1-10). Et puisque ces genres sont les constituants de l'être, ils sont aussi des principes (2, 10-17). Ces réponses suscitent elles-mêmes des questions. Comment ces genres interviennent-ils dans la formation de l'être (2, 18-26) ?, question qui reste en suspens. Deuxième question : si l'on admet que l'être est un (interprétation de la seconde hypothèse du *Parménide* de Platon), comment concilier l'unité avec la formation de l'être à partir de genres indépendants ? S'il n'y a pas de genre unique, on perd l'unité de l'être, et s'il y a un genre unique, on perd sa multiplicité (2, 26-35). La réponse c'est que la source unique

des cinq genres est l'Un qui n'est pas lui-même un genre (3, 1-9). Cela dit, le premier principe, ne peut être considéré comme le premier genre (3, 9-20). Son unité n'est pas celle d'un genre, mais celle d'un tout (3, 20-36).

18. *Parménide* 145a2. La suite est un commentaire de la seconde hypothèse de la seconde partie du *Parménide* qui correspond au second principe chez Plotin, celle de l'intelligible et de l'intellect. Pour un commentaire similaire, on se reportera au traité 10 (V, 1), chap. 8 ; voir la note 144 de F. Fronterotta à sa traduction de ce passage.

19. Voir, *infra*, chap. 4, 18.

20. Le *<d'>* proposé par Theiler semble s'imposer.

21. Hypothèse évoquée par Aristote : « Mais si l'on se rend à cette raison, on doit supposer que ce qui est plus universel est plus principe, de sorte que ce sont les genres premiers qui seraient principes » (*Métaphysique* B 3, 999a22-23).

22. Dans les dernières lignes de ce paragraphe, Plotin illustre son propos en évoquant les éléments à partir desquels est fabriqué le monde sensible.

23. Une allusion à la théorie du mélange total si importante chez les stoïciens, pour lesquels deux ou plusieurs corps pouvaient, en conservant leur nature propre, s'unir de manière à ce qu'un corps s'étende à la totalité d'un autre sans qu'il y ait accroissement. Ici, il y a transposition, puisque Plotin parle de genres. Plotin a consacré le traité 37 (II, 7) à la question du mélange total.

24. Voir, *infra* 19, 12-17.

25. Suivant cette traduction, on peut accepter indifféremment le singulier *súnthesin* « composition » ou le pluriel *sunthéseis* que l'on trouve dans la famille de manuscrits w. Nous avons ajouté « qui sont au fondement de la réalité » pour rendre la phrase compréhensible.

26. Nous gardons le texte des manuscrits *pròs hà*, qui fait sens comme le montre notre traduction, et refusons la correction de Theiler *pósa* acceptée par H.-S.

27. Nous considérons *epeidè* comme elliptique et donc comme régissant un verbe sous-entendu et nous comprenons « lorsque cela sera fait ».

28. Nous parvenons à cette traduction parce que, à la différence de H.-S. qui optent pour *autês* avec un esprit doux

comme c'est le cas dans la plupart des manuscrits, nous lisons *hautễs* avec un esprit rude. Une famille de manuscrit porte *autoîs* ; d'où la traduction de Bréhier : « Mais une telle thèse serait la destruction des espèces elles-mêmes. »

29. *République* IV 525e1-4 ; *Parménide* 144e3-4.

30. Pour cet exemple, voir Aristote, *Métaphysique* Γ 4, 1007a32-33.

31. Voir, *supra*, 2, 31.

32. L'être, c'est-à-dire l'intelligible, ne peut être ramené à un seul genre (*huph' hén*, voir 2, 30), mais il dérive de l'un (*aph' henós*).

33. Le *kath' autốn* est ainsi traduit par « qui les concerne ».

34. C'est ainsi que nous traduisons e*pinoíais*, car en français « intellection » peut signifier non seulement l'action, mais aussi le résultat de l'acte. En l'être, tout est en même temps (*hómou pánta*), et l'établissement de distinctions entre les êtres est le fait de notre intellect. On retrouve la même idée dans le traité 12 (II, 4), 3, 2 et dans le traité 33 (II, 9), 1, 40 appliquée à d'autres contextes ; sur l'usage fait par Plotin de la formule attribuée par Aristote à Anaxagore (*hómou pánta*), voir la note 15 de F. Fronterotta à sa traduction du traité 38 (VI, 7). Plotin parle ici à la fois du second principe (intellect/intelligible) et de la seconde hypothèse du *Parménide* de Platon sur « l'un qui est ».

35. Les meilleurs manuscrits portent *polúkhnoun*, voilà pourquoi, même s'il s'agit d'un *hapax* chez Plotin, nous traduisons ce terme qui donne un excellent sens. Nous refusons donc la correction proposée par Igal qui voudrait lire *polúnoun* et que suivent H.-S. On retrouve *polúnous* dans ce traité, en 21, 4, mais le terme est alors appliqué à l'intellect (*noûs*) et non à l'un (*hén*).

36. Le double mouvement de la dialectique, rassemblement et division. Voir le traité 20 (1, 3) *Sur la dialectique*, 4, 10-19.

37. La pensée discursive (*diánoia*) peut être considérée comme un intellect qui divise, tandis que l'intellect véritable (*noûs*) se présente comme un acte d'intuition où tout se trouve ensemble.

38. Si l'on considère que l'unité de l'être fait intervenir le rapport du tout à la partie, on doit s'en remettre à une

méthode impliquant l'intuition globale du tout, et qui doit être appliquée à la fois dans le cas du corps (4, 1-12) et dans celui de l'âme (4, 16-6, 20).

39. Cet exemple sera repris dans le traité 44 (VI, 3), 8, 5.

40. Que le corps.

41. Plotin associe le second principe à l'un de la seconde hypothèse du *Parménide* de Platon, voir, *supra*, note 34.

42. Nous explicitons *eis toûto*. Sur le mouvement de remontée à la recherche de l'Un, voir le traité 5 (V, 9), 2.

43. Il semble qu'il s'agisse là d'une allusion à *Phédon* 78d-80b.

44. On trouve ici *proekheirístē*, que nous avons traduit par « que nous avons saisie ». En fait, cette saisie est différente du sensible désignée par *lábōmen*. Dans l'intelligible, tout est déjà « sous la main ». Commentant les *Sentences* de Porphyre, J. Pépin a consacré une longue note, remarquable, à l'histoire et au sens du terme *prokheirísis* (tome II, p. 457-470, pour Plotin, 459-463 et pour notre passage, p. 460). L'âme est du côté de l'intelligible, tandis que le corps est du côté du sensible. C'est donc à partir de l'intelligible ou du sensible que la recherche doit commencer selon le cas.

45. Expression qui se trouve dans la *République* VI 508c1 et VII 517b5.

46. Voir, *supra*, 4, 12-18.

47. Nous considérons que *hḕ ex éti pántē pántōs henòs* n'a pas de sens. Nous ne traduisons pas ce membre de phrase.

48. Le terme *autoén* est rare chez Plotin. On le retrouve dans le traité 49 (V, 3), 12, 51, où il désigne comme ici l'Un qui est au-delà de l'être.

49. On parle non pas de l'Un premier principe qui produit la pluralité intelligible, mais bien de la production de la pluralité sensible, la pluralité discontinue (*diestēkhós*), dans le temps et l'espace.

50. Voir L. Brisson, « *Logos* et *logoi* », Pour d'autres définitions de l'âme comme *lógos*, voir le traité 41 (IV, 6), 3, 5 et le traité 38 (VI, 7), 5, 3.

51. La formule *tò eînai* suivie d'un datif est typiquement aristotélicienne pour désigner le *tí esti*, « ce qu'est une chose », son être, sa « quiddité » suivant une certaine scolastique ; voir 3 (III, 1), 1, 14. En *Métaphysique* Z 10, 1036a1, Aristote déclare : « l'être de l'âme et l'âme sont une même

chose », puis en H 3, 1043b2-4 : « L'âme et l'être de l'âme sont, en effet, identiques, mais l'être de l'homme et l'homme ne sont pas identiques, à moins que l'âme ne soit aussi désignée du nom d'homme : alors, dans ce dernier cas, une chose est identique à son être, tandis que, dans l'autre, elle ne l'est pas ».

52. Une allusion à deux des cinq grands genres du *Sophiste*.

53. Reprise d'une expression de Platon, *Phèdre* 245c9, mais dans un tout autre contexte. Dans le *Phèdre*, l'âme est présentée comme la source et le principe du mouvement.

54. Reprise d'une expression de Platon, *Parménide* 145a2. En fait l'âme en tant que telle correspond à la soi-disant troisième hypothèse de la seconde partie du *Parménide* (155e3-157b4) de Platon.

55. Il s'agit des cinq grands genres du *Sophiste*. Leur analyse se poursuit aux chapitres 7 et 8. En voici l'inventaire : le Mouvement (7, 1-24) ; le Repos (7, 24-45) ; l'Être (8, 1.-24) ; le Même et l'Autre (8, 25-49).

56. Il s'agit là d'une allusion au *Sophiste* 249a9-b3.

57. Nous traduisons le *dunēthēi* des manuscrits, et non la correction proposée par Igal *ēdunēthē* et imprimée par H.-S.

58. Il s'agit en fait de la chose sensible qui participe de la forme intelligible et qui tire son nom de lui, voir *Parménide* 133c-d. Voir 44 (VI, 3), 22, 16-18.

59. Pour cette remarque sur la peinture sans vie, voir *Timée* 19b-c et chez Plotin, dans le traité 38 (VI, 7), 5, 16.

60. Pour la formule, voir *Parménide* 142d1. Comme on l'a déjà dit, pour Plotin l'« un qui est », c'est le second principe, celui de l'Intelligible et de l'Intellect.

61. Sur la *diánoia*, voir 27 (IV, 3), 29, 22-26 et 49 (V, 31), 2, 8-14 et 3, 6.

62. Il s'agit là d'une polémique contre Aristote qui, s'opposant à la définition de l'âme comme source et principe du mouvement par Platon, écrit : « De sorte que, si tout mouvement constitue un changement d'état du mobile en tant qu'il se meut, l'âme aussi abandonnera sa réalité, s'il est vrai qu'elle ne se met pas en mouvement accidentellement et qu'au contraire, le mouvement équivaut à la réalité même qui la constitue en soi » (*De l'âme* I 3, 406b12-15). Cette remarque s'explique par ce qu'Aristote dit du mouvement :

« tout changement par nature fait naturellement sortir de son état » (*Physique* IV 13, 222b16). En d'autre terme si l'âme se donne à elle-même son mouvement, c'est qu'elle a pour point de départ le non-mouvement. L'objection vaut pour le sensible seulement. Or, pour Platon et donc pour Plotin, le mouvement ne se réduit pas au sensible.

63. Celle de l'être, l'être en définitive.

64. Sur *prokheirízesthai*, voir, *supra*, note 44.

65. *Sophiste* 248a12.

66. Il semble qu'il faille ici donner à *lógos* le sens de « raison ». Comme on se trouve dans l'intelligible, les réalités véritables y sont vraiment unes, les *lógoi* permettant de démultiplier leurs effets dans le sensible.

67. *Sophiste* 249c1.

68. Plotin semble établir ici une équivalence entre *ousía* et *eînai*.

69. Voir, *supra*, ligne 7. Sur les rapports entre le mouvement et l'être, voir le traité 17 (II, 6), 1, 5.

70. Pour un commentaire très détaillé de ce chapitre 8, voir L. Brisson « De quelle façon Platon interprète-t-il les cinq genres du *Sophiste* (*Ennéades* VI 2 [43] 8 ? ».

71. Voir *Sophiste* 254d12.

72. Il s'agit là de l'étymologie de Kronos dans le *Cratyle* (396b), une étymologie que les néoplatoniciens postérieurs utiliseront pour décrire l'Intellect.

73. On trouve dans le *Cratyle* (401c) un passage que les néoplatoniciens mettront souvent à contribution et qui associe *ousía* à *Hestia*.

74. Il s'agit de l'Intellect, qui est activité pure. D'où l'adjectif *áupnos*, qui n'est utilisé que deux fois chez Plotin, ici et dans le traité 46 (I, 4), 9, 22 où il qualifie *enérgeia*.

75. Définition de l'intellect/intelligible, associée à la formule attribuée par Aristote à Anaxagore (*hómou pánta*) évoquée, *supra*, dans la note 34, et qui revient souvent chez Plotin. Voir 5 (V, 9), 7, 11-12.

76. Définition de l'éternité, voir 45 (III, 7), 3.

77. On trouve ici la triade : être, vie, pensée.

78. Pour définir l'éternité, Plotin commence par éliminer la dimension du futur (*méllon*). Puis il élimine le déjà (*hếdē*) qui doit correspondre au présent, car le passé semble être désigné par le déjà et le toujours déjà (*hếdē kaì aeì hếdē*). Sur

le temps chez Plotin, voir le traité 45 (V, 3) et la traduction et le commentaire de ce traité par W. Beierwaltes.

79. Probablement une allusion au fameux passage de la *Lettre* II (312e) sur les trois rois ; toutes choses viennent se ranger autour du premier. Sur l'interprétation plotinienne de ce passage, voir le traité 38 (VI, 7), 42, 10 et les notes de F. Fronterotta.

80. Voir *Sophiste* 254d4-5.

81. Allusion à *Sophiste* 245e4-255a1.

82. Voir le traité 42, chap. 25, lignes 20-21. Cela revient à dire qu'aucun de ces genres n'est subordonné à un autre à titre d'espèce.

83. De cette manière, Plotin échappe à la critique d'Aristote selon laquelle l'être n'est pas un genre et à celle des stoïciens selon laquelle tout se rapporte à un genre unique.

84. Dans les chapitres 9 à 18, Plotin va montrer qu'il ne peut y avoir d'autres genres que les cinq dont il vient de parler. Il procède par élimination : l'un qui est (9-12) ; la quantité (13) ; la qualité (14-15) ; le relatif, le lieu, le temps, l'action, la passion, l'avoir et la disposition (16) ; le bien (17) ; la beauté (18, 1-8) ; les vertus (18, 8-fin).

85. Il s'agit d'Aristote et de ses disciples, voir *Catégories* 4, 1b26-27.

86. L'un qui est, c'est-à-dire celui du second principe, l'Être, objet de la seconde hypothèse du *Parménide* de Platon, n'est pas une catégorie. Ce n'est pas un prédicat (9, 5-17). Tout comme l'être, il n'est pas un genre commun (9, 17-22). Il n'est même pas un genre premier, comme l'est l'être (9, 22-33), car entre autres choses il ne peut se diviser en espèces (9, 33-34). En fait, il s'agit de l'Un absolu (9, 34-39). Et l'un qui est dans l'être, comme celui de la deuxième hypothèse du *Parménide*, naît de la conversion de l'Être vers l'Un (9, 39-43). L'Un, pas plus que l'Être, n'est un genre commun pour les cinq grands genres (10, 1-24). De toute façon, le rapport des uns à l'un n'est pas un rapport de genre à espèces (10, 24-42). L'unité commune de tous les êtres n'est pas un genre (11). Pour sa part, le chapitre 12 donne l'impression de remarques faites sur ce qui précède.

87. Platon, *Parménide* 142a3-4.

88. Platon, *Parménide* 142d1.

89. Pour l'expression, voir, *infra*, chap. 10, 40,

90. Cette distinction a déjà été faite dans le traité 41 (VI, 1), 26, 34. Voir aussi Aristote, *Métaphysique* H 6, 1045b1-7, dans un autre contexte.

91. Voir, *supra*, ligne 7.

92. Voir, *supra*, lignes 8-9.

93. Voir le traité 42 (VI, 2), 1, 13.

94. Sur cette impossibilité, voir Aristote, *Métaphysique* B 3, 998b20-22 et I 2, 1023b22-24. Dans ce dernier passage, Aristote écrit : « Par conséquent, d'un côté, les genres ne sont pas des réalités, ni des réalités séparées des choses sensibles, et, d'un autre côté, l'un ne peut non plus être un genre, pour les mêmes raisons qui font que ni l'être ni la réalité ne peuvent être des genres. »

95. Ce sont des exemples qu'utilisent les stoïciens, voir notamment Sextus Empiricus, *Contre les savants* 9, 78. Et chez Plotin, dans les traités 32 (V, 5), 4, 31 ; 43 (VI, 2), 11, 8 et 16 ; 34 (VI, 6), 13, 18 ; et 9 (VI, 9), 1, 4, 5 et 32. Le chœur est une image qu'utilise tout naturellement Aristote en *Métaphysique* Λ 6-10. On se reportera aussi au traité 9 (VI, 9), 1, 4. Ces exemples permettent à Plotin d'illustrer la différence entre l'Un qui est au-delà de l'être, et l'un dans l'être qui suppose une relation entre unité et multiplicité. L'armée est une, même si elle se compose d'une multitude de soldats.

96. Le grec dit « dans les êtres qui sont un certain <être> ». Il faut comprendre que « un certain être » est « un être particulier ».

97. Nous considérons que le *kath' hoû alētheúsetai tò hèn hōs génos*, « en tant que l'un est affirmé comme genre », de la ligne 9 est une glose interpolée. Nous ne traduisons pas ce membre de phrase, et nous ne transposons pas *tò hèn hōs génos* aux lignes 5 et 6 comme le font H.-S.

98. Nous gardons le *oúte* des manuscrits, qui donne un sens acceptable, et refusons la correction proposée par Kirchhoff *oúde*.

99. Voir *Parménide* 142d1.

100. Pour l'expression voir, *supra*, 9, 12.

101. Comme l'explique Aristote dans la *Métaphysique* : « Aussi est-ce avec raison que l'un n'est pas considéré comme un nombre, car l'unité de mesure n'est pas une pluralité de mesures, mais l'unité de mesure et l'un sont tous deux principes » (N 1, 1088a6-8).

102. Voir 40 (II, 1), 1, 9.

103. Car alors, il serait différent comme le dit Aristote, « Différent se dit des choses qui, tout en étant autres, ont quelque identité, non pas selon le nombre, mais selon l'espèce ou le genre, ou selon un rapport » (*Métaphysique* Δ 9, 1018a13-14).

104. Voir, *supra*, lignes 16-17.

105. Nous n'acceptons pas l'ajout d'un *hén* comme le proposent H.-S. qui ne veulent pas départager les manuscrits. Le *kaì en polloîs* nous paraît faire sens.

106. Traduction de *en tôi tí esti*. Une définition est une réponse à cette question : « qu'est-ce que c'est ? ».

107. *Parménide* 142d1. C'est l'intelligible/intellect, voir, *supra*, 3, 7 et 9, 6 suivant l'interprétation de la seconde hypothèse du *Parménide* de Platon (voir 34 (VI, 6), 13, 52).

108. C'est-à-dire de l'un au-delà de l'être.

109. Il est possible que *allà gàr oudè tò ón* soit une glose interpolée. Mais la remarque s'intègre facilement dans l'argument, et nous la traduisons.

110. Pour le navire, voir 9 (VI, 9).

111. Pour cet inventaire de réalités discontinues, voir, *supra*, 10, 3-4 ; le traité 34 (VI, 6), 13, 18-25.

112. Dans la *Métaphysique*, Aristote déclare en effet : « On voit ainsi clairement que l'addition, dans tous ces cas, ne modifie nullement l'expression, et que l'un n'est rien d'autre en dehors de l'être » (Γ 2, 1003b31-32).

113. Principe général qui rappelle ce que Diotime veut faire comprendre à Socrate dans le *Banquet*. Le désir s'explique par un manque, qui est ultimement un manque relatif au beau et au bien. Seule la proximité par rapport au Beau et au Bien peut combler ce manque. Ce principe est déjà évoqué dans le traité 23 (VI, 5), 1, 19-20.

114. Peut-être un souvenir du mythe d'Aristophane, dans le *Banquet* de Platon où les deux moitiés d'un être humain primordial cherchent à reconstituer leur unité perdue.

115. Voir le traité 27 (IV, 3), du chap. 1, 16 au chap. 8.

116. *Anékhoito* fait allusion à la formule stoïcienne « supporte et abstiens-toi ».

117. Il s'agit de l'opposition *phúsis/tékhnē*. Cette opposition est invoquée comme fondement de la doctrine des athées dans le dixième livre des *Lois* de Platon. Chez Plotin, le

domaine de la nature est celui de la partie inférieure de l'âme du monde, alors que la technique qui ne peut que l'imiter se situe exclusivement au niveau de l'homme. Sur le sujet, voir L. Brisson, « La oposición *phúsis/tékhne* en Plotino », p. 11-29.

118. Principe que l'on retrouve dans la *Sentence* 10 de Porphyre : « Toutes choses sont en toutes, mais sur un mode approprié à l'essence de chacune ; elles sont en effet dans l'intellect sur le mode de l'intellection, dans l'âme sur le mode des « raisons », dans les plantes sur le mode de la semence, dans les corps sur le mode de l'image, et dans l'Au-delà sur le mode de la non-intellection et de la suressence » (trad. commune dans le cadre de l'UPR 76).

119. L'Être découle de l'Un considéré comme principe.

120. Il s'agit d'un prédicat numéral tout simplement. Voilà pourquoi il est « l'un qui est » en fonction de l'interprétation plotinienne de la seconde hypothèse de la seconde partie du *Parménide* de Platon.

121. *Parménide* 142d4.

122. Comme on l'a vu dans le chapitre précédent : « Quoi qu'il en soit, le point qui se trouve dans les lignes n'est pas un genre, ni leur genre, ni un genre en général […] » (*supra*, 10, 35).

123. Probablement au sens où Théophraste l'explique pour s'opposer à Speusippe et/ou Xénocrate, en évoquant la thèse suivant laquelle les objets mathématiques sont de pures constructions de la pensée humaine, alors que le Nombre en soi est aussi impuissant que les autres Formes : « Car ils (les objets mathématiques) semblent avoir été comme construits par nous, dans la mesure où nous revêtons les choses de figures et de formes et de proportions ; eux-mêmes n'ont aucune réalité propre ; et si ce n'est pas le cas, ils ne peuvent entretenir avec les êtres qui se trouvent dans la nature une relation permettant d'y introduire quelque chose comme la vie et le mouvement. Le Nombre en soi, que certains posent en premier et considère comme le souverain n'y parvient même pas » (*Métaphysique* 4a23-b5, trad. A. Laks et G. Most modifiée).

124. C'est le bien qui ici est désigné par *ekeî*, adverbe qui d'habitude désigne l'Intellect.

125. Nous traduisons *kaì tà kermatizómena* qui est le texte de la majorité des manuscrits qui fait un sens excellent,

et non *katakermatizómena* que l'on retrouve seulement dans le manuscrit U et qu'impriment H.-S. à la suite d'une suggestion de J. Igal.

126. Voir, *infra*, chapitres 19-20.

127. La quantité n'est pas un genre premier. Les nombres, qui relèvent de la quantité discontinue, forment une série ordonnée, et n'ont rien à voir avec le genre (13, 1-10). Les grandeurs, qui relèvent du continu, sont postérieures au nombre et s'ordonnent selon une série continue (13, 11-16). Enfin, on trouve quelques lignes sur la façon dont la quantité dérive des genres premiers (13, 16-31).

128. Voir, *supra*, 7, 6.

129. *Suneisiénai*, verbe qui désigne une pénétration conjointe ; c'est un hapax chez Plotin.

130. Voir, *supra*, 7, 27.

131. Cette phrase est presque impossible à traduire. Les datifs *hetérois* et *toîs autoîs* résulte d'une attraction par le datif *toútois*, pronom qui renvoie à la réalité, au repos et au mouvement qui viennent d'être mentionnés. Nous avons précisé le sens de *taûta* en traduisant « l'identité et la différence ». M. Crubellier a grandement contribué à cette hypothèse de construction.

132. Voir, *supra*, 8, 33 et sq.

133. Sur l'expression *éti mâllon hústeron*, voir 38 (VI, 7), 17, 16-25.

134. Il s'agit là d'une doctrine attribuée à Xénocrate par Aristote : « C'est de la même manière aussi que Platon dans le *Timée* fabrique l'âme à partir des éléments : en effet, le semblable est connu par le semblable, et les réalités dérivent des principes. De façon similaire aussi, dans l'ouvrage intitulé *Sur la philosophie*, il a été établi que le Vivant-en soi vient de la forme même de l'Un, de la Longueur première, de la Largeur première et de la Profondeur première, et qu'il en va de même pour le reste. En outre et d'une autre manière, l'intellect est représenté par l'un, alors que la science l'est par le deux, car c'est d'un seul tenant qu'elle progresse vers l'un ; le nombre de la surface, c'est l'opinion, et celui du volume, la sensation. En effet, les nombres sont, on le sait, considérés comme les Formes elles-mêmes et comme les principes, même s'ils dérivent des éléments. Par ailleurs, les réalités sont saisies les unes par l'intellect, les

autres par la science, d'autres par l'opinion, d'autres enfin par les sens ; et ces nombres, ce sont les Formes des réalités. Et puisque l'âme semble bien être quelque chose qui se meut et qui connaît, certains en ont fait une combinaison de ces deux choses, en définissant l'âme comme un nombre qui se meut lui-même » (*De l'âme* I 2, 404b16-30). Pour la traduction et un commentaire, voir L. Brisson, *Lectures de Platon*, p. 90-98.

135. Voir 44 (VI, 3), 13, 12-14 et 18-24.

136. Nous traduisons le texte édité par H.-S. et ne suivons ni Müller qui déplace le *hústeron* après *epinoías* ni Igal qui veut remplacer le *kaì* par un *kat'*. On trouve dans le traité 34 (VI, 6) 9, 13-14 qui s'interroge alors sur l'antériorité du nombre par rapport à l'être, un passage parallèle : « L'antériorité est-elle donc dans la notion (*têi epinoiâi*) qu'on en (= des nombres) a, c'est-à-dire dans leur saisie (*têi epibolêi*), ou se trouve-t-elle aussi au niveau de la réalité (*têi hupostásei*) ? » La question est examinée longuement au chapitre 12.

137. La qualité n'est pas un genre premier. Elle n'est qu'un accompagnement de la réalité (14, 1-22). Mais on ne peut dire la même chose des quatre genres premiers par rapport à l'être (15).

138. Sur la postériorité de la qualité par rapport à la réalité, voir 42 (VI, 1), 10, 16, 20 et le traité 17, *Sur la réalité ou sur la qualité* : « Ou alors il faut diviser la qualité de sorte que l'une soit la qualité réelle qui est le propre de la réalité, et l'autre seulement la qualité par laquelle la réalité est qualifiée, cette qualification ne produisant pas de différence dans la réalité, pas plus qu'à partir d'elle, mais une manière d'être ajoutée de l'extérieur à la réalité déjà complète, et un supplément à la chose qui est postérieur à sa réalité, qu'il s'agisse de l'âme ou du corps » (II, 6), 1, 24-39).

139. Chez Plotin, le verbe *parakoutheîn* présente un sens technique : il s'agit d'une variété d'attribut qui vient de l'extérieur, mais qui est permanent. Sur le sujet, voir aussi 44 (VI, 3), 3, 4-6 et 23-24 ; et 45 (III, 7), 10, 1-8.

140. Ces lignes se trouvent dans les manuscrits, mais H.-S. proposent de les supprimer parce qu'elles se retrouvent à l'identique chez Simplicius, dans son *Commentaire sur les Catégories d'Aristote* 8, p. 241, 17-20. Nous les conservons et les traduisons, car nous n'arrivons pas à concevoir com-

ment un lecteur savant aurait pu transporter ces lignes de
Simplicius dans un manuscrit de Plotin, même sous forme
de glose marginale qui ensuite serait passée dans le texte.

141. Les qualités (*poiótētes*) distinguent, alors que le
genre rassemble par la communauté (*koinótēs*) qu'il instaure,
voir 42 (VI, 1), 10, 5-10.

142. La réalité est ce qu'elle est est, et ne dépend en
aucune façon de la qualité qui vient s'adjoindre à elle après
coup ; sur le sujet, voir Simplicius, *Commentaire sur les* Catégories *d'Aristote* 8, p. 241, 20-22.

143. Dans le traité 17 (II, 6), 1, 15-29 et 1, 1-5 et 2, 20-32 ;
dans le traité 26 (III, 6), 17, 23-24 ; dans le traité 42 (VI, 1),
10, 20-27 et dans le traité 44 (VI, 3), 8, 12-13.

144. Voir 42 (VI, 1), 10, 58.

145. Voir, *supra*, 8, 25-49.

146. Nous revenons au texte des manuscrits en acceptant
le nominatif *enérgeia* et en refusant le datif *energeíāi* proposé
par Harder et imprimé par H.-S.

147. Dans le cadre de l'interprétation de la seconde hypothèse du *Parménide*, en 144e3, où l'Être du second principe
est considéré comme l'unité qui rassemble en un bloc la multiplicité des êtres.

148. Les autres catégories aristotéliciennes ne sont pas
des genres premiers, car elles supposent avant elles les êtres
sur lesquels elles portent (16).

149. Aristote déclare dans son *Éthique à Nicomaque* :
« Or on parle du bien à la fois pour indiquer "ce qu'est" (*tò
tí esti*) une chose, pour indiquer une qualité et pour indiquer
un relatif, mais ce qui est par soi, c'est-à-dire la réalité
(*ousía*), a naturellement priorité sur le relatif, car celui-ci a
l'air d'un "rejeton" et d'un accident de l'être (*paraphuádi gàr
toût' éoike kaì sumbebēkóti toû óntos*). Par conséquent, il ne
peut y avoir une quelconque forme idéale commune au-
dessus de ces réalités » (I 4, 1096a19-24).

150. Voir 42 (VI, 1), 6, 1-3.

151. Tout comme Harder, nous supprimons *kaì pròs állo*.
Il convient ici de rappeler ce passage du traité 12 : « Et le
caractère propre ne représente pas une addition, mais
consiste plutôt dans une manière d'être par rapport (*en skhé-
sei*) aux autres choses, étant donné que la matière est autre
chose qu'elles » (traité 12 (II, 4) 13, 26-28). Comme

l'explique R. Dufour dans une note à sa traduction de ce passage, il s'agit là d'un usage stoïcien : la *skhésis* est une manière d'être et le *prós ti* désigne le relatif. La matière tient donc son caractère propre du fait qu'elle est relative à autre chose, qu'elle en est différente. Cela montre le caractère d'infériorité de la *skhésis*.

152. Aristote, *Physique* IV 5, 212b13-16 ; voir le traité 42 (VI, 1), 14, 9 ; voir aussi 13, 1.

153. Dans l'intelligible, où se trouve l'ensemble des réalités pour lesquelles le lieu n'existe pas. Mais paradoxalement Platon parle de « lieu intelligible » pour désigner le domaine des réalités véritables, des formes intelligibles. Voir *République* VII 517b évoqué par Plotin en 24 (V, 6), 6, 14, 31 (V, 8), 13, 23.

154. C'est la définition du temps que propose Aristote en *Physique* IV 12, 220b32-221a1.

155. Voir 43 (VI, 1), 13, 20.

156. Voir 43 (VI, 1), 22, 5-6.

157. Pour *ékhein*, voir 43 (VI, 1), 13, 20.

158. Pour *keîsthai*, voir 43 (VI, 1), 24, 1-8.

159. La formule « une chose est dans une autre d'une manière déterminée » (*állo en állōi oútōs*) se trouve anticipée par ce qui est dit dans le traité 42 (VI, 1), 30, 19-20.

160. Le bien n'est pas un genre premier non plus, et cela pour les mêmes raisons que pour l'un auquel il est apparenté (17, 1-15). Dans les êtres, il y a en lui de l'antérieur et du postérieur, ce qui le disqualifie comme genre (17, 15-19). De plus, avant d'être bon, tout être est un être (17, 19-22). Le Bien au-delà de l'être a une unité qui n'est pas générique (17, 22-25). Et si on le considère comme le mouvement de l'Être vers l'Un, il faut l'assimiler à un mouvement (17, 25-30).

161. Formule que l'on trouve dans le *Philèbe* 60b10.

162. Il s'agit du Bien, *epékeina tês ousías* dans la *République* VI 509b9. Voir, *infra*, ligne 21.

163. La conclusion du syllogisme est évidente : la qualité bien n'appartient pas aux genres premiers.

164. Voir, *supra* chap. 2, 7-8.

165. C'est la définition du genre que l'on retrouve aussi, *supra*, au chap. 10, 30 et 38.

166. Voir, *supra*, chap. 11, 40 et 47.

167. Platon, *Parménide* 144e5. Dans la seconde hypothèse *Parménide* qui a pour objet l'être, suivant l'interprétation de Plotin, le bien indissociable de l'un ne peut être que celui qui est dans l'être.

168. Voir, *supra*, chap. 7, 5.

169. Quel que soit le sens que l'on donne à ce terme, il ne peut être un genre (chap. 18, 1-8). Voir le *Banquet* 210e5.

170. On trouve le terme *kallonē* dans le *Banquet* (206d2).

171. Remarque intéressante sur le rapport entre *kínēsis* « mouvement » et *enérgeia* « activité ».

172. Ici commence une dernière section sur les vertus (chap. 18, 8-17).

173. Voir 42 (VI, 1), 18, 21-22.

174. Il s'agit de l'intellect, comme on le verra quelques lignes plus bas.

175. Définition des vertus au niveau de l'Intellect : « Or, il existe une implication mutuelle de ces vertus dans l'âme, de même que là-bas aussi sont mutuellement impliquées les réalités antérieures à la vertu, qui dans l'intellect sont comme les modèles. Et de fait l'intellection, là-bas, est science et savoir ; le fait d'être tourné vers soi-même est la maîtrise de soi ; la fonction propre est accomplissement de la tâche propre ; l'analogue du courage est l'immatérialité et le fait de demeurer pur en soi-même. Or dans l'âme, c'est la vision tournée vers l'intellect qui est savoir et réflexion, et ce sont là des vertus de l'âme : car l'âme n'est pas elle-même ses propriétés, comme l'est l'intellect ; et le reste s'ensuit pareillement. Comme toutes les vertus sont des purifications produites par l'achèvement du processus de purification, c'est par la purification qu'elles adviennent nécessairement toutes, faute de quoi aucune ne peut se réaliser parfaitement » (traité 19 (I, 2), 7, 2-10). Dans la *Sentence* 32, Porphyre va faire de ces modèles des vertus, qui ne peuvent se trouver que dans l'âme, des vertus à part entière, les vertus « paradagmatiques » : « La quatrième espèce de vertus est celle des vertus paradigmatiques, qui se trouvent dans l'intellect, puisqu'elles sont supérieures aux vertus de l'âme et en sont les modèles, en quoi se trouvent en même temps les réalités qui ont fonction de modèles : l'intellection est la science ; l'intellect qui fait acte de connaissance est la sagesse ; le fait (pour l'intellect) de se tourner vers lui-même

est la tempérance ; l'œuvre propre (de l'intellect) est l'accomplissement de sa fonction propre ; le courage, c'est l'identité,
c'est-à-dire le fait de rester en soi-même pur, par l'effet d'une
surabondance de puissance » (*Sentence* 32, 64-71, trad. commune dans le cadre de l'UPR 76). Comme l'explique le commentaire à ces lignes, Porphyre fait des modèles de vertus
chez Plotin, des vertus à part entière.

176. Nous avons accepté la correction admise par Ficin,
c'est-à-dire *génous* au lieu de *génos*.

177. Comme, *supra*, chap. 15, 1. Le reste du traité (19-21)
est consacré à un examen du lien entre les espèces et le genre.
La question est posée dans le chapitre 19. Même si l'on
n'admet pas que le genre se réduit à l'ensemble de ses
espèces, on peut penser que le rapport de l'Intellect universel
avec les intellects particuliers en est un de genre à espèce
(20). On le voit bien quand on examine l'origine de la multiplicité dans l'Intellect (21-22).

178. Voir, *infra*, ligne 11.

179. Voir 44 (VI, 3), 18, 4-6.

180. Voir 44 (VI, 3), 18, 35-36.

181. Suivant le principe formulé par Aristote, « Les genres, en effet, sont imputables aux espèces, mais les espèces
ne le sont pas réciproquement aux genres » (*Catégories* 5,
2b20).

182. Pour éviter une prédication purement nominale du
genre. Dans l'hypothèse qui vient d'être formulée, seules les
espèces auraient une réalité.

183. Nous ne traduisons pas *állōs* par « en vain », comme
le suggèrent H.-S. dans leur apparat critique (*frustra* en latin),
mais nous lui donnons un sens beaucoup plus habituel.

184. Nous comprenons que le *hédē* reprend ce qui a été
dit, *supra*, chap. 18, 13-14. Dans cette perspective, l'Intellect
est à la fois contemporain et postérieur à l'Être, ce qui
constitue une contradiction.

185. Il y a le même rapport entre l'intellect universel et
l'intellect individuel, qu'entre la science universelle et les
sciences particulières.

186. On retrouve souvent cette comparaison dès le traité
5 (V, 9), 6, 3-5 et notamment dans le traité 8 (IV, 9), 5, 8-9 :
« La science forme un tout et ses parties sont telles que la
science reste un tout même si ses parties en dérivent. »

187. Nous ne voyons pas la nécessité d'ajouter un *noûs* avant *hekástous* comme le propose Igal suivi par H.-S. Le *állōs dè hekástous* fait pendant à *állōs mén noûn* et se construit très bien avec *eipeîn*.

188. Dans ce passage, Plotin établit une distinction entre l'Intellect total, et les intellects particuliers, c'est-à-dire les réalités intelligibles prises une à une qui chacune sont un intellect. Ces deux sortes d'intellect sont antérieures d'un point de vue ontologique, il faut y insister, aux intellects qui constituent la partie non descendue de chaque âme humaine. L'ambiguïté qui vient d'être décrite et qui s'attache à la formule « intellect particulier » rend le texte obscur et difficile.

189. Le terme *khorēgós* désigne le riche citoyen qui était chargé de financer la formation d'un chœur ou d'une troupe lors de compétitions théâtrales. Ce mécénat civique était de fait un impôt.

190. On trouve ici *tà pánta háma* « toutes les choses ensemble » qui est l'équivalent de *hómou pánta* « tout ensemble », formule attribuée par Aristote à Anaxagore, voir, *supra*, les notes 34, p. 286 ; 75, p. 289.

191. Façon étrange de s'exprimer ; Plotin veut sans doute faire remarquer que l'intellect est antérieur à la distinction entre universel et particulier : l'unité de l'Être rassemble en son unité tous les êtres particuliers.

192. Traduction de l'expression grecque : *en tôi lógōi*.

193. On notera l'usage de la deuxième personne du singulier, comme si Plotin s'adressait à un interlocuteur en particulier.

194. Il s'agit de l'intellect total évoqué, *supra*, chap. 20, 15-28.

195. On trouvera un exposé détaillé de cette position dans les chapitres 7 à 14 du traité 34 (VI, 6).

196. La deuxième hypothèse du *Parménide*, suivant l'interprétation de Plotin.

197. Le verbe *sphrigân*, « être gonflé de sève, plein de force », est un *hapax* chez Plotin.

198. Il convient ici de rappeler ce magnifique passage : « Là-bas, la puissance possède seulement l'être et la beauté. Et où pourrait se trouver le beau s'il était privé de l'être ? Et où se trouverait l'être s'il était privé du beau ? Car se

trouver dépourvu du beau revient à être dépourvu de l'être »
(traité 31 (V, 8), 9, 37-40).

199. Pour ce sens du terme *prosbolé*, voir 34 (VI, 6), 18,
27.

200. Voir, *supra*, chap. 13, 11 et le traité 44 (VI, 3),
chap. 13 qui porte sur la question du nombre.

201. Nous lisons, comme H.-S. *poiótētos* avec la plupart
des manuscrits, et non *poiótētes* avec d'autres. L'accord avec
állai se justifie si on sous-entend *diaphoraí*.

202. C'est-à-dire l'égalité et l'inégalité qui engendrent
divers types d'objets mathématiques : le carré (qui a quatre
côtés et ses angles égaux), le cercle (qui a ses rayons égaux)
et le nombre pair (qui se divise en deux nombres égaux).

203. On passe brutalement de la deuxième personne du
singulier à la première personne du pluriel.

204. Le verbe *epexiénai* ici et à la l. 43, que l'on a traduit
par « parcourir » (en les comptant), est assez rare chez Plotin (on en trouve deux autres occurrences dans les traités 9
(VI, 9), 2, 14 et 43 (VI, 2), 21, 31-32). L'intellect possède
toutes les raisons (*lógoi*) à un niveau supérieur comme forme
eídē, alors que l'âme possède les formes (*eídē*) à un niveau
inférieur comme raisons (*lógoi*).

205. On trouve une affirmation très claire de ce principe
dans le passage suivant : « Car là-bas, il n'existe absolument
pas de raisonnement, mais on parle de "raisonnement" pour
indiquer que toutes les choses sont disposées comme si elles
étaient la conséquence d'un raisonnement, et de "prévoyance" pour indiquer qu'elles sont telles qu'un homme
savant les eût prévues » (38 (VI, 7), 29-32).

206. Ce sont les *lógoi spermatikoí*, c'est-à-dire les « raisons » (*lógoi*) qui se trouvent dans les semences (*spérmata*)
qui expliquent la génération des vivants, plantes ou animaux. Voir 44 (VI, 3), 27, 15.

207. Le texte présente de nombreuses difficultés. H.-S.
suivent en grande partie J. Igal, *Emerita* 43, 1975, 181. Pour
notre part, nous considérons *en toîs anōtérō* (ligne 39)
comme une glose interpolée, et nous nous refusons à introduire *anōtérō* à la ligne 38.

208. Seule occurrence du terme *amogētí* chez Plotin.
L'opération se réalise sans effort, car rien ne vient s'ajouter
de l'extérieur (*epaktón*).

209. La *Sentence* 27 de Porphyre développe ce thème pour l'incorporel en général.

210. On pourrait penser qu'il s'agit de toutes les espèces.

211. Sur le sujet, voir L, Brisson, « Entre physique et métaphysique. Le terme *ógkos* chez Plotin, dans ses rapports avec la matière (*húlē*) et le corps (*sôma*) », p. 87-111.

212. Une définition de l'intellect.

213. C'est le vivant total (*Timée* 31b1, 39e8, et *Sophiste* 248e7) qui chez Plotin correspond à l'Intellect.

214. Nous acceptons la conjecture de J. Igal, *ekeî nôi* et nous tentons de traduire en conséquence. L'intellect de là-bas (*ekeî noûs*), c'est l'Intellect comme principe que l'on appelle aussi le un « Vivant total » ou le « Vivant-en-soi », d'après le *Sophiste* et le *Timée* de Platon.

215. Sur le sens du terme *ēinigménōs*, qui se retrouve, *infra*, à la ligne 13, voir L. Brisson *Introduction à la Philosophie du mythe* I, *Sauver les Mythes*, p. 81-82.

216. Citation de *Timée* 39e7-9, passage qui sera commenté dans la suite du chapitre.

217. C'est-à-dire dans l'intellect.

218. C'est le paradigme de l'*Alcibiade* de Platon. Mais il ne s'agit plus de ici dans l'âme l'intellect ; c'est l'intellect qui se prend lui-même pour objet.

219. Voir 38 (VI, 7), 17, 27-30 : « – L'intellect total, parce qu'il contient chacun des intellects, les contient-il chacun identique à l'autre ? – S'il en était ainsi, il en contiendrait un seul. Si donc ils sont plusieurs, il faut qu'il y ait de la différence. »

220. Dans l'Intellect.

221. *Parménide* 144b4-c1.

222. *Philèbe* 16e1-2.

223. La nature, qui est la partie inférieure de l'âme du monde.

224. Il s'agit probablement de la matière qui serait la dernière chose produite par la partie inférieure de l'âme du monde. Sur l'illimité comme caractéristique de la matière, voir le chapitre 15 du traité 12 (II, 4).

225. Les lignes 24 et 25 de ce paragraphe sont intraduisibles. Nous ne risquons pas d'hypothèse.

226. L'âme en tant que telle, indépendamment de tout corps.

227. Il s'agit de la doctrine de l'acte double. Le traité 30 (III, 8), 3-4 montre que toutes les réalités intelligibles, sauf l'Un, engendrent en fonction de la contemplation qu'elles ont des choses qui se trouvent avant elles. Sur le sujet, voir J.-F. Pradeau, *L'Imitation du Principe. Plotin et la participation*.

228. C'est ainsi que nous traduisons *katà lógon*.

229. Il s'agit de la partie végétative de l'âme du monde, de la nature : « Cela revient à dire que l'âme céleste et les nôtres également viennent immédiatement à la suite du démiurge, alors que de l'âme céleste vient une image (*índalma*) de celle-ci qui, après s'être éloignée et s'être écoulée des êtres d'en haut, produit les vivants qui peuplent la terre » (traité 50 (II, 4), 5, 7, voir aussi 40 (II, 1).

230. Plotin a recours à l'image du miroir dans le traité 22 (VI, 4), 10, 12.

231. Il s'agit probablement des formes qui agissent sur la matière : « Et ce qui d'elle est réfléchie dans la matière, c'est la nature, dans laquelle, ou même avant laquelle, les réalités véritables s'arrêtent, et c'est là le degré le plus bas de l'intelligible. À partir de là, en effet, il n'y a plus désormais que des imitations » (28 (IV, 4), 13, 21-23).

232. Dans le composé que forment le corps et l'âme, on voit le corps, mais pas l'âme qui l'a formé, dans la mesure où l'âme, qui est intelligible, est aussi incorporelle et ne peut de ce fait être saisie par les yeux.

TRAITÉ 44

1. Le *tríton* ne se trouve pas dans la famille de manuscrits w. Pour une approche logique du traité 44, voir C. Rutten, *Les Catégories du monde sensible dans les Ennéades de Plotin*.

2. Ici le terme *ousía* signifie la réalité véritable, qui en 43 a été décrite à l'aide du *Sophiste*.

3. Le chapitre est une introduction qui pose la question suivante : quels sont les points de similitude et de divergence

entre les genres de l'être dans le sensible et les genres de l'être dans l'intelligible ?

4. Le sujet a été abordé en 42 (VI, 1), 1, 19-35 et, *infra*, chap. 5, 1-7.

5. L'expression « les mêmes genres » reste identique, qu'on l'applique au sensible ou à l'intelligible, mais les réalités auxquelles elle fait référence ne présentent pas le même niveau de « réalité », puisque le sensible n'est ce qu'il est que par participation à l'intelligible.

6. Il s'agit du monde sensible.

7. Tout ce passage sur les « lettres » et les « sons » reprend le développement fait sur le sujet par Platon en *Philèbe* 17b-18c. Platon en effet écrit : « Socrate – : Reprenons de nouveau l'exemple des lettres pour expliquer ce dont je parle. Protarque – : Comment ? Socrate – : Lorsqu'un dieu ou un homme divin découvrit le caractère illimité de la voix, comme le rapporte une tradition égyptienne à propos de Theuth, qui fut le premier à concevoir que, dans cet illimité, les voyelles ne sont pas unes mais multiples, puis encore que d'autres voyelles n'ont aucune voix, mais qu'elles participent pourtant à un certain son et qu'elles ont aussi un certain nombre. Il distingua une troisième espèce, celle que nous appelons aujourd'hui les muettes ; il divisa l'une après l'autre chacune de ces muettes, puis, de la même manière, les voyelles et les intermédiaires, jusqu'à ce qu'il saisisse le nombre en chacune d'elles (on notera la proximité avec la ligne 14 ici) et leur nombre à toutes, et il leur donna le nom de "lettre" » (*Philèbe* 18b-c, trad. J.-F. Pradeau). Voir aussi le *Cratyle* 424c.

8. Il s'agit là d'une description de la dialectique, dans ses procédés de division et de rassemblement respectivement. Voir 20 (I, 3), 4, 10-19 sur le sujet.

9. En 42 (VI, 1), 3, 6-22 et 25, 3-10.

10. Sur cette distinction voir, *supra*, aux lignes 1 à 7.

11. L'équivalent latin pour *tímēsis* doit en fait être *census*.

12. L'âme, qui n'a rien de corporel, est une étrangère qui réside pour un moment dans un corps. Voir 6 (IV, 8), 4, 25-35, où l'âme est dite être « amphibie ».

13. Voir, *infra*, 16, lignes 40 à 47.

14. Le chapitre 2, qui aborde des questions de méthode, va réfuter une manière inexacte de concevoir l'analogie entre

l'intelligible et le sensible, qui fait correcpondre les cinq genres intelligibles du *Sophiste* aux cinq termes qu'Aristote distingue dans la réalité : l'être correspondant à la matière, le mouvement à la forme, le repos à la permanence de la matière dans le changement, et le même et l'autre à la génération et à la corruption.

15. Référence explicite à l'opposition être/devenir que formule ainsi Timée au tout début de son exposé cosmologique « Or, il y a lieu, à mon sens, de commencer par faire cette distinction : qu'est-ce qui est toujours, sans jamais devenir, et qu'est-ce qui devient toujours, sans être jamais ? De toute évidence peut être appréhendé par l'intellect et faire l'objet d'une explication rationnelle, ce qui toujours reste identique. En revanche, peut devenir objet d'opinion au terme d'une perception sensible rebelle à toute explication rationnelle, ce qui naît et se corrompt, ce qui n'est réellement jamais » (*Timée* 27e-28a).

16. La question est déjà posée en 42 (VI, 1), 2, 9.

17. On trouvera une traduction et un commentaire de ce paragraphe chez R. Chiaradonna, dans *Sostanza, movimento, analogia*, p. 284-297. La dernière ligne du paragraphe indique bien, comme le rappelle R. Chiaradonna, que Plotin n'admet pas le recours à l'analogie.

18. Voir *Sophiste* 254d4-255a1.

19. Voir, *infra*, chap. 27, 4-6 : « ici bas [...] rien n'est en repos, et [...] ce qui semble être en repos n'est qu'un mouvement plus paisible » (ligne 6).

20. Sur l'indéterminé comme s'opposant à la forme, voir ce que dit Aristote critiquant Anaxagore dans la *Métaphysique* A 8, 989b15-18. On lira aussi et surtout le chapitre 15 du traité 12 (II, 4).

21. En elle-même, la matière est dépourvue de grandeur, voir 12 (II, 4), 11. Voilà pourquoi Plotin peut dire qu'elle est tirée vers les choses sensibles qui, elles, ont un nombre et une étendue, et donc une grandeur.

22. Dans le chapitre 3, Plotin cherche maladroitement à déduire les cinq genres qu'il admet dans le sensible (réalité, relatif, quantité, qualité, mouvement) d'une classification des qualités sensibles. Pour un tableau, voir la Notice p. 42, qui reprend celui proposé par Harder-Beutler-Theiler.

23. Il s'agit du corps qui, dans le monde sensible, correspond à la réalité (*ousía*), laquelle, pour un platonicien n'est cependant qu'une image de la réalité véritable.

24. Le reste des catégories.

25. Les relatifs, voir la Notice, p. 62.

26. C'est la distinction essentielle pour Aristote : « De plus, les termes qui signifient la *réalité* signifient ce que la chose dont ils sont prédiqués est précisément, ou ce dont précisément ce sujet est une sorte. Ceux, en revanche, qui ne signifient pas la réalité mais sont dits d'un autre substrat qui n'est ni ce que ces termes précisément sont ni ce dont ils sont une sorte, sont des *accidents*, par exemple quand le blanc est prédiqué de l'homme » (*Seconds Analytiques* I 22, 83a24-28, trad. P. Pellegrin, les italiques sont de nous).

27. Par exemple, la quantité et la qualité.

28. Par exemple, le lieu et le temps.

29. Par exemple, les mouvements.

30. En 45 (III, 7), 10, 1, on lit : « Enfin, si le temps est un accompagnement du mouvement (*parakoloúthēma tês kinéseōs*). » On retrouve la même idée chez Chrysippe, selon Stobée : « Chrysippe dit que le temps est l'intervalle du mouvement selon lequel on parle de la mesure de la vitesse et de la lenteur ; ou bien il est l'intervalle qui accompagne le mouvement du monde (*tò parakolouthoûn diástēma têi toû kosmoû kinései*) » (*Anthologie* I, 8, 42, 25-27, trad. R. Dufour, *Chrysippe*, n° 525). L'expression *parakoloúthēmata* est aussi d'usage technique chez Épicure, selon Stobée, *Anthologie* I 8, 40, t. I p. 103, 6.).

31. Plotin se demande en quel sens entendre la « réalité » : comme matière (6-12), comme forme (12-17) ou comme composé (17-19).

32. Voir, *supra*, 2, 10-11.

33. C'est-à-dire par homonymie, voir, *supra*, 2, 18.

34. Le *toûto* de la ligne 12, c'est la matière. Nous suivons ici la construction proposée par Harder-Beutler-Theiler et adoptée par H.-S.

35. Position réfutée en 43 (VI, 2), 2, 16-19.

36. On trouve ici une distinction entre la forme qui se trouve dans l'intelligible (*eîdos ousiôdes*), de la forme qui se trouve dans la matière (*eîdos énulon*) qui est la « raison » (*lógos*), définie comme *tòn ousiôdē katà tò eîdos*. La « rai-

son » est inférieure à la forme, et ne peut donc l'englober ;
elle en dépend.

37. Voir *infra*, chap. 28, 8.

38. Le composé, la matière et la forme.

39. Il s'agit des *parakolouthêmata*, voir, *supra*, note 30

40. Cette dernière remarque a laissé perplexes les commentateurs de Plotin, y compris dans l'Antiquité. Pourquoi
réintroduire le temps et le lieu comme accompagnement ?
Harder-Beutler-Theiler consacrent une longue note à ce passage. On peut penser qu'il s'agirait ici de prendre en compte
la position des stoïciens et des épicuriens, évoquée, *supra*,
dans la note 30.

41. À savoir la forme, la matière et le composé.

42. Sur cette question, voir 42 (VI, 1), 14, 19-23.

43. À savoir la réalité, le relatif, la quantité, la qualité et
le mouvement. Ce sont les cinq genres du monde sensible
considérés en 44.

44. Quelque chose de commun (*koinón*) qui fasse qu'ils
appartiennent au même genre, voir, *supra*, chap. 2, 10.

45. Nous avons paraphrasé légèrement pour indiquer au
lecteur qu'il s'agit de la matière, la forme, le composé. Voir
42 (VI, 1), 2, 9 ; et, *supra*, chap. 3, 1-2.

46. Le premier genre de l'être dans le sensible est la réalité
(*ousía*). Les chapitres 4 à 8 abordent la question de savoir si
cette réalité présente assez d'unité pour être considérée
comme un genre.

47. Ce terme (*hupobáthra*), qui n'est ni aristotélicien ni
stoïcien, est utilisé dans la *Sentence* 32 de Porphyre ; on le
trouve déjà en 42 (VI, 1), 28, 17. Pour *hédra*, voir le *Timée*
52b1. Dans les chapitres 4 et 5, Plotin s'interroge sur la question de savoir ce qu'il y a de commun entre ce qu'Aristote
range sous la notion de réalité, à savoir la forme, la matière
et le mixte. Est-ce le fait d'être un substrat (4, 1-7) ? Est-ce
le fait de ne pas être dit d'autre chose (4, 7-26) ? En fait, la
forme, la matière et le mixte sont des substrats (4, 26-36).

48. Voir 42 (VI, 1), 3, 19.

49. Voir *infra*, chap. 5, 30 et 34.

50. Et non en tant que double, comme à la ligne 11, *supra*.

51. Sur la question de la « réalité (*ousía*) composée »,
Aristote apporte la précision suivante : « Nous ne devons
pas ignorer que, dans certains cas, il est difficile de voir si le

nom exprime une réalité composée, ou bien l'acte et la forme. Par exemple, on peut se demander si le terme "maison" signifie ou bien le composé de forme et de matière, à savoir un abri fait de briques et de pièces présentant telle disposition, ou bien l'acte et la forme, à savoir un abri » (*Métaphysique* H 3, 1043a20-32). Voir aussi 1043b28-34 pour un autre exemple, celui du nez camus.

52. Voir Alexandre d'Aphrodise, *Questions* I 8, p. 18. 1. Sur cette question, Plotin reprend ce que dit Aristote : « Et du composé il y a bien une définition, mais en un sens seulement, et non en l'autre. On ne peut, en effet, définir le composé dans son union avec la matière, qui est un indéterminé, on peut seulement le définir par rapport à sa réalité formelle première, par exemple dans le cas de l'homme, la définition de l'âme. Car la réalité est la forme immanente dont l'union avec la matière constitue ce qu'on appelle la réalité composée » (*Métaphysique* Z 11, 1037a25-30).

53. Suivant Aristote (voir la note précédente), cette affirmation n'est possible que si l'on identifie l'homme à son âme suivant un raisonnement que l'on trouve en *Métaphysique* Z 10, 1036a1 et H 3 1043b2-A. La traduction de ces passages est donnée dans la note 51, p. 287-288.

54. Définition de la réalité (*ousía*).

55. C'est là une aporie déjà formulée par Lucius (voir la Notice, p. 35) : « Lucius soulève aussi cette aporie contre le fait que ce qui est en un substrat soit dit ne pas être comme une partie. "Car, dit-il, si nous affirmons que les éléments constitutifs de la réalité sont ses parties et que la couleur, la figure, la grandeur et, d'une manière générale, la qualité et la quantité constituent de manière générale l'être du corps sensible (car un corps ne saurait être dénué de couleur et de figure), tandis que l'être de tel corps précis, par exemple la neige, est constitué par la blancheur et le froid, de deux choses l'une nécessairement : soit il faut nier que ces choses soient en un substrat, soit il est incorrect de nier que les choses qui sont en un substrat y soient comme des parties. Mais comment peut-on dire aussi que, d'une manière générale, les éléments constitutifs soient comme en un substrat ? Car la forme de Socrate n'est pas en Socrate comme en un substrat, mais tout au plus ce sont les caractères qui s'ajoutent du dehors aux réalités déjà achevées qui seront en

elles comme en des substrats." » (Simplicius, *Commentaire sur les* Catégories *d'Aristote* 2, p. 48, 1-12, trad. Ph. Hoffmann légèrement modifiée). En d'autres termes, les attributs ne sont pas les parties du substrat auquel on les rapporte ; si tel était le cas le substrat équivaudrait à la totalité de ses attributs.

56. Aristote, *Métaphysique* Z 4, 1029b13-14 : « Ce qu'est chaque être, c'est ce qu'il est dit être par soi. »

57. Suivant Aristote, « C'est le substrat (*hupokeímenon*) premier d'une chose qui constitue le plus véritablement sa réalité » (*Métaphysique* Z 3, 1029a1-3) et, *infra*, en 7, 13-14.

58. Alexandre d'Aphrodise, *De l'âme, Suppl. aristot.* II 1, p. 119, 32-44 et *Questions* I 8, *Suppl. aristot.* II 2, p. 17, 8.

59. La forme de l'homme

60. Mais « être un substrat » et « ne pas être dit d'autre chose » sont bien des traits qui servent à définir la réalité, mais ils ne lui sont pas propres (chap. 5).

61. C'est, comme on l'a dit à plusieurs reprises, le sens de l'adverbe *homōnúnōs* ; un même terme s'applique à des référents qui ne sont pas les mêmes par définition : le chien « animal » et le « chien » d'un fusil.

62. Voir 42 (VI, 1), 1, 19-25 ; et, *supra*, en 1, 2-7.

63. Aristote, *Catégories* 5, 3a7-8.

64. Aristote, *Catégories* 2, 1a4-5.

65. Aristote, *Métaphysique* H 3, 1043a30.

66. Alexandre d'Aphrodise, critiquant ce que dit Plotin, voir, *supra*, 4, 29-31, note 52.

67. Aristote, *Catégories* 5, 2a12-13.

68. Comme le dit Aristote : « Mais la définition qui est celle de l'homme va, elle aussi, être imputée à un homme particulier, puisque un homme particulier est également homme » (*Catégories* 5, 2a25-26).

69. Aristote, *Catégories* 5, 3a21-24.

70. Aristote, *Catégories* 5, 3a22.

71. Le raisonnement prend la qualité sensible qu'il a isolée de la réalité comme une partie de la réalité ; la formule « partie de la réalité », apparaît déjà en 17 (II, 6), 13-14.

72. La définition du temps chez Aristote, *Physique* IV 12, 220b32-221a1.

73. La définition du lieu chez Aristote, *Physique* IV 4, 212a5-6.

74. Ces quelques lignes, où se manifeste un jargon « scolastique », font problème. Comme M. Isnardi Parente dans son commentaire à sa traduction de ce passage, nous pensons qu'il pourrait s'agir là d'une remarque explicative de l'éditeur des *Ennéades*, à savoir Porphyre.

75. La réalité c'est l'être, mais l'être pris absolument, c'est-à-dire l'intelligible, auquel le sensible se borne à participer, tel est le thème que développe le chapitre 6.

76. Suivant la formule d'Aristote : « Être se dit de l'être par accident ou de l'être par essence » (*Métaphysique* Δ 7, 1017a7-8).

77. Ce qui est simplement être (*tò òn haplôs*), c'est la réalité (*ousía*), comme le dit Aristote en *Métaphysique* Z 1, 1028b30-31.

78. Cette traduction présente l'avantage de ne pas admettre l'ajout de Creuzer, un *tò* imprimé par H.-S. De ce fait, *leukòn ón* désigne un prédicat « être-blanc » et non une proposition « être blanc ».

79. Voir Aristote, *Premiers Analytiques* I 27, 43a35 et *Métaphysique* Γ 4, 1007b8.

80. Tout ce passage rappelle ce qu'explique Aristote : « L'être se dit de l'être par accident ou de l'être par essence. Il est par accident quand, par exemple, nous disons que le juste est musicien, ou que l'homme est musicien, ou que le musicien est homme ; à peu près pareillement, dire que le musicien bâtit, c'est dire que l'architecte est musicien par accident, ou que le musicien est architecte par accident : en effet, ceci est cela signifie que cela est accident de ceci. Même remarque pour les cas que nous avons indiqués : si nous disons, par exemple, que l'homme est musicien et que le musicien est un homme, ou que le blanc est musicien, ou que le musicien est blanc, ces deux dernières expressions signifient que l'un et l'autre attribut sont des accidents du même sujet existant, la première expression, que l'attribut est accident de l'être, et le "musicien est un homme", que les musicien est un accident de l'homme. De même, on dit que le non-blanc est, parce que ce dont il est l'accident est. Ainsi, quand les choses sont dites par accident, c'est ou bien parce que les deux accidents appartiennent au même sujet existant, ou bien parce que le prédicat est un accident du sujet existant, ou bien enfin parce que le sujet, auquel appartient

comme un accident dont il est lui-même prédicat, lui-même existe » (*Métaphysique* Δ 7, 1017a7-22). Voir aussi Γ 4, 1007a25-b17.

81. C'est la position des stoïciens, selon ce que rapporte Diogène Laërce VII, 150, 1-6. Voir aussi 42 (VI, 1), 25-28. Le chapitre 7 mène à cette conclusion : il faut abandonner l'analyse aristotélicienne de la réalité en matière, forme et composé.

82. Voir, *supra*, 42 (VI, 1), 1, 25-28 et 12 (II 4) *Sur les deux matières.*

83. Voir, *infra*, chap. 9, 25.

84. Les choses résultent de l'action des « raisons » qui agissent au niveau de la matière (*énuloi lógoi*) ; par suite les choses sensibles se situent à un rang supérieur à la matière qui est totalement privé de « raison » en tant que telle. Nous utilisons l'expression, paradoxale dans ce contexte, « elle possède l'être » pour insister sur *amudrón*, sans par ailleurs en tirer des conséquences sur le statut de la matière qui, semble-t-il, est le dernier produit de l'activité de la nature, la partie inférieure de l'âme du monde (voir la note suivante).

85. Pour une description similaire de la matière et des choses sensibles qui se trouvent en elle, voir 27 (IV, 2) 10, 5-12 : « De même ici-bas il y a l'âme qui reste immuable, les choses qui viennent en premier après elle et celles qui viennent immédiatement à leur suite ; elles sont comme les dernières lueurs d'un feu, qui viennent à la suite du premier feu et qui résultent de l'ombre de ce qui en dernier est pensé comme un feu ; ensuite, ce dernier feu est illuminé en même temps que le premier, de sorte qu'il est possible au premier feu projeté de déposer une forme sur ce qui est totalement obscur. Or, cela a été mis en ordre en vertu d'une "raison", parce que l'âme possède en puissance par l'ensemble d'elle-même le pouvoir de mettre en ordre en vertu de raisons, tout de même que les raisons qui se trouvent dans les semences façonnent et informent les vivants qui sont comme des mondes en petit ». La matière est cette obscurité qui se trouve à la limite de la lumière émanée de la partie inférieure de l'âme du monde. Lorsque sur cette obscurité se découpe une forme qui correspond à une « raison » (*lógos*), alors peut apparaître le corps.

86. Nous ne supprimons pas comme Kirchhoff suivi par H.-S. le *hêtton* de la ligne 11, qui fait sens ici.

87. Comme le reconnaît Aristote, en *Métaphysique* Z 3, 1029a6.

88. Voir, *supra*, 3, 1-2 et 4, 27-27.

89. Voir, *supra* 5, 35-39.

90. Le composé de matière et de forme est ce qui peut être perçu ou pensé, alors même qu'il est inférieur à la forme pour ce qui est de la réalité.

91. Il s'agit des autres catégories, voir, *supra*, chap. 4, 6.

92. Dans cette hypothèse que formule cette objection, la matière a de l'être, à l'instar de la forme et du composé.

93. À savoir la matière.

94. À savoir la forme et le composé, qui sont les deux autres termes qui servent à définir la réalité.

95. La forme viendrait de l'Un qui produit l'intelligible, et la matière de la nature, la partie inférieure de l'âme du monde. Voir sur le sujet, les traités 12, 15 et 30.

96. C'est ainsi que, comme Bréhier et Armstrong, nous traduisons *en ekeínois*, par opposition au *en toútois* de (*supra*, en chap. 4, 2) qui désigne les choses sensibles. Plotin veut faire probablement d'une allusion à la matière intelligible évoquée en 12 (II, 4), 1, 17.

97. Comme cela vient d'être démontré dans le chapitre 7. Le grec dit *stoikheîa*, mais il s'agit de la matière et de la forme, voir, *supra*, chap. 7, 35. Dans ce chapitre, Plotin réaffirme la position platonicienne. La réalité sensible n'est qu'une image, une ombre, de la réalité véritable, l'intelligible.

98. Emploi idiomatique de *mè prospoieîsthai*, dans le sens de « feindre de ne pas ».

99. C'est-à-dire l'air et l'eau, voir *Timée* 31b8.

100. Il s'agit de l'intelligible.

101. Voir, *supra*, chap. 4, 21-36.

102. Voir 43 (VI, 2), 14, 19 et, *infra*, en 15, 15.

103. Hypothèse évoquée en 37 (II, 7), 3, 4-5 : « Si donc le corps se compose de toutes les qualités et d'une matière, la corporéité sera une forme » (voir la note à ce passage).

104. Comme le dit Aristote : « Mais si nous supprimons la longueur, la largeur et la profondeur, nous voyons qu'il ne reste rien, sinon ce qui est déterminé par ces qualités :

la matière apparaît donc nécessairement, à ce point de vue, comme la seule réalité » (*Métaphysique* Z 3, 1029a16-19).

105. La quantité est aussi une qualité, voir, *infra*, chap. 15, 1-5 et 37 (II, 7), 3, 1-5.

106. Le *ekeî* s'oppose au *allakhoû* de la ligne 29. Il s'agit, selon toute vraisemblance, dans le premier cas, du sensible et, dans le second, de l'intelligible.

107. Sur l'importance de la notion d'*ógkos* chez Plotin, voir L. Brisson, « Entre physique et métaphysique. Le terme *ógkos* chez Plotin, dans ses rapports avec la matière (*húlē*) et le corps (*sôma*) ». L' *ógkos*, c'est la matière doté d'une certaine grandeur ; c'était, semble-t-il, la définition de la matière (*húlē*) proposé par les médio-platoniciens. Pour Plotin la matière est dépourvue de grandeur, voir 12 (II, 4), 8-9.

108. Voir 42 (VI, 1), 27, 34-35.

109. C'est-à-dire les formes intelligibles en tant que telles.

110. La matière est une ombre, voilà ce que montre le chapitre 8. Et lorsque, sur cette ombre, se dessine une forme, apparaît un corps. En 26 (III, 6) on lit : « Mais la matière, qui n'offre aucune résistance puisqu'elle n'a pas d'acte et n'est qu'une ombre, attend d'être affectée par ce que voudra ce qui produit » (chap. 18, 29-31). Voir aussi dans le même traité en chap. 13, 32. Dans ce contexte, le corps résulte de l'action des « raisons », qui correspondent en l'Âme, aux réalités intelligibles lesquelles restent au niveau de l'Intellect. La partie inférieur de l'âme du monde implante ces « raisons » dans une matière privée de toute détermination, y compris de toute grandeur.

111. C'est la question à laquelle Plotin tente de répondre dans les chapitres 9 et 10.

112. Dans les lignes 1 à 18, Plotin énumère les critères de division possibles dans le cas de la réalité sensible.

113. Plotin suit ici Aristote : « "Réalité (*ousía*)" se dit des corps simples, tels la terre, le feu, l'eau et toutes choses analogues ; en général, des corps et de leurs composés, tant les animaux que les être divins ; et, enfin, des parties de ces corps » (*Métaphysique* Δ 6, 1017b10-12).

114. Nous ajoutons *deî* comme Theiler.

115. L'eau, l'air et le feu.

116. Il s'agit là d'une allusion à la fin du *Timée* (91d-92c) de Platon. Voir Aristote, *Catégories* 5, 2a11 et 14. Voir 43 (VI, 1), 2, 12-13.

117. Les éléments (*stoikeîa*) sont appelés des « corps » (*sômata*) en *Timée* 53c.

118. Référence à *Timée* 55d-56b.

119. Référence au *Timée* 62c-63e. Le feu se trouve à la périphérie de l'univers, la terre au centre, et l'air et l'eau entre les deux autres éléments.

120. Ils sont en rapport avec le feu.

121. Pour *gếina* voir le *Timée* 64c, 65d ; et pour *púrina*, voir 40 (II, 1), 6, 54. Il s'agit là d'une hypothèse faisant en 40 (II, 1), 6, 22-24 (voir la note de R. Dufour à sa traduction de ce passage).

122. Dans les lignes 18 à 42, Plotin critique la distinction faite par Aristote, au niveau des réalités sensibles, entre réalités premières et réalités secondes.

123. Dans les lignes 18 à 42, Plotin critique la distinction faite par Aristote au niveau des réalités sensibles entre réalités premières et réalités secondes. Sur cette distinction chez Aristote : « Mais se disent par ailleurs une seconde sorte de réalités, les espèces auxquelles appartiennent les réalités dites au sens premier – celles-là, et aussi les genres de ces espèces. Par exemple, tel *homme* appartient à l'espèce homme, et le genre de cette espèce est l'*animal*. Donc des termes se disent comme une seconde sorte de réalités, à savoir l'homme, et aussi l'animal » (*Catégories* 5, 2a14-19). Bref, la réalité première c'est l'individu, et la réalité seconde l'espèce et le genre auxquels appartient cet individu.

124. Contre Aristote : « Le principe des individus, en effet, c'est l'individu ; de l'homme en général ne sortirait que l'homme en général, mais l'homme en général n'existe pas », (*Métaphysique* Λ 5, 1071a20-21). Voir aussi Aristote, *Catégories* 5, 2a23-24.

125. Voir Aristote, *Catégories* 13, 15a4-5.

126. Voir Aristote, *Catégories* 5, 2b10-14.

127. Principe que formule Aristote en *Physique* I 1, 184a16-29. Mais le fait qu'une chose soit connue avant une autre n'implique pas que cette chose se situe à un niveau supérieur dans l'ordre de la réalité.

128. Notre traduction explicite l'expression *tò prôtōs kaì deutérōs* par référence au chapitre 5 des *Catégories* d'Aristote.

129. Dans ce chapitre 10, Plotin déplore l'absence d'une classification des corps d'après leurs propriétés actives élémentaires.

130. Il s'agit probablement d'Aristote, *De la génération et de la corruption* II 3, 330a31-b1.

131. Traduction qui précise le *ek toútōn*.

132. Un aristotélicien ?

133. Aristote, *De la génération et de la corruption* II 2, 329b9.

134. Voir, *supra*, chap. 8, 2-3 et 19-27.

135. Voir, *supra*, chap. 2, 5-6.

136. Voir, *supra*, chap. 9, 4.

137. Voir Aristote, *Catégories* 6, 4b20-23. Après celle de la réalité, Plotin aborde d'abord la question de la quantité (11, 1-15, 23), puis celle de la qualité (15, 24-20,42).

138. Comme en 43 (VI, 2), 13.

139. Contre Aristote, *Catégories* 6, 4b24-25. Voir 42 (VI, 1), 4. 15-16 et 5, 19-20.

140. Définition proposée par Aristote, en *Physique* IV 12, 220b32-221a1.

141. Définition proposée par Aristote, en *Physique* IV 4, 212a5-6.

142. Voir 42 (VI, 1), 14, 10-12. Dans le chapitre 11, Plotin s'attaque à la classification aristotélicienne de la quantité. Il place le lieu et le temps non dans la quantité, mais dans le relatif. En revanche, il réintroduit dans la quantité le petit et le grand qu'Aristote avait placés dans le relatif.

143. Question examinée en 41 (VI, 4), 4.

144. Voir Aristote, *Catégories* 6, 6a8-11. Voir 42 (VI, 1), 4, 47-49.

145. Comme le soutient Aristote, en *Catégories* 6, 5b18-19.

146. La question est une allusion à un passage de l'*Hippias majeur* 289b4, où Platon fait référence à Héraclite (DK 22 B 82).

147. Contre Aristote qui soutient : « En outre, il n'y a rien qui soit contraire dans la quantité » (*Catégories* 6, 5b11).

148. Le grec ancien dit *hai énnoiai*. Le terme grec *énnoia* est un terme technique dans le stoïcisme. Il s'agit chez les stoïciens de la « conception », c'est-à-dire très précisément d'un certain état de l'âme lorsqu'elle se représente une réalité déterminée. [...]. La « notion » (*énnoia*) est une représentation (*phantasia*) conservée par l'homme. Or, certaines de ces représentations se forment par l'enseignement ou l'étude, tandis que d'autres sont « naturelles » ; ce sont les notions « communes » (*koinaì énnoiai*) à tous les hommes (voir le traité de Plutarque, *Des notions communes contre les stoïciens*). Or, il semble que ce soit à ce type de représentations que fait ici allusion Plotin ; voilà pourquoi nous traduisons *hai énnoiai* par « sens commun ». Voir la note 9 de L. Lavaud, à sa traduction du traité 39 (VI, 8), 7, 17. Sur les *énnoiai* chez les stoïciens, voir J.-B. Gourinat, *La Dialectique des stoïciens*, p. 66-68.

149. Seule occurrence de ce terme (*epéktasis*) chez Plotin.

150. Ce terme (*sustolḗ*) est d'un usage peu fréquent chez Platon, et c'est ici le seul endroit où il est appliqué au nombre. Il s'agit là d'un exemple montrant que ce dont on parle est une propriété des choses et non pas seulement une relation.

151. Aristote, *Topiques* I 18, 108b26.

152. Plotin s'oppose ici à Aristote : « C'est surtout dans le cas du lieu que l'on pense qu'il existe une contrariété en matière de quantité. En effet on oppose le haut et le bas, en disant que la région qui entoure le centre du monde est en bas, du fait que ce qui est à la plus grande distance par rapport aux limites du monde, c'est le centre » (*Catégories* 6, 6a11-15). « Le bas correspond au centre de l'univers, à savoir la terre, alors que le haut se trouve à la périphérie de l'univers » (*Du ciel* I, 2, 268b21 et 269a26-27).

153. Comme en 40 (II, 1), 3, 11-18 (voir la note de R. Dufour à sa traduction de ce passage), Plotin suit ici la doctrine de Platon qui estime qu'aucune partie de l'univers ne représente de manière fixe le haut ou le bas (*Timée* 62c-63a). Le haut et le bas prennent au contraire des formes diverses selon les lieux qu'occupent les corps (63d). Lorsqu'ils se dirigent vers leurs lieux propres, les éléments se meuvent vers le bas ; lorsqu'ils s'en éloignent, ils vont vers

le haut (63 d-e). De sorte que le haut et le bas ne sont pas les mêmes pour les corps qui ont des lieux propres opposés.

154. Aristote, *Catégories* 6, 4b32-33, place le discours qui s'accompagne d'émission vocale dans la quantité ; voir 42 (VI, 1), 5, 2-12 et, *infra*, en 19, 8-9. Plotin place le discours non dans la quantité comme Aristote, mais dans le mouvement ; voilà ce qu'il entend montrer dans le chapitre 12.

155. Distinction faite par Aristote en *Catégories* 6, 4b20 et 25-26.

156. Comme le dit Aristote : « En revanche, la ligne est une quantité continue, car il est possible de trouver une limite commune sur laquelle ses parties entrent en contact : un point ; et pour la surface c'est une ligne ; en effet, les parties de la surface entrent en contact sur une ligne commune » (*Catégories* 6, 5a1-4).

157. C'est ainsi que nous traduisons le *tôi idíōi* de la deuxième ligne. Comme le dit Aristote : « En effet, les parties du nombre n'ont aucune limite commune sur laquelle ses parties entreraient en contact. Par exemple, si cinq est une partie de dix, ce cinq et l'autre cinq n'entrent pas en contact sur une limite commune, mais ils sont séparés ; et le trois et le sept n'entrent pas en contact sur une limite commune » (*Catégories* 6, 4b25-29).

158. Aristote dans les *Catégories* (voir les citations dans les deux notes qui précèdent). La traduction de Bréhier, qui donne le sens de « définition » à *hóros*, reste difficile à justifier : « La *quantité continue* est avec raison séparée de la *quantité discrète* par ce qu'elles ont de commun et de propre dans leurs définitions : nous l'avons dit. »

159. Tout le chapitre 13 porte sur la question du nombre.

160. Aristote, *Catégories* 10, 12a7-8.

161. Les mathématiciens.

162. L'expression *monadikòs arithmós* se trouve chez Aristote, *Métaphysique* M 8, 1083b16-17. Aristote considère qu'il s'agit du nombre arithmétique que les platoniciens hissent au rang de nombre en soi. Ici il s'agit du nombre intelligible, alors qu'en 34 (VI, 6), 9, 35, il s'agit du nombre sensible.

163. Pour ces distinctions, voir Aristote, *Catégories* 6, 4b23-24, et 42 (VI, 1), 4, 11.

164. Voir Aristote, *Catégories* 6, 5a30-31 ; *Métaphysique* B 3, 999a6-14. On relira ce que dit Plotin sur le sujet dans les traités 42 (VI, 1), 1, 27-28 et 43 (VI, 2), 13, 7-15. C'est ce que veut montrer le chapitre 14 ; puisque dans les nombres et les grandeurs sensibles il y a de l'antérieur et du postérieur, nombres et grandeurs ne peuvent être considérés comme les espèces d'un genre, dans la mesure où dans le genre il ne peut y avoir de l'antérieur et du postérieur.

165. En *Catégories* 6, 4b24-25, on lit en effet : « Sont des quantités discrètes, par exemple, le nombre et le discours ; sont des quantités continues la ligne, la surface, le corps et, outre ceux-ci, le temps et le lieu. » Ici « corps (*sôma*) » prend la place de « volume (*stereón*) ».

166. Le chapitre 14 porte sur la question suivante : si on exclut la droite de la grandeur en la considérant non comme une quantité, mais comme une qualité, alors on doit admettre à cette conclusion : la géométrie porte non sur la quantité, mais sur la quantité.

167. Aristote met la figure du côté de la qualité : « Un quatrième genre de qualité, c'est la figure (*skhêma*) et la forme (*morphê*) qui est présente dans une chose particulière et, outre cela, la forme droite et la forme courbe, et tout ce qui peut être semblable à celles-ci. En effet, on dit que quelque chose est qualifié d'après chacun de ces termes ; car quelque chose est qualifié par le fait que c'est triangulaire ou carré, ou que c'est droit ou courbe, et chaque chose est qualifiée d'après sa figure » (*Catégories* 8, 10a12-15).

168. Aristote écrit en effet : « La qualité se dit, en un premier sens, de la différence de la réalité : par exemple, l'homme est un animal d'une certaine qualité, parce qu'il est bipède, le cheval a pour qualité d'être quadrupède, le cercle est une figure qui a pour qualité d'être sans angle, toutes choses qui montrent que la différence selon la réalité est bien une qualité » (*Métaphysique* Δ 14, 1020a33-35, voir aussi *Catégories* 5, 3a25-28).

169. Elle se trouve dans la qualité selon Aristote, voir, *supra*, note 167.

170. Cette réponse est probablement une réminiscence d'Aristote, qui, en *Métaphysique* N 3, 1090b5-6, polémique contre les platoniciens qui considèrent qu'il peut y avoir des limites en soi.

171. Comme cela a été fait en 42 (VI, 1), 4, 19 et en 5, 12-15.

172. Pour Aristote, la forme ou la figure constitue la quatrième sorte de qualité, comme il l'explique en *Catégories* 8, 10a14-16. Voir aussi, *supra*, en 13, 28 et, *infra*, en 15, 21.

173. La réponse est difficile à traduire. Les manuscrits portent *kaì autò*, mais nous traduisons le *kath' hautò* qu'impriment H.-S. en suivant une suggestion de J. Igal.

174. Nous paraphrasons ainsi *hē pragmateía*.

175. C'est la première sorte de qualité distinguée par Aristote : « La qualité se dit, en un premier sens, de la différence de la réalité (*hē diaphorà tês ousías*) : par exemple, l'homme est un animal d'une certaine qualité, parce qu'il est bipède, le cheval a pour qualité d'être quadrupède, le cercle est une figure qui a pour qualité d'être sans angle, toutes choses qui montrent la différence selon la réalité est bien une qualité. Tel est le premier sens de qualité : la différence de la réalité (*hē diaphorà tês ousías*) » (*Métaphysique* Δ 14, 1020a33-b2). Ce type de qualité équivaut au trait essentiel qui permet de définir et de distinguer l'espèce ; c'est la différence spécifique. Il y a aussi des différences dans les grandeurs, ce qu'explique le *tosónde mégethos* de la ligne 20 : « En tant que c'est une grandeur [...] d'une certaine taille [...] ». Ce type de différence équivaut au second sens de la qualité selon Aristote : « En un autre sens, la qualité se dit des choses mathématiques immobiles » (*Métaphysique* Δ 14, 1020b2-3).

176. Comme le reconnaît déjà Aristote, *Du ciel* I 5, 272b18-19.

177. Voir, *supra*, les notes 175 et, *infra*, en 15, 15-19.

178. La question est traitée jusqu'à la ligne 23. Aristote dit en effet : « Ce qui est surtout le propre de la quantité, c'est d'être dite égale et inégale », *Catégories* 6, 6a26 ; voir 42 (VI, 1), 5, 23, 7-8. Les chapitres 15 à 20 portent sur la qualité.

179. Voir *supra*, les lignes 1-2. Tout comme l'égal et l'inégal sont le propre de la quantité, le semblable et le dissemblable sont le propre de la qualité (voir les lignes 15 à 23).

180. Aristote, *Catégories* 6, 6a26.

181. Voir, *supra*, 15, 5.

182. C'est-à-dire la réalité (référence au *tền ousían* de la ligne 15).

183. La notion de « complément de la réalité » joue déjà un rôle essentiel dans le traité 17 (II, 6) : *Sur la réalité ou sur la qualité*. La question est de savoir si les qualités peuvent être ou non des « compléments de réalité », c'est-à-dire des parties constitutives de la réalité ; la réponse est négative. Ces « compléments de la réalité » sont situés dans les « raisons » (*lógoi*) qui ne sont des activités que par référence à l'activité intelligibles dont elles dérivent. On lira la Notice au traité 17 et les notes de L. Lavaud à sa traduction de ce traité. Voir aussi 42 (VI, 1), 10, 20-27 ; 43 (VI, 2), 14, 14-23 ; et, *infra*, en 17. 8-10.

184. Dans une longue section (15, 24-16, 7), Plotin cherche à montrer comme la qualité sensible doit être reliée à la doctrine des « raisons » (*lógoi*).

185. Nous lisons *aútē* comme les manuscrits des *Ennéades*, et non *haútē* comme le voudrait une correction dans la marge d'un manuscrit, reprise par H.-S.

186. Pour Plotin, la question de la qualité doit être associée à celle de la « raison » et donc au problème de la participation (15, 24-16,7).

187. Voir 42 (VI, 1), 1, 24-25. Cela revient à dire que le sensible n'est qu'une image de l'intelligible. On peut trouver là une allusion à *Timée* 49d-e. La « raison » est du côté de l'Intelligible et donc de la réalité véritable, alors que le corps n'en est qu'une image. Sur le sujet, voir R. Chiaradonna (« Plotinus, on the categories », p. 123-124).

188. Platon, *Sophiste* 251a9.

189. À la suite de H.-S. qui, sur la suggestion d'Igal, ajoutent *orthỗs lektéon ou Socrátē* « ne peut à bon droit être appelé Socrate », nous pensons que cet ajout rend le texte moins elliptique.

190. Il y a donc des rapports hiérarchiques entre les « raisons ». Socrate se rattache à homme, comme l'individu à l'espèce.

191. Dans ce chapitre, Plotin examine les difficultés associées à la doctrine de la « raison », qui sont celles s'attachant à la participation. La qualité est-elle dans le sensible ou dans l'intelligible (16, 7-8) ? Les contraires se trouvent-ils dans une raison (9-12) ? Où se trouvent les techniques (12-14) ?

192. Voir 42 (VI, 1), 10, où la laideur est considérée comme un défaut de participation. L'idée se trouve déjà en 18 (V, 7), 2, 14-17 : « Mais, si ce qui diffère en beaucoup de manière est beau, la forme n'est pas unique. En réalité, seule la laideur peut être attribuée à l'influence de la matière, et même là les raisons qui sont parfaites, se trouvent données tout entières, même si elles restent cachées. »

193. Des réalités intelligibles auxquels ils participent.

194. On trouve une allusion à cette distinction dans ce passage du traité 18 : « Soit, admettons que les "raisons" diffèrent : mais pourquoi faut-il qu'il y en ait autant qu'il y a d'individus venant à l'existence en une seule période, s'il est vrai qu'il est possible que, les mêmes "raisons" étant données, les individus apparaissent extérieurement différents ? » (traité 18 (V, 7), 2, 17-20). Dans la mesure où elles leur sont rapportées, les qualités sensibles rencontrent les mêmes difficultés que les « raisons » (*lógoi*), voilà ce qu'expliquent les lignes 7 à 47.

195. De la beauté du corps.

196. On lira sur le sujet le traité 19 (I, 2) *Sur les vertus*, et en particulier les chapitres 3 et 4. Commentant ce traité, Porphyre dans la *Sentence* 32 développe sa doctrine fameuse sur les degrés de vertus : vertus civiques, purificatrices, contemplatives et paradigmatiques. Les trois premiers degrés de vertus intéressent l'homme qui vit en ce monde, alors que les vertus paradigmatiques en sont les modèles intelligibles.

197. Les « raisons » techniques qui se trouvent dans l'âme du technicien, Plotin s'accordant sur ce point avec Aristote : « quant aux productions de l'art, ce sont celles dont la forme est dans l'esprit de l'artiste » (*Métaphysique* Z 7, 1032a32). On trouve déjà en 5 (V, 9), 11, une classification des techniques selon leurs rapports respectifs avec le monde intelligible.

198. Voir, *supra*, lignes 4-10.

199. *Philèbe* 56a-57d et *République* VII, 525a-530b.

200. Il s'agit évidemment des vertus civiques, comme on peut le constater en relisant voir 19 (I, 2), 1, 16-20. Sur l'opportunité de l'action politique, voir 9 (VI, 9), 7, 26-27.

201. Le terme *proēgoúmenon* est stoïcien et fait référence au bien qui doit être recherché, les indifférents (*adiáphora*) ne pouvant être déclarés ni biens ni maux : « Dans le pre-

mier livre de son traité *Des biens*, [Chrysippe] d'une certaine manière est d'accord avec ceux qui veulent appeler préférables (*proēgména*) des biens, et leurs contraires des maux, et leur donne raison en ces termes » (voir Long & Sedley, numéro 58 H).

202. Pour le philosophe, seules sont nécessaires les vertus purificatrices qui permettent de s'affranchir du monde, et les vertus contemplatives qui permettent l'accès à la réalité véritable.

203. Il s'agit de la partie inférieure de l'âme du monde, qui correspond à la nature.

204. Comme cela vient d'être dit aux lignes 18-33. Les « raisons » (*lógoi*) produisent les qualités sensibles sans être sensibles, même si elles agissent au niveau des corps.

205. Voir, *supra*, chap. 8, 19-20.

206. Voir, *supra*, chap. 8, 19-30.

207. Alcinoos, *Enseignement des doctrines de Platon* 11, 166, 14-15 ; voir aussi le traité 37 (II, 7), 2, 28-29. Polémiques contre les stoïciens.

208. Le corps.

209. Voir 26 (III, 6), 19, 14.

210. Il s'agit de la « raison » (*lógos*) évoquée, *supra*, lignes 33-36.

211. Reprise du traité 42 (VI, 1), 19, 8-9. Dans le chapitre 17, Plotin se demande quelles divisions on peut introduire dans les qualités sensibles.

212. Voir 42 (VI, 1), 12, 2-5.

213. Aristote, *De l'âme* II 11, 422b29-31.

214. Voir, *supra*, en 15, 15-19.

215. Voir, *infra*, en 18, 4-6.

216. Nous estimons que *tò mén* et *tò dé* désignent des sensations particulières.

217. Dans le *Timée*, Platon explique la vue (67c-68d) et le goût (65b-66c) en faisant intervenir, dans les deux cas, un double processus de dissociation (*diákrisis*) et d'association (*súgkrisis*). Sur le sujet, on lira L. Brisson, « Plato's theory of sense perception in the *Timaeus*. How it works and what it means ». Aristote évoque ce type d'explication en *Métaphysique* I 7, 1057b8-9 et en *Topiques* H 3, 153a38-b1.

218. Plotin fait ici probablement allusion à Aristote, et plus précisément à ce passage des *Catégories* : « Un second

genre de la qualité est ce d'après quoi nous disons que certains sont bons pugilistes ou bons coureurs, ou encore sains ou maladifs, et en un mot tout ce que l'on dit d'après une certaine capacité ou incapacité naturelle. En effet chacun de ces termes se dit, non parce que l'on est disposé de telle ou telle façon, mais parce que l'on possède une certaine capacité naturelle de faire quelque chose facilement, ou de n'être nullement affecté par quelque chose » (8, 9a14-18).

219. C'est ainsi que nous paraphrasons *dunántai*.

220. Les deux chapitres qui suivent (18-19) s'interrogent sur les différences que l'on peut discerner entre les qualités sensibles. Voir 43 (VI, 2), 19, 3-5 et, *supra*, à la ligne 15. Dans un premier temps (lignes 1 à 15), Plotin repousse l'idée suivant laquelle on pourrait les distinguer en fonction des organes qui servent à les percevoir.

221. Voir, *supra*, 17, 16-35.

222. Il s'agit probablement d'aristotéliciens qui se fondent sur le passage suivant des *Catégories* : « Et il y a certes quelque chose d'intermédiaire entre ces termes : entre le blanc et le noir, par exemple, il y a le gris, le jaune pâle et toutes les autres couleurs, et entre le mauvais et le bon il y a ce qui n'est ni mauvais ni bon. (Dans certains cas, il existe un nom établi pour les intermédiaires ; ainsi, les intermédiaires entre le blanc et le noir sont le gris, le pâle et les autres couleurs de cette sorte ; dans d'autres cas, il n'est pas facile de rendre l'intermédiaire au moyen d'un nom, mais on le définit par la négation des deux termes extrêmes, par exemple, "ce qui n'est ni bon ni mauvais" et "ni juste ni injuste") » (*Catégories* 10, 12a18-25). Voir aussi *De la sensation et des sensibles* 4, 442a24-25 ; *Catégories* 10, 12a18 ; *Topiques* VII 3, 153a28.

223. C'est-à-dire d'explication.

224. Aristote rappelle le caractère intuitif de l'intellect (*noûs*) en *Éthique à Nicomaque* VI 9, 1142a 25-30 et VI 12, 1043b5-6.

225. Sur cette altérité, voir 43 (VI, 2), 8, 25-49.

226. Dans les lignes 15 à 42, Plotin examine cette éventualité. Ne pourrait-on pas invoquer l'exemple de la vertu dont le genre est l'état et la différence telle ou telle qualité, pour diviser les qualités par genre et espèce ? Plotin conteste la position aristotélicienne selon laquelle l'état est une qua-

lité. De surcroît, les vertus se distinguent par leurs objets et non par leurs qualités.

227. Les couleurs par exemple permettent de faire des distinctions entre autre chose que des couleurs, entre le cheval blanc du cheval noir par exemple.

228. Pour la référence à l'étude littéraire (*grammatikē*), voir, *supra*, chap. 18, 17.

229. Dans les *Catégories*, on peut lire : « En effet, la science, qui est un genre, est dite être cela même qu'elle est, de quelque chose d'autre (on dit en effet qu'elle est science de quelque chose) ; mais parmi les sciences particulières, aucune n'est dite être cela même qu'elle est, d'autre chose. Ainsi, on ne dit pas que la grammaire est la grammaire de quelque chose, ni la musique la musique de quelque chose, mais on dira tout au plus qu'elles aussi sont relatives à quelque chose en les considérant du point de vue de leur genre. Ainsi, on dit que la grammaire est la science de quelque chose, non pas la grammaire de quelque chose, et la musique la science de quelque chose, non la musique de quelque chose ; de sorte que les sciences particulières ne sont pas au nombre des relatifs » (8, 11a25-34).

230. Sur *eidopoiós* (un hapax chez Plotin), voir Aristote, *Topiques* VI 6, 143b8-10 : « Toute différence spécifique, associée au genre, constitue une espèce. » Dans son édition et traduction de ce passage, J. Brunschwig supprime le terme en considérant *eidopoiós* comme une glose interpolée (on lira ses raisons dans une longue note à ce passage).

231. Aristote, *Physique* VII 3, 246a11-12.

232. Plotin suit Aristote pour qui l'état et la disposition sont la première espèce de qualités, voir *Catégories* 8, 8b27.

233. Voir 42 (VI, 1), 12, 10-11.

234. Ce passage ne se comprend qu'en relation avec la section du *Timée* sur l'explication des saveurs (65b-66c). L'âcre est subtil parce qu'il s'explique par le mouvement vif du feu qui est l'élément le plus petit, tandis que le doux s'explique par le mouvement plus lent de particules d'eau, qui est un élément plus gros que le feu.

235. Voir, *supra*, chapitres 4-6.

236. Voir 43 (VI, 2), 19, 11.

237. Distinction qui se retrouve chez Aristote, *Éthique à Nicomaque* IV 1, 1120a8 ou *Politiques* VIII 16, 1335a21-22.

238. Cette traduction de *mề poiótētas* par « de non-qualités » nous semble préférable, car elle est relayée par le *ou leukón* « non-blanc » de 19, 5.

239. C'est ainsi que nous traduisons *hôsper <Aristotélei> edókei* qui serait une allusion à *Catégories* 8, 10a27. Dans le chapitre 19, Plotin évoque de nouveaux problèmes relatifs à la qualité. L'homme blanc ne fait pas partie des qualités, comme le pense Aristote, car une qualité lui appartient (19, 1-4). Les négations ne peuvent être considérées comme des qualités (19, 4-15). La privation est qualité, mais dans le cas seulement où elle est privation de qualité (19, 15-18). Plotin admet la distinction aristotélicienne entre qualités permanentes et qualités passagères (18, 18-24). Il fait pourtant une réserve sur le fait de rougir (19, 25-33).

240. L'exemple se trouve chez Aristote, *Métaphysique* Λ 1, 1069a23-24.

241. En 42 (VI, 1), 9, 36, Plotin évoque le cas du « non-animal ».

242. Sur le discours comme son et signifiant, voir 42 (VI, 1), 5, 2-12 et, *supra*, chap. 12, 26-27.

243. Aristote, *Catégories* 4, 2a6-7. La proposition affirmative, « Socrate est assis », se compose d'un sujet et d'un prédicat.

244. Aristote distingue la négation de la privation dans les termes suivants : « d'autre part, la négation et la privation sont l'objet d'une seule et même science, du fait que, dans un cas comme dans l'autre, c'est réellement traiter d'un terme unique dont il y a négation ou privation (on distingue en effet la négation proprement dite, qui indique seulement l'absence de la chose, et la privation dans un genre déterminé ; dans ce dernier cas, une différence est surajoutée à ce qui est impliqué dans la pure négation, car la négation n'est que l'absence de la chose en question, tandis que, dans la privation, il y a aussi, subsistant dans un sujet, une nature particulière dont la privation est affirmée » (*Métaphysique* Γ 9, 1004a1015).

245. Il semble que l'on puisse rapprocher ces remarques de ce passage de la *Métaphysique* : « La qualité se dit encore des propriétés des réalités en mouvement, comme la chaleur

et la froidure, la blancheur et la noirceur, la pesanteur et la légèreté, et autres déterminations de ce genre, d'après lesquelles, quand elles changent, les corps aussi sont dits subir une altération » (*Métaphysique* Δ 14, 1020b9-11).

246. Sur la différence entre qualité et affection, voir Aristote, *Catégories* 8, 9b33-10a1.

247. Il convient de rappeler cette distinction essentielle : « Et tout comme ce qu'on appelle acte n'a pas besoin de temps, il en va de même pour le mouvement, sauf pour le mouvement qui se poursuit jusqu'à tel point », 42 (VI, 1), 16, 14-15.

248. Exemple évoqué par Aristote, en *Catégories* 8, 9b26-32.

249. Voir 42 (VI, 1), 11, 2-6.

250. Aristote, *Catégories* 8, 9a3.

251. Aristote, *Catégories* 8, 8b35.

252. La question est posée par Aristote en *Catégories* 8, 10b12-18. Dans le chapitre 20, Plotin prend position.

253. En *Éthique à Nicomaque* II 5, 1106b24-28, on peut lire : « Donc la vertu est une sorte de moyenne, puisqu'elle fait à tout le moins viser le milieu. »

254. Aristote, *Catégories* 8, 10b15-17.

255. Aristote, *De la sensation et des sensibles* 4, 442a25.

256. La traduction de cette phrase difficile doit beaucoup à M. Crubellier. D'un point de vue grammatical, nous sous-entendons, pour le *êi* de la ligne 7, un sujet au neutre pluriel, à savoir *tà khrṓmata* d'après *tôn metaxú*. Du point de vue du sens, Plotin semble vouloir dire que pour saisir ce qu'est une couleur quelconque, le vert tendre par exemple, il suffit de l'opposer à n'importe quelle autre, par exemple le jaune pâle, même si elle se trouve entre des nuances qui sont intermédiaires, et qui peuvent être des mélanges des mêmes couleurs de base. À couleurs opposées, il opposera les couleurs contraires qui s'opposent au maximum.

257. Dans les *Catégories*, Aristote définit ainsi la « contrariété » : « car on définit comme contraires les termes qui sont le plus éloignés l'un de l'autre parmi ceux qui appartiennent à un même genre » (6, 6a17-18).

258. Comme l'indique déjà Platon dans l'explication du goût qu'il propose en *Timée* 68b-c ; voir aussi Aristote, *Catégories* 10, 12a17-18.

259. Le grec dit *tôn khumôn*, à proprement parler les « sucs » qui, chez Platon (*Timée* 65b-66c), sont à la base de l'explication des mécanismes du goût. D'où notre traduction. Les mots qui suivent et que nous avons traduits par « et le toucher : il y a le doux et l'amer » sont absents des manuscrits. H.-S. les insèrent dans le texte à partir d'Aristote dans *De l'âme* II 10-11, 422b10 et 25-26 ; *De la sensation et des sensibles* 4, 441b28-30 ; 442a13.

260. C'est la position d'Aristote, *Catégories* 10, b34-35.

261. Sur ce qui vient d'être dit aux lignes 11-14.

262. La traduction par « mais au fait qu'elle soit différentes » explicite le *toútōi*.

263. C'est la position d'Aristote qui donne aussi l'exemple de la santé en *Catégories* 10, 12b30-32.

264. Le blanc et le noir appartiennent au même genre, la couleur.

265. Un gris, qui est un mélange de blanc et de noir, ressemble à un autre gris qui est aussi un mélange de blanc et de noir, mais suivant un degré plus ou moins grand.

266. Ou du « moins », voir Aristote, *Catégories* 10, 12b30-31.

267. C'est-à-dire dans les choses sensibles où les *lógoi* dominent plus ou moins la matière, voir, *supra*, note 115, p. 262.

268. C'est-à-dire au niveau de ces formes que sont la Justice et la Santé, dans l'Intelligible.

269. Comme l'explique Aristote, dans les *Catégories* 8, 10b26-35.

270. Dans l'intelligible.

271. C'est ainsi que nous comprenons *hólon*.

272. Une fois de plus, on peut se demander si ces lignes (39-42), qui sont comme un résumé extérieur au reste du paragraphe, ne seraient pas un commentaire de Porphyre.

273. La question est examinée en 42 (VI, 1), 15, 16. Plotin innove en introduisant le mouvement parmi les genres de l'être dans le sensible. Et il pose trois questions. Le mouvement est-il réductible à un genre de l'être (21, 5-21) ? A-t-il un genre supérieur à lui (21, 21-23, 33) ? Quelles sont les espèces de mouvements (24-27) ?

274. Question examinée, *infra*, 21, 5-23. Le mouvement est indépendant de toutes les catégories et notamment de celle du relatif.

275. Question examinée, *infra*, en 21, 23 - 23, 20. Contre Aristote (*Physique* V 1, 225a20-34), Plotin refuse de faire du mouvement d'une part et de la génération de l'autre deux espèces de changement, car pour être un changement la génération doit d'abord être un mouvement. Il faudrait donc plutôt soutenir que le changement, qui est une espèce d'altération, se réduit au mouvement. En fait, on n'arrive pas à définir le mouvement de façon satisfaisante ; voilà pourquoi celui qui veut en parler doit avoir recours à des comparaisons, à des métaphores. Dans le sensible, le mouvement est une image de l'altérité intelligible.

276. Question examinée, *infra*, chap. 23,20-26,14. Après avoir critiqué la division aristotélicienne du mouvement (génération, altération, accroissement, transport local), Plotin remarquant que l'association et la dissociation jouent un rôle considérable chez Platon, tente de les utiliser pour proposer une nouvelle division. Mais l'altération ne peut y être ramenée.

277. À la première question qu'il a posée, Plotin répond que le mouvement ne se réduit ni à la réalité, ni à la qualité ni à l'agir et au pâtir (lignes 5-9), ni à la relation ni à la quantité (lignes 9-21) et donc qu'il est indépendant.

278. Voir 42 (VI, 1), 17, 15 et 19 et 22, 5-11.

279. Voir 42 (VI, 1), 17, 1-3 et, *supra*, en 3, 31-32.

280. Voir 42 (VI, 1), 17, 5-6.

281. Plotin prend le même exemple qu'Aristote, en *Catégories* 7, 6a39.

282. Bref, pour Plotin, le mouvement est indépendant de toutes les autres catégories, y compris du relatif. Voir 42 (VI, 1), 7, 28-38.

283. Il s'agit du mouvement. Dans les lignes 21 à 47, Plotin montre que le changement ne peut être considéré comme le genre dont le mouvement serait l'une des espèces.

284. Plotin soutient qu'il y a une catégorie de la *kínēsis* (le mouvement) qui est distincte et indépendante de toutes les catégories de la liste aristotélicienne, auxquelles fait référence l'expression *tà prósthen eirēména*.

285. Aristote, *Physique* V 1, 225a25-27.

286. Comme l'explique Aristote en *Physique* V 1, 225a20-30.

287. Pour un inventaire des mouvements, voir Aristote, *Catégories* 14, 15a13-14 ; *De la génération et de la corruption* I 4, 319b32-320a1.

288. Aristote donne un autre exemple en *Catégories* 8, 9b9-11 : on rougit parce qu'on a honte.

289. Aristote fait un inventaire des sortes de génération en *Physique* V 1, 225a12-17.

290. Il s'agit d'une référence à Aristote : « Mais tout changement par nature fait sortir d'un état » (*Physique* IV 13, 222b16).

291. Que celle que l'on se fait du mouvement.

292. Si l'on accepte la définition de l'altération donnée par Aristote : « Posons donc que le mouvement selon la qualité, c'est l'altération, car tel est le nom général qui lui a été attaché » (*Physique* V 2, 226a26).

293. Les chapitres 22 et 23 tentent de répondre à cette question. En fait, Plotin conteste la définition du mouvement que donne Aristote. On ne peut définir le mouvement, et il ne reste qu'à le décrire en fonction de son résultat (22, 2-21).

294. Plotin se range aux côtés d'Aristote sur ce point : « Mais, étant donné qu'on a distingué pour chaque genre de l'étant entre être en entéléchie et être en puissance, l'entéléchie de l'étant en puissance en tant que tel est un mouvement, par exemple pour l'altérable en tant qu'altérable c'est l'altération, pour l'augmentable et son opposé, le diminuable (il n'y a pas de terme commun pour les deux) c'est l'augmentation et la diminution, pour le générable et le corruptible c'est la génération et la corruption, pour le transportable le transport » (*Physique* III 1, 201a9-15).

295. Exemple qu'utilise souvent Aristote, voir *Physique* I 7, 190a25 ; III 1, 201a29-31 ; *Métaphysique* Δ 4, 1015a9 ; 23, 1023a12-13 ; 24, 1023a29 ; Θ 7, 1049a17-18.

296. Voir 42 (VI, 1), 16, 10-13.

297. Parce qu'il est associé à la vie dans l'intelligible, voir 43 (VI, 2), 8, 7 et la note correspondante.

298. Nous conservons le *tà dè* des manuscrits qui fait pendant au *tà mèn* de la ligne précédente, et nous ne suivons pas H.-S. qui acceptent le *tò dè* proposé par Harder.

299. Sur le mouvement dans l'intelligible comme vie, voir 43 (VI, 2), 7, 1-11. On trouve déjà cette idée chez Aristote, *Physique* VIII 1, 250b14.

300. Comme le reconnaît déjà Aristote en *Physique* III 2, 201b17. Les genres qui sont les principes des définitions échappent eux-mêmes à la définition (voir Aristote, *Métaphysique* B 3, 998b3-6).

301. Voir 42 (VI, 1), 21, 21.

302. « Ce qu'il y a d'identique en tout mouvement » (*infra*, à la ligne 30). Voir aussi 42 (VI, 1), 10, 3 et, *supra*, chap. 4, 1.

303. Voir 42 (VI, 1), 22, 5-11. En fait, dans les lignes 21 à 50, Plotin cherche à montrer que, dans le monde sensible, le mouvement, à la différence du mouvement intelligible qui n'est qu'acte ou activité, est une image de l'altérité intelligible, de l'Autre.

304. Comme le fait déjà remarquer Aristote en *Physique* III 1, 201b1-2.

305. Voir, *infra*, 25, 24-40 et 26, 13-14.

306. Un axiome chez Aristote, *Métaphysique* Γ 2, 1003a33.

307. Voir, *supra*, à la ligne 13.

308. Nous lisons *kath' hò* au lieu de *kathò* imprimé par H.-S., car *kath' hò* donne un sens plus clair.

309. Pour un inventaire des mouvements, voir Aristote, *Catégories* 14, 15a13-14.

310. C'est la position des platoniciens selon Aristote, en *Physique* III 2, 201b20-21.

311. Définition que l'on trouve en 45 (III, 7), 9, 25.

312. Comme on l'a dit plus haut : « Prenons pour acquis que le mouvement, c'est le passage de la puissance vers ce dont il est en puissance » (*supra*, ligne 4).

313. Pour l'image associée à la *khŏra*, voir *Timée* 54a4.

314. Qui participent de lui, c'est-à-dire du mouvement sensible. Nous trouvons dans ce chapitre une description du mouvement sensible, à partir de plusieurs points de vue.

315. Pour la métaphore, voir 53 (III, 7), 18, 8.

316. Contre Aristote qui déclare : « Il est manifeste, et c'est une difficulté bien connue, que le mouvement est dans le mobile. En effet, le mouvement est l'entéléchie de celui-ci du fait de ce qui meut » (*Physique* III 3, 202a13-14).

317. La capacité de marcher.

318. La puissance.

319. Les pieds.

320. L'altération, c'est le changement dans la qualité.

321. Aristote reconnaît que le mouvement est dans le mobile (ce qui est mû), mais évoque un certain nombre de difficultés, et y répond en *Physique* III 3. Ce n'est pas la position de Plotin.

322. On retrouve l'image en 47 (III, 2), 5, 15.

323. Les pieds.

324. Le verbe *oikodomeîn* ne se trouve chez Plotin qu'ici et, *infra*, en 26, 11.

325. Nous ajoutons « quelque chose » pour rendre la phrase moins obscure.

326. C'est l'âme, celle des vivants ou la partie inférieure de l'âme du monde.

327. Dans le premier cas évoqué, c'est l'accroissement et la diminution. Voir, *infra*, lignes 35-37.

328. Voir, *supra*, chap. 22, 26.

329. Ici, Plotin reste très près d'Aristote : « Mais puisque le changement diffère du mouvement (car le mouvement est un changement qui va d'un substrat déterminé vers un substrat déterminé), le mouvement allant d'un contraire vers son contraire et celui allant de ce contraire-ci vers ce contraire-là sont des mouvements contraires, par exemple celui qui va de la santé à la maladie à celui qui va de la maladie à la santé » (*Physique* V 5, 229a32-b2).

330. Nous n'acceptons pas la correction proposée par Igal et acceptée par H.-S. : supprimer *kaì tèn tês kinēseōs idiótēta* « cette propriété du mouvement » à la ligne à la ligne 31 et lire *tèn tês kinēseōs idiótēta* à la ligne suivante. Le sens n'impose pas ce transfert ; en outre, ainsi déplacé *tèn tês kinēseōs idiótēta* devient redondant par rapport à *poiàn tèn tês kinēsin kaì toiánde*.

331. Dans les chapitres 24 à 27, Plotin s'interroge sur les diverses sortes de mouvements. Dans le chapitre 24, il fait porter son enquête sur le mouvement local. Les distinctions qui suivent sont faites par Aristote, dans *Du ciel* I 4, 217a2-5. Dans les différences de directions du mouvement, Plotin ne voit que des différences accidentelles.

332. Voir, *supra*, chap. 23, 2 et 21.

333. Sur ce point, Plotin suit non pas Platon (voir la note suivante), mais Aristote, dans *Du ciel* I 6. Voir aussi D. O'Brien, *Theories of Weight in the Ancient World.* II. *Plato, weight and sensation.*

334. Sur la question du « lieu propre », Plotin adopte la position d'Aristote (*Du ciel* I 7, 276a12 et I 9, 279b2) et non celle de Platon en *Timée* 62c-63e.

335. Voir aussi, *infra*, à la ligne 14. Il s'agit d'un principe relatif à la technique de la division, comme on peut le voir en 42 (VI, 2), 19, 3.

336. De repos et de mouvement, voir 43 (VI, 2), 18, 10-11.

337. Il semble qu'il s'agisse là d'une allusion à une idée exprimée dans les toutes dernières lignes du traité 14 (II, 2), *Sur le mouvement circulaire* : « Et l'Intellect se meut de la manière suivante : il reste immobile et il se meut, car il tourne sur lui-même. L'univers se met donc lui aussi en cercle et reste en même temps immobile » (14 (II, 2), 3, 21-22). Dans une note à sa traduction de ces lignes, R. Dufour affirme : « Plotin emprunte à Platon et à Aristote l'idée que le mouvement de rotation d'une sphère autour de son centre laisse cette sphère au repos. Platon explique en effet qu'une toupie, lorsque son axe de rotation est parfaitement vertical, est immobile relativement à son axe, mais que sa circonférence est en mouvement. Si son axe penchait d'un côté ou d'un autre, la toupie entière serait par contre en mouvement (*République*, IV, 436d-e). Aristote affirme pour sa part qu'une sphère en rotation est au repos, car, malgré son mouvement continu, elle n'est pas transportée d'un point à un autre, mais elle demeure toujours à l'entour du même centre (*Physique*, VIII 9, 265b1-8). De sorte que le mouvement circulaire n'est pas un mouvement dans le lieu (*Du ciel*, I 3, 270a8-9). »

338. Dans ce chapitre, Plotin veut montrer que l'on ne peut expliquer le changement de façon mécanique par l'association (*súgkrisis*) et la dissociation (*diákrisis*), on fait disparaître les qualités (25, 1-24) ; il faut donc considérer que l'altération est une espèce irréductible du mouvement (25, 24-41). On notera que l'association (*súgkrisis*) et la dissociation (*diákrisis*) sont les deux processus sur lesquels est fondée la physique dans le *Timée* ; voir L. Brisson, « How

and why do the building blocks of the universe change constantly in Plato's *Timaeus* (51a-61c) ? ».

339. Voir, *supra*, en 22, 35-37 et 23, 22-27.

340. Nous sous-entendons *hē diákrisis*, comme le faisait déjà Ficin.

341. C'est l'opinion qu'Aristote attribue à ses devanciers, voir *Physique* VIII 9, 265b19-20.

342. Probablement les stoïciens, comme le laisse supposer la suite de la phrase.

343. Nous lisons *súgkrasin* comme les manuscrits des *Ennéades*.

344. Pour comprendre ces lignes, on se reportera au traité 37 (II, 7), *Sur le mélange total*. Il y a différents types de mélange selon les stoïciens : 1) la fusion (*súgkhusis*), dans laquelle les éléments sont détruits pour donner naissance à une nouvelle réalité ; 2) la juxtaposition (*paráthesis*), dans laquelle chaque élément conserve sa réalité et ses qualités ; et enfin, 3) la combinaison ou l'alliage (*krâsis* ou *mîxis*).

345. Aristote s'oppose souvent à l'idée que le mouvement local, comme association et dissociation, permet d'expliquer toutes les formes de changement en notre monde, comme l'ont cru Platon et plusieurs de ses devanciers qui se sont interrogés sur la nature (*phusikoí*) : *De la génération et de la corruption* I 6, 322b8 ; *Métaphysique* Λ 2, 1069b11-12, 25-27 ; *Physique* VIII 9, 265b30-32 ; *Métaphysique* A 3, 984a8-11 (= Empédocle B 75).

346. Tout comme Aristote, Plotin s'attaque ici aux atomistes. On lit en effet en *Physique* : « Mais il y en a qui pensent qu'il est manifeste que le vide existe du fait du rare et du dense. En effet si le rare et le dense n'existent pas, rien ne sera susceptible de concentration et tassement » (IV 9, 216b22-23). Cette position est présentée comme étant celle de Leucippe et de Démocrite en *Métaphysique* A 4, 985b4-7 (= Leucippe A 6).

347. Parce que le noir est une couleur associante et le blanc une couleur dissociante comme le soutient Aristote, en *Métaphysique* I 7, 1057b8-11. On retrouve la même idée, mais dans un autre contexte chez Platon, voir *Timée* 67e ; sur ce passage voir L. Brisson, « Plato's theory of sense perception in the *Timaeus*. How it works and what it means ».

348. Aristote, *Catégories* 14, 15b12, voir 43 (VI, 2), 20, 3.

349. Question qui montre l'absurdité d'expliquer tout mouvement, corporel aussi bien qu'incorporel, par des changements locaux comme la composition et la décomposition, l'association et la dissociation.

350. Dans ce chapitre, Plotin admet la division du mouvement local en espèces, en mentionnant d'autres modes de divisions qui peuvent servir à distinguer les trois autres espèces de mouvement.

351. Voir, *supra*, chap. 24, 1-11.

352. Voir, *Du mouvement des animaux* 1, 698a5-6 et b17-18.

353. Question évoquée par Aristote, en *Physique* V 6, 230a19-20.

354. Comme on l'a vu, *supra*, chap. 24, 9 et 14.

355. Voir, *supra*, 24, 14-15.

356. « Repos » traduit *stásis*. Dans le chapitre 27, Plotin montre que dans le sensible, il n'y a pas véritablement de repos, mais un arrêt provisoire de mouvement.

357. Aristote, *Catégories* 14, 15b1.

358. « Immobilité » traduit *ēremía*. La distinction provisoirement faite entre repos et immobilité indique que, en ce monde, il n'y a pas de repos véritable. Ce que nous prenons pour un repos, n'est qu'une cessation limitée et provisoire du mouvement.

359. Plotin admet qu'il y a du repos dans l'intelligible, mais non dans le sensible qui est toujours en mouvement ; tel est le thème développé dans le chapitre 27.

360. Aristote, *Physique* V 2, 226b12-15.

361. Aristote, *Physique* V 6, 230a4-5.

362. Il y a sûrement ici une réminiscence de *Théétète* 157a-c.

363. Étant des contraires, le repos et le mouvement ne peuvent être que les espèces d'un genre qui les englobe. Sur la contrariété entre mouvement et repos, voir Aristote, *Physique* V 6, 229b25 et Boéthos de Sidon (sur ce personnage, voir la note 226, p. 272) chez Simplicius, *Commentaire sur les* Catégories *d'Aristote* 14, p. 433, 30-31. Voir aussi 42 (VI, 1), 9, 32-33.

364. Cette traduction est une paraphrase qui permet d'éviter une expression par trop elliptique.

365. Dans la mesure où l'on se trouve dans l'intelligible. Il s'agit du mouvement qui est la vie de l'intelligible.

366. Sur la question de la contrariété du repos, voir Aristote, *Physique* V 6, 230a1-4.

367. Voir, *supra*, 21, 8-9.

368. Le traité 44 (VI, 3) se termine par des remarques sur l'agir et le pâtir, qui se trouvent dans le mouvement, et sur le classement du relatif. Voir 42 (VI, 1), 18, 5-6 et 22-23. On pourrait penser que ce dernier chapitre est dû à Porphyre.

369. Voir 42 (VI, 1), 13-14 et 13-24. Voir, *infra*, 11, 7-8 et 13.

370. Voir Aristote *Catégories* 7, 6b2 et 42 (VI, 1), 9, 26.

371. Aristote, *Catégories* 7, 8 a26-28. Comme l'aurait expliqué Boéthos de Sidon (sur ce personnage, voir, *supra*, la note 363), selon Simplicius, *Commentaire sur les Catégories d'Aristote* 7, p. 188, 3-6, la tête et la main ne sont pas des relatifs en tant que tel, mais en tant que parties d'un corps humain.

372. Voir, *supra*, 3, 20.

373. Allusion à ce que dit Aristote : « "Relatif" se dit, d'une part, comme le double à la moitié, le triple au tiers, et, en général, le multiple au sous-multiple, et l'excès au défaut ; d'autre part, comme ce qui peut échauffer à ce qui peut être échauffé, ce qui peut couper à ce qui peut être coupé, et, d'une manière générale, l'actif au passif. Le relatif est aussi comme le mesuré à la mesure, le connaissable à la connaissance, le sensible à la sensation », *Métaphysique* Δ 15, 1020b26-31.

374. Voir 42 (VI, 1), 6, 7-17.

BIBLIOGRAPHIE

La bibliographie qui suit ne rassemble que les titres mentionnés dans les Notices ou les notes aux traités. Elle distingue les études relatives à l'ensemble de l'œuvre plotinienne de celles qui portent exclusivement sur des traités ou des passages particuliers. Le lecteur peut se reporter à la bibliographie plotinienne réalisée par R. Dufour : *Plotinus : a Bibliography : 1950-2000*, Leyde, Brill, 2002. Cette bibliographie est tenue à jour sur Internet, à l'adresse suivante :

http://rdufour.free.fr/BibPlotin/Plotin-Biblio.html

Éditions et traductions des traités de Plotin

A. Éditions et traductions (par ordre chronologique)

Ennéades, texte établi et traduit par É. Bréhier, Paris, Les Belles Lettres, en 6 tomes (7 volumes), 1924-1938.

Plotins Schriften, texte grec et traduction allemande des traités dans l'ordre chronologique, par R. Harder (Leipzig, 1930-1937), revu et poursuivi par R. Beutler et W. Theiler (compte tenu du texte de H.-S., ci-dessous), Hambourg, Meiner, 6 tomes (13 volumes), 1956-1971.

Plotini Opera (1951-1973 pour l'*editio maior*, Paris et Bruxelles, Museum Lessianum, 3 volumes), édition par P. Henry et H. R. Schwyzer, Oxford, Oxford University Press, 3 volumes, 1964-1982, pour la seconde édition (*editio minor*), ici traduite (et notée H.-S.).

Plotinus, traduction (du texte Henry-Schwyzer) anglaise par A. H. Armstrong, Cambridge (Massachusetts), Harvard University Press, 7 volumes, 1966-1988.

Plotino, Enéadas, traduction (du texte Henry-Schwyzer) espagnole par J. Igal, Madrid, Gredos, 3 volumes, 1982-1998.

Plotino, Enneadi, édition (pour les trois premières *Ennéades*, puis texte de Henry-Schwyzer pour les trois dernières) et traduction italienne de G. Faggin, revue par R. Radice, Milan, Rusconi, 1992.

Plotino, Enneadi, traduction (du texte Henry-Schwyzer) italienne par M. Casaglia, C. Guidelli, A. Linguiti et F. Moriani, Turin, UTET, 2 volumes, 1997.

Plotin, Traités 1-6, traductions collectives (du texte Henry-Schwyzer) sous la dir. de L. Brisson et J.-F. Pradeau, Paris, GF-Flammarion, 2002.

Plotin, Traités 7-21, traductions collectives (du texte Henry-Schwyzer) sous la dir. de L. Brisson et J.-F. Pradeau, Paris, GF-Flammarion, 2003.

Plotin, Traités 22-26, traductions collectives (du texte Henry-Schwyzer) sous la dir. de L. Brisson et J.-F. Pradeau, Paris, GF-Flammarion, 2004.

Plotin, Traités 27-29, traductions par L. Brisson (du texte Henry-Schwyzer) sous la dir. de L. Brisson et J.-F. Pradeau, Paris, GF-Flammarion, 2005.

Plotin, Traités 30-37, traductions collectives (du texte Henry-Schwyzer) sous la dir. de L. Brisson et J.-F. Pradeau, Paris, GF-Flammarion, 2006.

Plotin, Traités 38-41, traductions collectives (du texte Henry-Schwyzer) sous la dir. de L. Brisson et J.-F. Pradeau, Paris, GF-Flammarion, 2007.

B. Traductions et commentaires de traités séparés

Plotino, *Enneadi* VI, 1-3, Naples (Loffredo ed.) 1994. Texte, traduction italienne et commentaires par M. Isnardi Parente.

C. Éditions et traductions des Catégories *d'Aristote et de leurs commentaires dans l'Antiquité*

Aristote, *Catégories*
– Texte établi, traduit et commenté par R. Bodéüs, Paris, Les Belles Lettres, 2001.
– Présentation, traduction et commentaires de F. Ildefonse et J. Lallot, Paris, Seuil, 2002.
– Présentation, traduction et notes par M. Crubellier, C. Dalimier et P. Pellegrin, Paris, GF-Flammarion, 2007.

Porphyre, *Isagoge* et *In Aristotelis* Categorias *Commentarium*, éd. A. Busse, *CAG* IV, 1, Berlin, 1887.
– *Isagoge*, traduction française par A. de Libera et A. Segonds, Paris, Vrin, 1998
– *On Aristotle's* Categories, transl. by S. K. Strange, Londres, Duckworth, 1992.

Dexippe, *In Aristotelis* Categorias *dubitationes et solutiones*, éd. A. Busse, *CAG* IV 2, 2, Berlin, 1888.

– traduction anglaise par J. Dillon, Londres, Duckworth, 1990.

Simplicius, *In Aristotelis* Categorias *Commentarium*, éd. C. Kalbfleisch, *CAG* VIII, Berlin, 107
– traduction française :
– chapitre 1 : par P. Hoffmann avec la collaboration de I. Hadot, Leyde, Brill, 1990.
– chapitres 2-4 : par P. Hoffmann avec la collaboration de I. Hadot, et des notes par C. Luna, Paris, Les Belles Lettres, 2001.
– traduction anglaise, Londres, Duckworth.
– chapitres 1-4, par M. Chase, 2003.
– chapitres 5-6, par F. de Haas et B. Fleet, 2001.
– chapitres 7-8, par B. Fleet, 2002.
– chapitres 9-15, par R. Gaskin, 2000.

Études

A. *Études d'ensemble*

Graeser, A., *Plotinus and the Stoics. A preliminary study*, Leyde, Brill, 1972 [Philosophia antiqua 22].

Laurent, J., *Les Fondements de la nature selon Plotin. Procession et participation*, Paris, Vrin, 1992.

Pradeau, J.-F., *L'Imitation du principe, Plotin et la participation*, Paris, Vrin, 2003.

B. *Études consacrées à des thèmes particuliers*

Aubenque, P., *Le Problème de l'être chez Aristote*, Paris, PUF, 1962, 1977[4].

Aubenque, P., « Une occasion manquée : la genèse avortée de la distinction entre l'"étant" et le "quelque chose" », dans P. Aubenque (ed.), *Études sur le* Sophiste *de Platon*, Naples, Bibliopolis, 1991.

Brisson, L., *Introduction à la Philosophie du mythe* I, *Sauver les Mythes*, Paris, Vrin, 1996, 2005[2].

Brisson, L., « Plato's theory of sense perception in the *Timaeus*. How it works and what it means », dans J. Cleary (éd.), *Boston Area Colloquium in Ancient Philosophy*, 13, 1999, p. 147-176.

Brisson, L., « *Lógos* et *lógoi* chez Plotin : leur nature et leur rôle », *Les Cahiers philosophiques de Strasbourg*, 8, 1999, p. 87-108.

Brisson, L., *Lectures de Platon*, Paris, Vrin, 2000.

Brisson, L., « Entre physique et métaphysique. Le terme *ógkos* chez Plotin, dans ses rapports avec la matière (*húlē*) et le corps (*sôma*) », in *Études sur Plotin*, sous la direction de M. Fattal, Paris/ Montréal, L'Harmattan, 2000, p. 87-111.

Brisson, L., « La oposición *phúsis/tékhne* en Plotino », traducción de M. I. Santa Cruz et M. I. Crespo, *Synthesis,* 10, 2003, p. 11-29.

Brisson, L., « How and why do the building blocks of the universe change constantly in Plato's *Timaeus* ? », dans C. Natali et S. Maso (ed.), *Plato physicus. Cosmologia e antropologia in Timaeo*, Amsterdam, Hakkert, 2003, p. 189-204.

Dörrie, H., « *Hypostasis*, Wort und Bedeutungs- geschichte », *Nachrichten der Akademie der Wissen- schaften in Göttingen* [Philolog.-Historisch. Klasse], 1955, p. 35-92.

Dufour, R. (ed.), *Chrysippe. Œuvre philosophique*, Paris, Les Belles Lettres, 2004, 2 vol.

Goulet, R., Notice « Nicostratos d'Athènes », dans R. Goulet (éd.), *Dictionnaire des philosophes antiques* IV, Paris, CNRS, 2005, p. 699-701.

Gourinat, J.-B., *La Dialectique des stoïciens*, Paris, Vrin, 2000 [Histoire des doctrines de l'Antiquité classique].

Igal, J., « Sobre *Plotini opera* III de P. Henry y
H. R. Schwyzer », *Emerita,* 43, 1975, p. 168-196.

Long, A. A., et Sedley, D., *Les Philosophes hellénis-
tiques,* tome II, *Les Stoïciens,* trad. J. Brunschwig et
P. Pellegrin, Paris, Flammarion, 2001.

Luna, C., Notice « Lucius », dans R. Goulet (éd.),
Dictionnaire des philosophes antiques IV, Paris,
CNRS, 2005, p. 162-174.

O'Brien, D., *Theories of Weight in the Ancient World.
Four essays on Democritus, Plato and Aristotle. A
study in the development of ideas,* vol II. *Plato, weight
and sensation. The two theories of the* Timaeus, Paris,
Les Belles Lettres/Leyde, Brill, 1984.

Pradeau, J.-F., *L'imitation du principe. Plotin et la participation,* Paris, Vrin, 2003 [Histoire des doctrines
de l'Antiquité classique 30].

Rist, J.M., « *Prohairesis.* Proclus, Plotinus et *alii* », in
H. Dörrie (ed.), *De Jamblique à Proclus,* Van-
dœuvre-Genève, Fondation Hardt, 1975, p. 118-122
[Entretiens sur l'Antiquité classique 21] ; repris dans
Platonism and its Christian heritage, Londres, Vario-
rum reprints 1985.

Rutten, C., « La doctrine des deux actes dans la philosophie de Plotin », *Revue philosophique de la France
et de l'étranger,* 1956, p. 100-106.

Rutten, C., « *Hyparxis* et *hypostasis* chez Plotin », in
Hyparxis e Hypostasis nel neoplatonismo, Florence,
Leo S. Oshki, 1995, p. 25-32.

Schneider, J.-P., « Boéthos de Sidon », dans R. Goulet
(éd.), *Dictionnaire des philosophes antiques* II, Paris,
CNRS, 1994, p. 126-130.

Saffrey, H.D., « Pourquoi Porphyre a-t-il édité
Plotin ? », dans Porphyre, *La Vie de Plotin* II,
par L. Brisson et *al.,* Paris, Vrin, 1992, p. 31-64.

C. Études consacrées au thème des catégories

Andolfo, M., « Metafisica e "intermedietà" degli enti matematici in Aristotele e in Plotino », *Rivista di Filosofia Neoscolastica* 89, 1997, p. 181-228.

Anton, J.P., « Plotinus' approach to categorical theory », in R.B. Harris (ed.), *The Significance of Neoplatonism*, International Society for neoplatonic studies, Norfolk [Virginia], Old Dominion University, 1976, p. 83-100.

Aubenque, P., « Néoplatonisme et analogie de l'être », *Néoplatonisme. Mélanges offerts à Jean Trouillard, Cahiers de Fontenay* 19-22, Fontenay-aux-Roses, ENS, 1981, p. 63-76.

Aubenque, P., « Plotin et Dexippe, exégètes des *Catégories* d'Aristote », in *Aristotelica. Mélanges offets à Marcel de Corte*, Cahiers de philosophie ancienne 3, Bruxelles, Ousia/Liège, Presses Univ., 1985, p. 7-40.

Baerthlein, K., « Zur Kategorienforschung in des Antike : Einleitung : Platon, Akademie, Aristoteles, Stota, Plotinos. Zur Nachfolgenden Kategorienforschung », dans D. Koch und K. Bort, *Festschrift fûr Klaus Hartman zum 65. Geburtstag*, Würzburg, Könighshausen & Neumann, 1990, p. 13-48.

Chiaradonna, R., « Plotino interprete di Aristotele : alcuni studi recenti », *Rivista di filologia e di istruzione classica,* 126, 1998, p. 479-503.

Chiaradonna, R., « Essence et prédication chez Porphyre et Plotin », *Revue des sciences philolosophiques et théologiques,* 82, 1998, p. 577-606.

Chiaradonna, R., *Sostanza movimenta analogia. Plotino critico di Aristotele*, Naples, Bibliopolis, 2002, p. 15-40.

Chiaradonna, R., « The categories and the status of the physical world : Plotinus and the neo-platonic commentators, in P. Adamson, H. Baltussen and

M.W.F. Stone (edd.), *Philosophy, Science and Exegesis in Greek, Arabic and Latin Commentaries*, Institute of Classical studies. Scholl of advanced Study, University of Londres, 2004, p. 121-136.

Cilento, V., « Categorie del sensible », in *Saggi su Plotino*, Milan, Mursia, 1973, p. 43-62 [Biblioteca di Filosofia. Saggi 7].

De Haas, F.A.J., « Did Plotinus and Porphyry disagree on Aristotle's *Categories* ? », *Phronesis,* 46, 2001, p. 492-526.

De Haas, F.A.J., « Context and Strategy of Plotinus' Treatise *On Genera of Being (Enn.* VI. 1-3 [42-44]) », in *Aristotele e i suoi esegeti neoplatonici. Logica e ontologia nelle interpretazioni greche e arabe. Atti del convegno internazionale Rome 19-20 ottobre 2001*, V. Celluprica & C. D'Ancona (ed.), Rome, Bibliopolis, 2004, p. 37-53.

Evangeliou, C., « The ontological basis of Plotinus' criticism of Aristotle's theory of categories », in R.B. Harris (ed.), *The Structure of Being. A neoplatonic approach*, Albany [NY], Suny, 1982, p. 73-82.

Evangeliou, C., « The Plotinian reduction of Aristotle's categories », *Ancient Philosophy* 7, 1987, p. 147-162 ; reprint in J.P. Anton and A. Preus (ed.), Albany [NY], SUNY, 1992, p. 47-67.

Hadot, P., « L'harmonie des philosophies de Plotin et d'Aristote selon Porphyre, dans le *Commentaire de Dexippe sur les* Catégories », *Néoplatonisme. Mélanges offerts à Jean Trouillard, Cahiers de Fontenay* 19-22, Fontenay-aux-Roses (ENS) 1981, p. 355-382.

Henry, P., « Trois apories orales de Plotin sur les *Catégories* d'Aristote », in *Zetesis. Mélanges E. de Strycker*, Antwerpen, De nederl. Boekhandel, 1973, p. 234-265.

Henry, P., « Apories orales de Plotin sur les *Catégories* d'Aristotle », in J. Wiesner (ed.) *Aristoteles. Werk und Wirkung : II. Kommentierung, Überlieferung, Nachleben*, Berlin, W. de Gruyter, 987, p. 120-156.

Isnardi Parente, M., « Tematiche e problemi di *Enneade* VI, 1-3 (trattati *Sul generi dell' essere*) », *Rendiconti dell'Istituto Lombardo* 127, 1993, p. 103-124.

Lloyd, A.C., « Neoplatonic logic and Aristotelian logic », *Phronesis*, 1, 1955/1956, p. 58-72, p. 146-160.

Narcy, M., « L'homonymie entre Aristote et ses commentateurs néoplatoniciens », *Les Études philosophiques* 25, 1981, p. 35-52.

Santa Cruz de Prunes, M.I., « Homonimia y géneros del ser en Plotino », *Cuadernos de filosofia,* 19, 1983, p. 57-76.

Santa Cruz de Prunes, M.I., « Aspectos de la crítica de Plotino a las *Categorias* de Aristóteles », *Elenchos,* 15, 1994, p. 25-41.

Santa Cruz de Prunes, M.I., « L'exégèse plotinienne des *mégista génē* du *Sophiste* de Platon », in J.J. Cleary (ed.), *The Perennial Tradition of Neoplatonism*, Leuven (Leuven Univ. Press) 1997, p. 105-118.

Seminara, L., « Plotino critico di Aristotele », *Filosofia oggi* 26, 2003, p. 451-460.

Solinas, G., *La dottrina delle categorie nella filosofia di Plotino*, Sassari (Gallizi) 1950 [Annali Fac. di Lett. e Filos. Univer. di Cagliari 17].

Strange, S. K., « Plotinus, Porphyry and the neoplatonic interpretation of the Categories », *Aufstieg und Niedergang der röpmischen Welt* II, 36, 2, 1987, p. 955-974.

Wagner, M.F., « Plotinus on the nature of physical reality », in L.P. Gerson (ed), *The Cambridge Companion to Plotinus*, 1996, p. 130-170.

Wagner, M.F. (ed.), *Neoplatonism and nature. Studies in Plotinus'* Enneads, New York, 2002 [Neoplatonism : ancient and modern 8].

Analyse de passages pertinents

VI, 1-3

Andolfo, M., « Metafisica e « intermedietà » degli enti matematici in Aristotele e in Plotino », *Rivista di Filosofia Neoscolastica*, 89, 1997, p.181-228.

Aubenque, P., « Plotin et Dexippe exégètes des *Catégories* », in *Aristotelica*. Mélanges offerts à M. de Corte, Bruxelles, Ousia, p. 7-40.

Chiaradonna, R., « Plotino interprete di Aristotele : alcuni studi recenti », *Rivista di filologia e di istruzione classica,* 126, 1998, p. 479-503.

Chiaradonna, R., *Sostanza Movimento Analogia. Plotino critico di Aristotele*, Elenchos 37, Bibliopolis, Naples, 2002.

De Haas, F.A.J., « Did Plotinus and Porphyry disagree on Aristotle's *Categories* ? », *Phronesis*, 46, 2001, 492-526.

De Haas, F.A.J., « Context and Strategy of Plotinus' Treatise *On Genera of Being* (*Enn.* VI. 1-3 [42-44]), in V. Celluprica & C. D'Ancona (ed.), *I Aristotele e i suoi esegeti neoplatonici. Logica e ontologia nelle interpretazioni greche e arabe. [Atti del convegno internazionale Rome 19-20 ottobre 2001]*, Rome, Bibliopolis, 2004, p. 37-53.

Evangheliou, C., « The ontological basis of Plotinus' criticism of Aristotle's theory of categories », in B. Harris (ed.), Albany, Suny, 1982, p. 73-82.

Evangheliou, C., « The Plotinian reduction of Aristotle's *Categories* », *Ancient Philosophy* 7, 1987,

p. 147-162 ; reprint in A. Preus and J.P. Anton (ed.), *Aristotle's Ontology*, Albany, Suny, 1992, p. 47-67.

Isnardi Parente, M., « Tematiche e problemi di *Enneade* VI, 1-3 (trattati *Sul generi dell' essere*) », *Rendiconti dell'Istituto Lombardo* 127, 1993, p. 103-124.

Wurm, K., *Substanz und Qualität*. Ein Beitrag zur Interpretation der plotinischen Traktate VI, 1, 2 und 3, Berlin (De Gruyter) 1973 [Quellen und Studien zur Philosophie 5].

VI, 1

Evangeliou, C., « Plotinus' Set of Categories for the *Kosmos Aisthetos* », in Michael F. Wagner (ed.) *Neoplatonism and Nature*, Studies in Plotinus' *Enneads*, Albany [NY], Suny, 2002, p. 209-239.

VI, 1, 4-5

Charles-Saget, A., « Polémique et philosophie. Plotin, *Ennéades* VI, 1, 4-5 ; Aristote, *Catégorie* 6 », *Études philosophiques*, 1988, p. 157-165.

VI, 1, 6-9

Baltzly, D. C., « Porphyry and Plotinus on the reality of relations », *Journal of Neoplatonic Studies* 6, 1998, p. 49-75.

Maskaleut, S., « Critique du relatif par Plotin. Le traité des genres de l'être VI, 1 [42], 6-9 », *Dionysius*, 23, 2005, p. 7-30.

VI, 1, 25-30

Brunschwig, J., « La théorie stoïcienne du genre
    suprême et l'ontologie platonicienne », dans *Matter
    and Metaphysics*, J. Barnes & M. Mignucci (éd.),
    Naples, Bibliopolis, 1988, p. 19-27.
Caston, V., « Something and nothing : the Stoics on
    concepts and universals », *Oxford Studies in Ancient
    Philosophy*, 17, 1999, p. 145-213.
Evangeliou, C., « Plotinus on the Stoic set of catego-
    ries », *Journal of Neoplatonic Studies*, 2, 1994,
    p. 31-36.
Graeser, A., *Plotinus and the Stoics : a Preliminary
    Study*, Leyde, Brill, 1972, p. 87-100.

VI, 2

Nebel, G., *Plotins Kategorien der intelligiblen Welt. Ein
    Beitrag zur Geschichte der Idee*, Tübingen, J.C.B.
    Mohr, 1929.
Collette, B., *Dialectique et Hénologie chez Plotin*,
    Bruxelles, Ousia, 2002. [Cahier de Philosophie
    ancienne, n. 18.]

VI, 2, 6

Amado, E., « À propos des nombres nombrés et des
    nombres nombrants chez Plotin (*Enn.* VI, 2, 6) »,
    Revue philosophique, 143, 1953, p. 423-425.

VI, 2, 6-8

Mansion, S., « Dialectique platonicienne et dialectique
    plotinienne (*Sophiste* 254b-256d ; *Enn.*, VI, 2,
    6-8 »), *La Dialectique.* Actes du XIVᵉ Congrès des

Sociétés de philosophie de langue française [Nice 1-4 Septembre 1969], Paris, PUF, 169, I, p. 26-28.

VI, 2, 8

Brisson, L., « De quelle façon Plotin interprète-t-il les cinq genres du *Sophiste* ? (*Ennéades* VI 2 [43] 8) », *Études sur le* Sophiste *de Platon*. Publiés sous la direction de P. Aubenque, les textes de ce volume ont été recueillis par M. Narcy, Naples, Bibliopolis, 1991, p. 449-473 [*Elenchos*, sup. 21].

VI, 2, 20

Gurtler, G. M., « The origin of genera. *Ennead* VI, 2 [43], 20 », *Dionysius*, 12, 1988, p. 3-15.
Tornau, C., « Wissenschaft, Seele, Geist : zur Bedeutung einer Analogie bei Plotin (*Enn.* IV 9, 5 und VI, 2, 20) », *Göttingen Forum für Alterumwissenschaft*, 1, 1998, p. 87-111.

VI, 3

Rutten, C., *Les Catégories du monde sensible dans les* Ennéades *de Plotin*, Paris, Les Belles Lettres, 1961. [Bibl. Fac. de Philos. et Lettres de Liège 160.]
Chiaradonna, R., « The categories and the status of the physical world. Plotinus and the neo-Platonic commentators », in P. Adamson H. Baltussen and M.W.F. Stone (ed.), *Philosophy, Science, and Exegesis in Greek, Arabic and Latin commentaries*, Proceedings of a conference held at the Institute of Classical Studies, 27-29 June, 2002, Londres, Institute of Classical Studies, 2004, vol. II, p. 121-136.

VI, 3, 4-8

Chiaradonna, R., « *ousia ex ouk ousiôn*. Forma e sostanza sensibile in Plotino (*Enn.* VI 3 [44], 4-8) », *Documenti e Studi sulla tradizione Filosofica Medievale,* 10, 1999, p. 25-57.

VI 3, 9

Chiaradonna, R., « Plotino e la teoria degli universali. *Enn.* VI 3 [44], 9 », in *I Aristotele e i suoi esegeti neoplatonici. Logica e ontologia nelle interpretazioni greche e arabe. Atti del convegno internazionale Rome 19-20 ottobre 2001,* V. Celluprica & C. D'Ancona (ed.), Rome, Bibliopolis, 2004, p. 1-35.

CHRONOLOGIE

Plotin	Faits culturels	Événements politiques et militaires
	Clément d'Alexandrie écrit le *Protreptique*, le *Pédagogue* et les *Stromates* entre 190 et 202.	**193-211** : Septime Sévère, empereur.
	Peu après **200** : naissance de Longin, le premier maître de Porphyre.	
	Le doxographe Diogène Laërce est actif dans la première moitié de ce siècle.	
205 : Naissance de Plotin à Lycopolis [Assiout], en Égypte, probablement dans une famille de hauts fonctionnaires romains.	**210-220** : Hermias écrit une *Satire des philosophes païens*.	

Plotin	Faits culturels	Événements politiques et militaires
		211-217 : Caracalla, empereur.
	avant **215** : Origène le chrétien écrit *Sur les principes*.	**215** : Massacre des Chrétiens d'Alexandrie sur l'ordre de Caracalla.
		217-218 : Macrin, empereur.
		218-222 : Élagabal, empereur.
	229-230 : Dion Cassius écrit une *Histoire romaine*.	**222-235** : Sévère Alexandre, empereur.
232-243 : Séjour chez Ammonius à Alexandrie, et conversion à la philosophie.	**233** : Naissance de Porphyre. **235** : Mort d'Hippolyte.	**235-238** : Maximin, empereur. **238** : Gordien Ier (le père) et II (le fils), empereurs.
		238 : Balbin et Pupien, empereurs.
		238-244 : Gordien III.
243 : Plotin accompagne la cour de Gordien III dans son expédition contre les Perses.	**240** : Début de la prédication religieuse de Mani (qui enseigne en Perse la doctrine qu'on dira « manichéenne »).	
244 : À la suite du décès de Gordien III, tué à la		**244-249** : Philippe l'Arabe, empereur.

Plotin	Faits culturels	Événements politiques et militaires
guerre ou assassiné, Plotin s'enfuit à Antioche.		
244 : Plotin s'installe à Rome.	**245-250** : Naissance de Jamblique.	
246 : Amélius vient trouver Plotin et suit son enseignement. Plotin est désormais à la tête d'une véritable École.	vers **249** : Origène écrit le *Contre Celse* en réaction contre le *Discours véritable* écrit par Celse vers 170.	
		249-251 : Dèce, empereur. Persécution contre les Chrétiens.
	vers **250** : Diophante écrit des *Arithmétiques*.	
246-254 : Plotin enseigne, mais ne publie rien. Il vit dans la maison de Gémina, la femme, puis la veuve de l'empereur Trébonien.	**253** : Mort d'Origène le Chrétien.	**251-253** : Trébonien, empereur. **253** : Émilien, empereur. **253-260** : Valérien, empereur.
254-263 : Plotin écrit ses premiers 21 traités (classement chronologique).	**260** : Édit de tolérance à l'égard des Chrétiens. Naissance d'Eusèbe de Césarée.	**260-268** : Gallien, empereur. avec sa femme Salonine, il sera le protecteur de Plotin et de son école.

Plotin	Faits culturels	Événements politiques et militaires
263-268 : Porphyre séjourne auprès de Plotin. Plotin écrit 24 traités (dans le classement chronologique, les traités 22 à 45).	**267** : Longin quitte Athènes, probablement par la suite du sac.	**267** : Sac d'Athènes par les Goths.
268 : Plotin sauve Porphyre du suicide ; celui-ci part pour Lilybée [Marsala] en Sicile.		**268-270** : Claude le Goth, empereur (il doit son nom aux victoires qu'il remporte sur les Goths).
269 : Malade, Plotin quitte Rome pour la Campagnie. Amélius part pour Apamée.	**269** : À Apamée, Amélius est actif au sein de l'école platonicienne, après Numénius et avant Janoblique.	**269** : Zénobie s'attaque à l'Égype.
269 : De sa retraite en Campanie, Plotin envoie à Porphyre qui se trouve toujours à Lilybée en Sicile, cinq traités (46 à 50 dans le classement chronologique).		
270 : Au début de l'année, Plotin envoie à Porphyre ses quatre derniers traités.	**270** : Façade d'un sarcophage païen, *Philosophe, deux personnificaitons et trois disciples*, Rome, musée du	

Plotin	Faits culturels	Événements politiques et militaires
270 : À la fin de l'année, Plotin meurt, assisté par Eustochius, le seul de ses disciples qui soit alors à son chevet.	Latran (portrait présumé de Plotin, d'après G. Rodenwaldt).	**270-275** : Aurélien, empereur. **272** : Prise de Palmyre par Aulélien.
après **270** : Amélius demande à Apollon où est allée l'âme de Plotin. Le dieu lui répond en un Oracle qui se trouve à la fin de la *Vie de Plotin* par Porphyre.	**273** : Longin est exécuté sur l'ordre d'Aurélien, pour avoir été le conseiller de la reine Zénobie qui vient d'être vaincue.	**275-276** : Tacite, empereur. **276-282** : Probus, empereur. **282, 283, 284** : Carus, Carimus, Numerianus, empereurs.
	295 : Arnobe, *Contre les Gentils*.	**284-305** : Dioclétien et Maximien, empereur.
300-301 : Édition des *Ennéades* par Porphyre.	**300** : Début du monachisme chrétien. Antoine se retire au désert. Athanase d'Alexandrie écrira sa vie en 356.	
avant **305** : Mort de Porphyre.		**303** : Persécution contre les Chrétiens.

INDEX DES NOTIONS

parakoloúthēma, accompagnement : 295 n. 139, 306 n. 30.

páskhein, pâtir, être affecté : 47-49, 269 n. 196, 272 n. 239, 335 n. 268.

passif, voir *pathētikón*.

passion ou affection, voir *páthos*.

pathētikè̀ poiótēs, qualité passive : 43-44, 263 n. 125.

pathētikón, passif : 266 n. 158.

páthos, passion, affection : 238 n. 76, 266 n. 158, 272 n. 239, 273 n. 248.

pâtir, *páskein*.

pensée discursive, *diánoia*.

phthóra, corruption : 304 n. 14, 329 n. 294.

phúsis, nature : 26-27, 34-35, 292 n. 117, 302 n. 223, 303 n. 229, 311 n. 84, 312 n. 95, 322 n. 203.

phusikè̀ dúnamis, capacité ou puissance naturelle : 43, 263 n. 125, 266 n. 154.

poieîn, agir : 47-49, 274 n. 252.

poión, qualifié : 43-46, 64-65, 260 n. 9, 263 n. 213, 125, 264 n. 134, 135, 265 n. 148.

poiótēs, qualité : 43-46, 58, 64-65.

posón, quantifié : 37-39, 58, 62-63.

posótēs, quantité : 37-39, 62-63, 256 n. 51, 259 n. 81,

290 n. 84, 294 n. 127, 315 n. 142.

pôs ékhon, manière d'être : 28, 51, 279 n. 303, 282 n. 337.

position, voir *keîsthai*.

póte, quand : 46

poû, où : 46-47.

préférable, voir *proēgoúmenon*.

privation, voir *stérēsis*.

proaíresis, choix préalable : 267 n. 175.

proēgoúmenon, préférable : 321 n. 201.

prokheirísis, sous la main : 287 n. 44.

propre, voir *hídion*.

pròs ti pôs ékhon, manière d'être relative : 28, 51, 279 n. 303.

prós ti, relatif : 39-43, 59, 67-68, 296 n. 151.

psukhē̃, âme : 267 n. 174.

puissance et capacité, voir *dúnamis*.

qualifié, voir *poión*.

qualité, *poiótēs*.

qualité passive, voir *pathētikè̀ poiótēs*.

quand, voir *póte*.

quantité, voir *posón*,

quelque chose, voir *ti*.

qu'est-ce que c'est ?, voir *tí*.

« raison », voir *lógos*.

réalité, voir *ousía*.

relatif, voir *prós ti*.

INDEX DES NOMS PROPRES

Ne figurent ici que les noms des auteurs (ou des personnages) anciens cités par Plotin ou dont les ouvrages (ou les écoles) sont mentionnés dans les notes.

TABLE

Composition et mise en page

NORD COMPO
m u l t i m é d i a

GF Flammarion

08/02/135400-II-2008 – Impr. MAURY Imprimeur, 45330 Malesherbes.
N° d'édition LO1EHPN000157N001. – Février 2008. – Printed in France.